Anonymus

Des Präsidenten von Benekendorff kleine ökonomische Schriften

Anonymus

Des Präsidenten von Benekendorff kleine ökonomische Schriften

ISBN/EAN: 9783743309548

Hergestellt in Europa, USA, Kanada, Australien, Japan

Cover: Foto ©Thomas Meinert / pixelio.de

Manufactured and distributed by brebook publishing software
(www.brebook.com)

Anonymus

Des Präsidenten von Benekendorff kleine ökonomische Schriften

Des

Präsidenten von Benekendorff

kleine

ökonomische Schriften.

―――――

Zweiter Band.

Küstrin,
bey Ferdinand Oehmigcke.
1786.

Vorrede.

Da das geehrte Publikum den von mir herausgegebenen ersten Band meiner kleinen ökonomischen Schriften mit einem geneigten Beifall aufgenommen, so hat mich solches angereizet, dieses Werk fortzusetzen, und gegenwärtig den zweiten Band davon ans Licht treten zu lassen.

Ich habe mich in demselben ebenfalls solche Gegenstände dazu zu wählen, welche bei dem

größe=

größesten Theil der Wirthschaftsfreunde eine
Aufmerksamkeit erwecken können, beflissen.

In dem ersten Stück sind die nöthigen
Vorsichten, die ein Landwirth bei nassen Ernbten
zur ohnbeschädigten Erhaltung seines Getreides
anzuwenden hat, vorgetragen worden.

Die in dem abgewichenen 1785sten Jahre
eingefallene außerordentlich nasse Ernbte hat mir
dazu Gelegenheit gegeben.

Da nun trockene und nasse Ernbten nach
dem Laufe der Natur abzuwechseln pflegen, so
hat mir die Abhandlung dieser Materie um so
nothwendiger und zweckmäßiger zu seyn geschienen, als ein jeder, der Wirthschaft treibet, durch
den mancherlei Schaden, den die nasse Ernbte
des vorigen Jahres verursachet hat, auf die
dabei anzuwendende Mittel desto aufmerksamer
gemacht worden ist.

In dem zweiten Stücke habe ich einen
kurzen Unterricht von den besten Abtrocknungs-
mitteln des Kleeheues, und den zu dessen ohnbe-

schä-

schädigten Aufbehaltung erforderlichen Behält-
nissen, theils aus eigener Erfahrung, theils aber
auch nach dem Beispiel und Muster andrer
erfahrnen Wirthschaftsverständigen, mitge-
theilet.

Die Gelegenheit, die mir dazu gegeben worden, ist in der Abhandlung selber bemerkt.

Sonst hat mir überhaupt diese Sache einer
nähern Erörterung um so mehr werth zu seyn
geschienen, als man sich bei der Abtrocknung des
Kleeheues gemeiniglich mehrere Schwierigkeiten,
als solche in der That bei sich führet, vorstellet,
und sich dadurch viele Landwirthe, die den großen
Nußen dieses Futterungsmittels sonst wohl einsehen, abschrecken lassen.

Das dritte Stück enthält zuverläßige Nach-
richten von der ganz besondern Einrichtung der
Viehwirthschaft und des Molkenwesens auf dem -
Königl. Amte Königshorst.

Daß die Wohlfarth der meisten Landwirthschaften der richtigen Behandlung der Viehbe-

nußung

nnßung abhanget, ist ein Saß, der wohl von niemand bezweifelt werden wird.

Die auf dem Amte Königshorst eingeführte Viehbenußungsart hat so viel besonderes und vortheilhaftes an sich, daß sie näher bekant gemacht zu werden, wohl verdient.

Ich hoffe also auch hierunter keine Arbeit, die überflüßig wäre, oder dem geehrten Publikum mißfällig seyn könte, unternommen zu haben.

Nichts ist gewöhnlicher, als daß die Bauern über Anzulänglichkeit ihrer Nahrung, nach dem Verhältniß der darauf haftenden Dienste, Klage und Beschwerden zu führen pflegen.

Dieses giebet täglich zu allerhand weitläuftigen und verwickelten Untersuchungen Anlaß.

Bisher hat man gemeiniglich noch immer falsche Maaßregeln hierunter genommen.

Ich habe es daher für nöthig erachtet, diejenigen ökonomischen Säße, die bei dergleichen Untersuchungen zum Grunde zu legen sind, näher zu bemerken, und zur Richtschnur derjenigen,

denen

denen bergleichen Arbeiten aufgetragen worden,
in ein näheres Licht zusetzen; zumahl mir durch
ein erst vor kurzem von mir darüber gefordertes
Gutachten dazu Gelegenheit gegeben worden.

Endlich habe ich bereits in dem ersten Ban=
de angezeiget, daß der sel. Etatsminister, Graf
von Podewils für alle auf seinen Gusowschen
Gütern angestellte Wirthschaftsbedienten und
Dienstboten eigne vollständige und zweckmäßige
Justruction, woraus ein jeder seine Pflichten
auf das deutlichste ersehen kann, entworfen
habe.

Wenn nun dieses ein sehr seltenes Muster
von guter Ordnung ist, so habe ich bereits in
dem ersten Bande den Vorsatz geäußert, diese
Justructionen dem geehrten Publikum in den
gegenwärtigen Blättern nach und nach mitzu=
theilen.

Da nun bereits in dem ersten Bande mit
der für den Gerichtsverwalter, oder Justiciarius
entworfenen der Anfang gemacht, und solche von
mei=

meinen geneigten Lesern mit vielen Beifall aufgenommen worden; so habe ich keinen Anstand nehmen können, in dem gegenwärtigen mit der Instruction für den Wirthschaftsinspector und Rechnungsschreiber, fortzufahren, in der Ueberzeugung, daß auch hierin ein jeder viel nützliches und zweckmäßiges, woran ohne dergleichen Anleitung nicht immer gedacht wird, antreffen werde.

Den 2ten Jan. 1786.

von Benekendorff.

Inhalt

Inhalt
dieses zweiten Bandes.

Inhalt.

I. Zu-

I.

Zufällige Gedanken

über

die nöthigen Vorsichtsregeln
bei nassen Erndten.

Zufällige Gedanken

über

einige nöthige Vorsichtsregeln bei nassen. Erndten.

---

§. 1.

Einleitung in diese Abhandlung.

Kein Uebel ist so groß, daß nicht zu dessen Vorkehrung, wenigstens Minderung, theils von der Natur selber zuverläßige Mittel geordnet wären, oder doch von der Vernunft erfunden und angewendet werden könten.

Auf diese Vorsichtsregeln werden wir gemeiniglich nur erst nachher, wenn das dadurch zu vermindernde Uebel schon vorbei ist, und seine Wirkung gethan hat, geführt.

Inzwischen ist, darauf auch alsdenn aufmerksam zu seyn, allezeit rathsam, weil besonders diejenige natürliche Begebenheiten, die ein dergleichen Uebel verursachen, sich sehr oft, in gleicher Art wieder einzustellen pflegen.

A 2

Der

4

Der Vortrag von dergleichen Mitteln findet fast immer den meisten Eingang, wenn kurz vorher ein Uebel, zu dessen Minderung es gereichen soll, vorgefallen ist.

Wenn ich mir nun vorgenommen habe, etwas von den Vorsichten, die ein Landwirth bei nassen Erndten zur möglichsten Abwendung des davon zu befürchtenden Schadens anzuwenden hat, zu bemerken; so scheinet mir ein Zeitpunkt, wo die im abgewichenen 1785sten Jahre besonders nasse Erndte annoch in frischem Andenken ist, hiezu besonders bequem und geschickt zu seyn.

§. 2.
Wodurch der Verfasser zur Abhandlung dieser Materie bewogen worden.

So lange der Ackerbau betrieben worden, haben nasse und trockne Erndten mit einander abgewechselt, und es können daher die erstern niemal als ungewöhnliche und außerordentliche Begebenheiten angesehen werden.

Inzwischen ist doch gewiß, daß der Ackersmann bei dergleichen nassen Erndten sehr vieler Gefahr ausgesetzet ist, und er folglich, wenn er noch nicht eigene Erfahrungen darunter hat, davon näher unterrichtet zu werden verdienet.

Dergleichen besonders nasse Erndten, als wir in dem abgewichenen 1785sten Jahre gehabt haben, stellen sich, nach meiner davon besitzenden langwierigen Erfahrung, nur höchstens alle 8 bis 10 Jahre ein.

Ganz

Ganz natürlich ist es daher, daß einem jungen und angehenden Landwirth ein dergleichen Fall in vorzügliche Verlegenheit setzen muß, weil ihm seine kurze Erfahrung noch nicht die Mittel, wie er sich dabei zu verhalten habe, an die Hand geben können, und es folglich kein Wunder ist, wenn er dabei auf verschiedene falsche Maaßregeln, die den zu befürchtenden Schaden mehr vergrößern, als vermindern, verfällt.

Eine billige Pflicht mehr erfahrner, und in dergleichen Begebenheiten schon öfters geübter Wirthe ist es solchemnach, diesen jungen Anfängern mit ihrem darunter durch die Länge der Zeit erlangten Einsichten zu Hülfe zu kommen, und sie von demjenigen, was dagegen nützlich seyn kann, gründlich zu unterrichten.

Dieses ist denn auch die Ursache, die mich zu der gegenwärtigen Abhandlung bewogen hat.

Ich habe bei der von mir getriebenen Landwirthschaft schon Erndten erlebet, wo der Regen 14 Tage lang, ohne Aufhören, fortgedauert, und alle Senkungen des Feldes durch das sich dadurch gesammlete Wasser dergestalt überschwemmt gewesen, daß das darin befindliche schon abgemähete Getreide herausgetragen, und auf der Höhe abgetrocknet werden müssen.

Demohnerachtet habe ich es durch die dabei gebrauchte Vorsichten dahin gebracht, daß mir von meinem Getreide nicht das geringste, oder doch nur etwas weniges bedeutendes ausgewachsen und verdorben, und ich kann mir hierunter auf das

A 3

Zeug-

Zeugniß aller meiner damaligen Nachbaren ganz
sicher berufen. Jedoch verlange ich nicht in Abrede zu stellen, daß ich dabei von den sonst darunter gewöhnlichen Vorsichten völlig abgegangen
bin, und mir ganz andre Mittel, die mir von
der Vernunft und Ueberlegung an die Hand gegeben worden, bedienet habe.

Ich erachte mich demnach berechtiget, ja ge-
wissermaßen verpflichtet, meine geliebte Mitbür-
ger und Wirthschaftsfreunde an diesen meinen Erfahrungen mit Theil nehmen zu lassen.

§. 3.

**Warum, bei Wählung der bei nassen Erndten
nöthigen Mittel, theils auf die zu befürchtende
Gefahr, theils aber auch auf deren Entstehungsursachen, Rücksicht zu
nehmen ist.**

Bei Wählung derjenigen Mittel, wodurch die
von einer nassen Erndte zu befürchtende Schädlich-
keiten verhindert, oder doch wenigstens gemindert
werden soll, muß vor allen Dingen auf die mannigfaltige, hierunter vor einem Landwirth zu
befürchtende Gefahr, und auch auf die Ursachen,
woraus selbige entstehen, Rücksicht genommen
werden.

Denn so lange man nicht die abzuwendende
Gefahr nebst ihren Ursachen auf eine gründliche
Art kennet, ist es auch nicht wohl, die dagegen
diensame Mittel mit einer gewissen Genauigkeit
und Zuverläßigkeit zu bestimmen, möglich.

§. 4.

§. 4.

Drei verschiedene Classen der zur ohnbeschädigten Erhaltung des Getreides bei nassen Erndten nöthigen Mittel.

Das reif gewordene Getreide leidet bei nassen Erndten theils schon auf dem Halm, theils aber auch bei seinem Liegen auf dem Schwade, und in den aufgesetzten Mandeln oder Stiegen, am meisten aber bei seiner Einbringung in die Scheunen, wenn solches nicht zu rechter Zeit geschiehet, auch nachher in den Scheunen selber, in so ferne nicht dagegen alle mögliche Vorsichten angewendet werden.

Diese bei dem Getreide in nassen Erndten auf eine dreifache Art zu befürchtende Gefahr giebt mir Anlaß, auch die dagegen anzuwendende Mittel in drei verschiedene Classen abzutheilen.

In der ersten sollen die Vorsichten, deren man sich bei dem noch stehenden Getreide und dessen Abbringung zu bedienen hat, bemerkt werden.

In der zweiten werde ich von dem bei dem bereits abgemäheten und auf dem Schwade liegende Getreide zu dessen ohnbeschädigten Erhaltung zu beobachtenden Verfahren meine gesamlete Erfahrungen mittheilen; und endlich in der dritten die in dergleichen Fällen bei dem Einbringen des Getreides zu dessen Erhaltung nöthige Mittel an die Hand geben.

Diese Ordnung wird mich hoffentlich in den Stand setzen, meinen Vortrag eben so deutlich, als nützlich zu machen.

A 4 §. 5.

8

§. 5.

Naſſe Erndten können ſowohl in dem Stroh, als den Körnern des Getreides Schaden anrichten, und warum?

Ehe ich aber zur nähern Ausführung der in dieſen drei Claſſen vertheilten Mittel und Vorſichten ſchreiten kann, muß ich zufördetſt, um mich dazu einen deſto ſichern Weg zu bahnen, die allgemeine Urſache, warum die naſſe Erndten dem Getreide ſo leicht ſchädlich werden können, näher beſtimmen, indem ſich daraus die mehrere oder wenigere Wirkſamkeit der dagegen anzuwendenden Mittel von ſelbſt ergeben, und mit überzeugender Zuverläßigkeit beurtheilen laſſen wird.

Bei allen Getreidearten kommen nicht allein die Körner, ſondern auch das Stroh in Betracht, indem einen aufmerkſamen Landwirth an der ohnbeſchädigten Erhaltung, ſowohl des einen, als des andern, unendlich viel gelegen iſt.

Der Schaden, der in beiden durch eine allzunaſſe Erndte angerichtet werden kann, iſt zwar für einen Gutsbeſitzer, der auf den Zuſammenhang ſeiner Wirthſchaft ſiehet, gleich wichtig *); in

zwiſchen

*) Die gewöhnliche Schlendrianswirthe pflegen ſich bei dergleichen Gelegenheiten aus dem Verderben des Strohes nur wenig zu machen, ſondern ihre Abſichten nur lediglich auf die Erhaltung der Körner zu richten. Daß die Körner gewiſſermaßen vor dem Stroh einen Vorzug haben, und als der Haupttheil des Getreides angeſehen werden müſſen, begehre ich zwar nicht zu leugnen.

Allen

zwiſchen ſind doch nicht immer bei beiden einerlei Urſachen, folglich auch nicht gleiche Mittel anzuwenden.

§. 6.

Allgemeine Urſache des Schadens, der den Getreidekörnern bei vorzüglich naſſen Ernoten wiederfahren kann, beſteht in einem unzeitigen Auskeimen oder ſogenannten Auswachſen derſelben.

Wenn ich ſolchemnach auf Mittel, wodurch beides zu verhüten ſtehet, meine Abſichten zu richten gedenke; ſo iſt einleuchtend, und auch ſchon einem jeden gemeinen Landwirth von ſelbſt bekant, daß die naſſe Ernoten den Getreidekörnern aller Art hauptſächlich deshalb, weil dadurch ſehr leicht ein unzeitiges Keimen, oder Auswachſen, wie es in der gemeinen Wirthſchaftsſprache genannt zu werden pflegt, veranlaſſet wird.

Dieſes unzeitige Keimen oder Auswachſen der Getreidekörner wird durch die überflüßige Näſſe und eine in den Sommertagen dazu kommende Wärme bewirket.

Beide ſind die Menſtrua, oder Bewirkungsmittel einer jeden Gährung, die auch beſonders

A 5.　　　　.　bei

Allen erfahrnen Wirthen aber iſt bekannt, „in wie „viele Verlegenheit ſie durch den Mangel des benöthig „ten Strohes gerathen können, und daß der Abgang „an Körnern ſie niemal ſo empfindlich drücken kann, „als wenn dergleichen ſich am Stroh, ohne welchem „die Erhaltung aller Vieharten ohnmöglich fällt, er „eignet.“

bei dem unzeitigen Keimen und Auswachsen der
Getreideförner einzig und allein zum Grunde lieget. Denn Getreideförner, die gegen die Nässe
und Wärme sicher gestellet sind, werden niemal
in die Gefahr eines solchen unzeitigen Keimens
und Auswachsens gesetzt werden.

Durch die Gährung, die bei dem unzeitigen
Auskeimen der Getreideförner vorhergehet, wird
der mehligte Theil eines jeden Getreideforns, welcher als die Hauptsubstanz desselben anzusehen ist,
wo nicht gänzlich zerstört, doch dergestalt ge-
schwächet, daß es nachher zu keiner Art des Ver-
brauchs die gehörige Eigenschaften mehr an sich
hat, und auch, aus dieser Ursache, selbst an seinem Gewicht sehr viel verliert.

Kein ausgewachsenes Getreide ist, wie jeder-
man weiß, zum Saamen tüchtig, und es können
daher, wenn nicht dabei alle mögliche Vorsichten
gebraucht werden, vorhergehende nasse Erndten
sehr oft den Grund zu dem schlechten Ausfall der
nachfolgenden, auch bei der besten Witterung,
legen.

Daß ein ausgewachsenes Getreide nur schlechtes und auch weniger Mehl und Brod giebt, ist
ebenfalls aus der Erfahrung zur Gnüge bekannt;
und selbst bei der Fütterung aller Vieharten verspüret man, wie sich solches, besonders in dem
gegenwärtigen Jahre hervorthut, weit weinigere
Kräfte, als bei einem ohnbeschädigt gebliebenen
und gegen eine unzeitige Auskeimung bewahrten.

§. 7.

§. 7.

Warum die zu einer jeden Classe gehörige Vorsichten und Mittel besonders in Betracht genommen werden sollen.

Diese in der Natur der Sache selber gegründete Ursachen von dem Schaden, der den Getreidekörnern bei einer nassen Erndte sehr leicht wiederfahren kann, werden hoffentlich zureichend seyn, einem jeden aufmerksamen Landwirth zur Beobachtung aller möglichen Vorsichten, wodurch solches vermieden werden kann, aufzumuntern und anzureitzen.

Es ist aber nicht in allen vorher von mir bemerkten Classen hierunter eine gleiche Gefahr zu befürchten.

Eben so verschieden sind daher auch die dagegen anzuwenden Mittel.

Dieses macht es denn von selbst nothwendig, eine jede Classe besonders durchzugehen, und auch die bei einer jeden anzuwendende Mittel besonders in Betracht zu nehmen.

§. 8.

Daß die Körner des auf dem Halm annoch stehenden Getreides hierunter weit wenigerer Gefahr ausgesetzt sind.

Die Körner des noch auf dem Halm stehenden Getreides sind weit wenigerer Gefahr, als in dem bereits abgebrachten und auf dem Schwade, oder in den Lagen liegenden, ausgesetzt.

An

An der überflüßigen Näſſe und der natürlichen warmen Sommerwitterung, haben ſie zwar ebenfalls einen gleichen Antheil. Beides aber wird ihnen weit weniger gefährlich und nachtheilig, weil die Näſſe durch die Bewegung der Luft immer wieder abtrocknet, und auch die natürliche Wärme der Witterung durch ihr freies Durchſtreichen mehr gemäßiget wird.

Ein unrichtiges Verfahren iſt es daher, wenn man ſich in der Hofnung, daß das eingetroffene Regenwetter bald wiederum aufhören, und mit einer trocknen Witterung abwechſeln werde, um ſich dadurch die Erndtegeſchäfte zu erleichtern, mitten unter dem Regen mit dem Getreidemähen fortfahren, und öfters das ganze Feld, ohne zu wiſſen, wie bald das Regenwetter ein Ende nehmen wird, niederſchlagen läſſet.

Die Erfahrung lehrt ſchon, daß ein bei naſſen Wetter abgebrachtes Getreide in den Schwaden und Lagen weit eher auskeimet und auswächſet, als ein anderes, welches bei trockenen Wetter gehauen worden.

Allein, auch ohne Rückſicht auf dieſe Erfahrung, wird doch immer das mit einer ſolchen Uebereilung niedergeſchlagene Getreide, bei fortdauernder von keinem Wirth vorauszuſehender Witterung, weit mehrerer Gefahr, als wenn es auf dem Halm unberührt gelaſſen worden wäre, ausgeſetzt ſeyn.

§. 9.

§. 9.

Warum daher ein Landwirth, bei eingetretenen anhaltenden Regenwetter, sich mit der Abbringung seines Getreides nicht übereilen müsse.

Eine nothwendige Regel und Vorsicht ist es solchemnach, daß ein Wirth bei eingetretener anhaltender nassen Witterung mit dem Abbringen seines Getreides Anstand nehme, und damit nicht eher, als bis er wahrscheinlicherweise ein trockenes Wetter vermuthen kann, fortfahren lassen muß.

In dem vorigen Jahre haben es viele Landwirthe in der falschen Hofnung, daß das eingetretene nasse Wetter bald wieder aufhören würde, um sich auf solche Art in den Erndtegeschäften einen Vorsprung zu verschaffen, versehen, und dadurch in ihrem Getreide vielen Schaden, den sie sonst ohne diese Uebereilung vermieden haben würden, verursachet.

Wenn die Erfahrung klüger zu machen pflegt, so hat auch ein jeder wirthschafttreibender Landmann sich derselben in diesem Stücke zu Nutze zu machen, und die Abbringung seines Getreides, besonders alsdenn, wenn es den Anschein zu einem langwierigen Regenwetter hat, nicht zu übereilen, Ursache.

§. 10.

§. 10.

Daß zwar ein reifes und überständiges Getreide
bei dem längern Stehenbleiben ebenfalls mancherlei Gefahr, sowohl an Körnern, als Stroh,
ausgesetzet sey.

Es ist zwar wahr, daß alle Arten des Getreides, nachdem sie einmal die gehörige Reife
erlanget haben, bei dem langen Stehen auf dem
Halm ebenfalls mancherlei Gefahr unterworfen
sind, und ein Landwirth von einem überständigen
Getreide auf vielerlei Art Schaden zu befürchten
hat.

Ein solches überreiftes Getreide schüttet nicht
allein unter den mit ihm vorgenommenen Erndtegeschäften eine übermäßige Menge von Körnern
aus, sondern man findet auch nicht selten, daß
fast in allen Getreidearten bei einem überreifen
Getreide die Halme selber umfallen, und dadurch
Körner und Stroh zugleich verloren gehen.

Bei einigen Getreidesorten, als z. B. der
Gerste und Hafer, hat man noch überdem, wenn
diese Ackerfrüchte nicht zu rechter Zeit weggenommen werden, die so gefährliche Windstöße, welche
von den Körnern nur wenig übrig lassen, zu befürchten.

Bei diesen in der Erfahrung gegründeten Umständen scheint der von mir gegebene Rath, bei
zu vermuthenden langwierigen Regenwetter mit
der Abbringung des Getreides anzuhalten, mehr
schädlich, als vortheilhaft zu seyn, oder es doch
wenigstens immer zweifelhaft zu bleiben, ob der

von

von der Ueberſtändigkeit des Getreides, oder der
naſſen Witterung auf den Schwaden zu befürchtende Schade, wichtiger ſeyn möchte.

§. 11.

Warum aber dieſe Gefahren bei einer anhaltenden
naſſen Witterung weit weniger, als bei einer
trocknen, zu befürchten ſind.

Allein der vorhin bemerkte Verluſt, den man
ſehr öft von einem überſtändigen Getreide zu beſorgen hat, ereignet ſich nur gemeiniglich bei ſehr
trockenen Wetter, und iſt daher bei einer anhaltenden naſſen Witterung entweder gar nicht, oder
doch weit weniger zu befürchten.

Bei trockner Witterung brauchen die zu ihrer
vollkommenen Reife gediehene Körner in ihren
Hülſen keinen ſo weiten Raum mehr, als vorhin;
ſie ſitzen daher in denſelben nicht mehr ſo feſte,
und können folglich durch die Gewalt, die ihnen
unter den verſchiedenen Erndtegeſchäften wiederfähret, weit leichter, als wenn ſie noch nicht zu
einem überreifen Zuſtande gelanget, verſchüttet
werden.

Bei einer anhaltenden naſſen Witterung fällt
dieſe Gefahr auch bei einem überreif gewordenen
Getreide gänzlich hinweg.

Die Körner quillen durch die ſtets anhaltende
Näſſe immer wieder von friſchen auf, und ſitzen
daher in ihren Hülſen weit feſter.

Das

Das Umfallen der Halme träget sich ebenfalls bei trockenem Wetter weit häufiger zu, als bei nassen, indem die Getreidewurzeln in einem nassen Erdreich weit mehr, als in einem durch Trockenheit gar zu sehr aufgelockerten, gegen halten, und folglich das Umfallen der Halme verhindern; es wäre denn, daß durch starke Regen ein Theil der Halme eingeknicket würde, welche aber von geschickten Mähern allemal mitgenommen werden können, und folglich nicht schlechterdings verloren gehen dürfen.

Auch hat man bei den lange anhaltenden Regen nur sehr selten Beispiele von solchen starken Windstößen, wodurch öfters ganze mit der schönsten Gerste und Hafer bedeckte Felder verwüstet werden.

Bei der Eintretung eines langwierigen Regenwetters pflegen zwar heftige Stürme vorher zu gehen, nachher aber eine desto größere Windstille zu herschen, welches auch den phisikalischen Entstehungsursachen des Windes sowohl, als des Regens, vollkommen gemäß ist.

Und solte sich auch wieder Vermuthen ein Windstoß einstellen, so kann er doch niemal einem nassen und aufgequollenen Getreide so schädlich werden, als einem durch die Hitze zusammengetrockneten, und folglich in seinen Hülsen nur ganz lose sitzenden.

Alles dieses ist für diejenigen, die nur einige Aufmerksamkeit darauf richten wollen, schon nach

der

der Vernunft sehr begreiflich, und die Erfahrung
bestätiget es ebenfalls.

Von selbst ergiebt sich daher, daß von dem
längern Stehen des Getreides auf dem Halm bei
anhaltendem nassen Regenwetter keine von den
Gefahren, denen sonst ein überreifes bei trocknen
Wetter ausgesetzet ist, zu befürchten stehen, und
solchemnach ein Landwirth den vorhin von mir gegebenen Rath, bei zu vermuthenden langwierigem
Regenwetter mit dem Hauen und Abbringen
des Getreides anhalten zu lassen, ganz sicher
annehmen und befolgen könne.

§. 12.

Daß den Landwirthen gewisse wahrscheinliche
Muthmaßungen, um nach demselben das kurze
oder lange Anhalten des in der Ernde sich ein-
gestellten Regenwetters beurtheilen zu können,
nöthig; warum aber die bekannte Wettergläser
hiezu nur wenig brauchbar sind.

Ob sich ein in der Ernde eingestellter Regen
bald wieder endigen, oder lange fortdauern werde, lässet sich mit keiner zuverläßigen Gewißheit
bestimmen, und auch die besten Wetterpropheten,
deren sich in unsern Tagen verschiedene hervorge-
than haben, pflegen hierunter sehr oft zu Schan-
den zu werden.

Inzwischen wird es denen, die schon einige
Jahre mit Aufmerksamkeit gewirthschaftet, und
dabei zugleich auf die verschiedene Abwechselungen
der Witterung Achtung gegeben haben, wenig-

ſtens nicht an wahrſcheinlichen Muthmaßungs-
gründen gänzlich fehlen können; und in der That
gehört eine aufmerkſame Beobachtung der Witterung mit zu den Vollkommenheiten eines Land-
wirths, weil ihm ſolche in ähnlichen Fällen ſehr
oft mit vielem Nußen zu ſtatten kommt.

Sonſt könnte man hierunter die bekannte Wettergläſer, aus welchen die Abwechſelungen der
Witterung einige Zeit vorher zu erſehen ſtehen,
in Vorſchlag bringen, und einem jeden Gutsei-
genthümer, ſich dergleichen anzuſchaffen, angerathen werden.

Allein es hält ſehr ſchwer, Wettergläſer, die
zuverläßig ſind, zu bekommen, und auch möchten
wohl die wenigſten, damit recht umzugehen, verſtehen.

Ueberdem kann auch aus den richtigſten Wet-
tergläſern zwar ſo viel, daß eine baldige Veränderung in der Witterung bevorſtehe, wovon gemeiniglich die Zeit auf 24 Stunden beſtimmt zu
ſeyn pflegt, niemal aber, ob ſolche anhaltend,
oder nur von kurzer Dauer ſeyn möchte, erſehen
werden.

Bei den Vorſichten, die gegen außerordentlich
naſſe Erndten anzuwenden ſind, kommt es aber
auf das leßtere hauptſächlich an, und es ergiebt
ſich daher von ſelbſt, daß dieſe Wettergläſer dazu
nur wenig brauchbar ſind.

Ich muß aufrichtig geſtehen, daß ich mir dieſes Wetteranzeigeinſtruments bei der Beurtheilung
eines

eines in der Erndte eingefallenen Regens, aus vorstehenden Ursachen, niemal bedienet habe.

§. 13.

Eine richtige Unterscheidung, ob der in der Erndte eingefallene Regen nur ein bloßer Gewitter = oder Landregen sey, kann hierunter eine weit sichere Muthmaßung begründen.

Mir hat hingegen eine richtige Unterscheidung, ob der in der Erndte eingefallene Regen ein bloßer Gewitterregen, oder sogenannter Landregen, wel= cher mit einem vorhergegangenen starken Sturm seinen Anfang genommen, sey, bei Einrichtung der Erndtegeschäfte, jederzeit die beste Dienste gethan, und ich bin von dieser Beobachtung nur selten im Stich gelassen worden.

Daß zu derjenigen Jahreszeit, wo die Erndte einzufallen pflegt, die sogenannte Gewitter = oder Strichregen die häufigsten und gewöhnlichsten zu seyn pflegen, ist bekannt.

Eben so bekannt ist auch, daß diese Gewitter= regen niemal anhaltend und von langer Dauer sind, sondern höchstens in ein paar Stunden ihre Wassergüsse, ob sie gleich auch in dieser kurzen Zeit öfters sehr schädlich werden können, von sich gegeben haben.

Dergleichen Gewitter = oder Strichregen sind es daher nicht, wovon ein Landwirth eine lange anhaltende schädliche Nässe in der Erndte zu be= fürchten hat; ob gleich nicht zu leugnen ist, daß eine solche Witterung, wo es einige Stunden den

B 2   An=

Anschein zu dem besten Wetter gehabt hat, nachher aber unvermuthet ein Gewitterregen erfolget,
sehr verdrießlich zu fallen, und die Erndtegeschäfte
gar sehr zu erschweren, und zu verlänger pfleget.

Inzwischen wird es nur wenige Sommer geben, wo dieses gänzlich ausbleibt, und verschiedene Arten von Getreide verlangen, wenn sie zu
ihrem Endzweck recht brauchbar seyn sollen, bei
ihrer Einerndtung einen mäßigen Regen und An-
feuchtung b).

§. 14.

b) Alle Brauverständige bemerken z. B., daß die Gerste,
und auch selbst der Weitzen, wenn sie auf dem Schwade und in den Lagen einen mäßigen Regen bekommen
haben, weit besser mältzen, als anderes Getreide von
dieser Art, so, ohne den geringsten Regen zu bekommen, eingeerndtet worden.

Mit den hievon sehr leicht anzugebenden Ursachen
kann ich mich gegenwärtig, bei den engen Gränzen
dieser Blätter, nicht befassen; inzwischen ist gewiß,
daß solches durch die allgemeine Erfahrung bestätiget
wird.

Eben so bekannt ist es auch, daß der Hafer, der
auf den Schwaden, oder in den Lagen, keinen Regen
bekommen hat, bei dem Ausdrusch niemal recht aus-
fällt, sondern sehr oft die Hälfte der Körner in dem
Stroh sitzen bleibt. Aus dieser Ursache ist es auch, besonders den Schlesischen Wirthen, zur allgemeinen Regel geworden, daß sie ihren Hafer übermäßig lange
auf dem Felde liegen lassen, und ihn nicht gerne eher,
bis er einen tüchtigen Regen bekommen hat, in die
Scheue bringen.

Daß die Sache hierunter öfters übertrieben, und
dadurch zu einem ohnnöthigen Körnerverlust Gelegenheit

§. 14.

*Nähere Urfachen, worauf fich die Wahrfchein-
lichkeit diefer Muthmaßung gründet.*

Die bei den Gewittern fich öfters in der größe-
ften Gefchwindigkeit zufammenziehende Wolken
können natürlicherweife nur blos die in unferm
nächften Luftkreife befindliche Dünfte in fich faffen,
und denjenigen Oertern, fo fie berühren, vermit-
telft der gebildeten Regentropfen mittheilen.

Diefe fich in den Gewitterwolken gefammlete
Dünfte ftehen mit dem Umfange der Gegend,
die dadurch benetzet werden, faft jederzeit in einem gewiffen Verhältniß, und man kann daher
mit einer ziemlich überzeugenden Zuverläßigkeit
vermuthen, daß die Luft, nachdem fie fich durch
den mitgetheilten Regen von den in ihr befindlichen Dünften gereiniget hat, fich wiederum auf-
heitern, und dadurch ein wenigftens auf eine ge-
wiffe Zeit anpaffendes Erndtewetter werde zuwege
gebracht werden.

Bei den fogenannten Landregen, die nur felten
mit einem Gewitter begleitet find, und bei welchen
einige Stunden, ja wohl ganze Tage vorher ein
ftarker Wind voran gegangen ift, hat es hierunter eine ganz andre Bewandtniß.

B 3   Durch

heit gegeben werde, ftehet zwar nicht zu leugnen; inzwi-
fchen ift doch die Urfache, warum diefes gefchiehet,
an und vor fich felber gegründet, und in die Augen
fallend.

Durch diesen Wind, welcher gemeiniglich aus dem Abend, oder Mittage, von der Seeseite her, zu wehen pfleget, werden entfernte Dünste, und besonders diejenigen, die aus der See und andern großen Gewässern, auch Brüchen und Sümpfen, aufsteigen, herbeigeführt.

Daß die Menge derselben weit größer und beträchtlicher seyn müsse, ist ganz natürlich und einem jeden, der solches in nähern Betracht nehmen will, begreiflich.

Diese größere Menge der Dünste lässet nun von den Landregen, die dadurch verursachet werden, schon nach der Vernunft, ob es gleich niemal auf etwas gewisses bestimmt werden kann, ein längeres Anhalten vermuthen, und die Erfahrung wird auch solches in den meisten Fällen bestätigen.

Bei den Strich= oder Gewitterregen verspürt man gemeiniglich gewisse Intervallen, indem es, wenn es einige Stunden geregnet hat, die Sonne wieder hervor zu blicken, und das naßgewordene Getreide abzutrocknen, folglich die Erndtegeschäfte nicht gänzlich zu hindern, sondern nur von Zeit zu Zeit zu unterbrechen pfleget.

Die Landregen hören aber, wie es auch die Natur der Sache von selbst giebt, niemal eher auf, bis die ganze Menge der fremden in unserm Luftkreise sich gesammleten Dünste herabgefallen ist, und ein Ende genommen hat.

§. 15.

§. 15.

Warum ein Landwirth, nach diesem bemerkten Unterscheide seine Erndtegeschäfte einzurichten, Ursache habe.

Hieraus wird sich von selbst rechtfertigen, daß der von mir angenommene Unterscheid zwischen den Gewitter- oder Strich- und Landregen in der Natur selber seinen Grund habe, und es daher nicht unrecht gethan sey, wenn ein Landwirth bei seinen Muthmaßungen, ob der sich zur Erndtezeit eingestellte Regen von langer oder kurzer Dauer seyn werde, darauf Rücksicht nimmt.

Ist der eingefallene Regen ein bloßer Gewitterregen, so hat er nicht immer nöthig, deshalb in seinen Erndtegeschäften eine Hauptänderung vorzunehmen.

Wird er aber durch die davon angezeigte Kennzeichen, daß es ein wahrer Landregen, oder ein solcher, der eine allgemeine die ganze Gegend betreffende Ursache zum Grunde hat, sey, überzeugt, so muß er auch alsdenn, wegen Einrichtung seiner Erndtegeschäfte schon ganz andre Maaßregeln nehmen, und sich besonders bei dem Hauen und Abbringen seines Getreides nicht übereilen.

§. 16.

Anderweitige Vorsicht, die ein Landwirth bei nassen Erndten, in Ansehung der länger stehen lassenden Stoppeln, bei dem Abbringen des Getreides zu nehmen hat.

Noch eine andre Vorsicht ist alsdenn, wenn eine anhaltende nasse Witterung in der Erndte wahr-

B 4

wahrscheinlich ist, bei dem Abbringen des Getreides, besonders demjenigen, welches aufs Schwad
gehauen wird, zu beobachten.

Eine sonst bei dieser Abbringungsart nöthige allgemeine Regel ist es, daß die Mäher keine hohe
Stoppeln lassen, sondern vielmehr die Halme so
nahe, als möglich, an der Erde wegnehmen
müssen.

In dem vorhin bemerkten Fall hingegen muß
von dieser Regel eine Ausnahme gemacht, und
vielmehr darauf, daß die Stoppeln nicht allzukurz
bleiben, gesehen werden.

Bei der zweiten Classe der Erndtegeschäfte,
nemlich dem Einsammler des Getreides, wird sich
bald mit mehrern ergeben, daß die Halme desselben, wenn sie mit den Aehrenden unmittelbar das
Erdreich berühren, dem unzeitigen Auskehnen und
Auswachsen, in Ansehung der Körner, weit mehr
ausgesetzt sind, als wenn sie sich in einer gewissen
Entfernung davon befinden.

Wenn nun bei einer höher gelassenen Stoppel
das unmittelbare Berühren der Aehrenden des Erdreichs offenbar gar sehr verhindert wird, so leget
sich auch daraus die Nothwendigkeit und Ver-
nunftmäßigkeit dieses Mittels von selbst zu Tage.

Inzwischen muß, weil die Mäher weit eher eine lange, als kurze Stoppel stehen zu lassen, geneigt sind, hierunter alles Uebertriebene vermieden, und nie, daß auch das Stroh jederzeit eine
unentbehrliche Wirthschaftsbedürfniß sey, außer
Augen gesetzt werden.

Eine

Eine bei dem Aushau höchstens 2 bis $2\frac{1}{2}$ Zoll
lang gelassene Stoppel wird, um hierunter etwas
gewisses zu bestimmen, und, solches nicht der blos
ßen Willkühr zu überlassen, schon allemal hinrei#
chend seyn, zu verhindern, daß die Aehrenden des
abgehauenen Getreides, bei anderweitigen ge#
brauchten-Vorsichten, das Erdreich nicht so leicht
berühren können.

§. 17.

Daß das bereits auf dem Schwade oder in den
Lagen befindliche Getreide weit mehrere Gefahr,
als das noch auf dem Halm stehende,
ausgesetzet sey.

Auch die §. 4. zur zweiten Classe der zur unbe#
schädigten Erhaltung des Getreides bei nassen
Erndten gerechnete Vorsichten werden nunmehr nä#
her zu bemerken, und in Betracht zu nehmen seyn.

Daß das auf dem Schwade und in den Lagen
befindliche Getreide, bei einer anhaltenden nassen
Witterung, weit mehrerer Gefahr, als das an#
noch auf dem Halm stehende, ausgesetzet sey, ist
schon vorhin erinnert worden, und auch die Natur
der Sache giebt es von selbst.

Je größer die Gefahr ist, je genauer und sorg#
fältiger müssen auch die dagegen anzuwendende
diensame Mittel beobachtet werden.

Diesen Satz bestätiget schon die Vernunft sel#
ber, und ich habe daher nicht zu befürchten, daß
er je von einem meiner geneigten Leser bezweifelt
werden wird.

B 5

Nur

Nur wird es darauf ankommen, welches die
beste und bequemste Mittel, um diese dem Getreide alsdenn angedrohete Gefahr zu vermindern,
seyn werden.

§. 18,

Daß bisher hierunter ganz falsche Maaßregeln genommen worden.

Ich würde unrecht thun, und wider die Wahrheit angehen, wenn ich behaupten wolte, daß
man hierunter in den gemeinen Wirthschaften ganz
und gar sorglos wäre.

Vielmehr muß ich gestehen, daß die meisten
Wirthe in dergleichen Vorfällen mehrern Kummer
und Aengstlichkeit, als sie in der That nöthig haben, von sich verspüren lassen, und ich sehr oft
viele darüber der Verzweiflung nahe bemerket
habe.

Nur so viel habe ich auch wahrgenommen, daß
nicht immer zur Abwendung dieses Uebels die beste und anpassendeste Mittel gewählt, sondern darunter die meiste Zeit ganz falsche, das Uebel mehr
vermehrende, als vermindernde Maaßregeln genommen worden.

Um dieses gehörig zu entwickeln, und mir dadurch einen desto sichern Weg zu dem Vortrage der
von mir deßhalb vorzuschlagenden Mittel zu bahnen, werde ich vorher die gewöhnliche Verfahrungsart, die hierunter an den meisten Orten beobachtet worden, mit wenigem bemerken müssen.

§. 19.

§. 19.

Worin das an den meisten Orten gewöhnliche
Verfahren, um bei nassen Erndten das Auswachsen des auf dem Schwade liegenden Getreides
zu verhindern, bestehe.

Die Hauptvorsicht, die man bis anher fast allenthalben bei besonders nassen Ernbten, um die
in dem auf dem Schwade und Lagen liegenden Getreide befindliche Körner gegen das schädliche Auswachsen zu bewahren, hat darin bestanden, daß
man die Schwaden oder Lagen von Zeit zu Zeit
entweder mit der Hand, oder vermittelst eines un-
tergesteckten Harkenstiels, von einer Seite zur andern umgewendet, oder umgeworfen, und damit
so lange fortgefahren, bis sich das Wetter wiederum geändert, und, anstatt des bisher nassen,
ein zum Einsammlen des Getreides genugsam
trocknes eingetreten ist.

Ich kann nicht leugnen, daß mir diese gewöhnliche Verfahrungsart aus einem doppelten Grunde bedenklich, und folglich nicht rathsam zu seyn
scheint.

Einmal leidet das Getreide durch das so oft
wiederholte Umwenden eine ohnnöthige Gewalt, die
nothwendig zum Verlust vieler Körner Anlaß geben muß.

Denn obgleich die Körner bei nassen Wetter in
ihren Hülsen weit fester, als bei trocknem, sitzen,
so kann es doch bei der öftern Wiederholung dieses
Umwerfens und Umwendens der Schwaden und
Lagen

Lagen nicht ausbleiben, daß sich nicht, durch die wenige Behutsamkeit des ungeschickten Dienstvolks, eine Menge davon losreißen, und verloren gehen solte, zumal dieses Umwerfen nicht anders, als nachdem das Getreide schon etwas abgetrocknet ist, und folglich die Körner in den Hülsen nicht mehr so stark aufgequollen sind, geschehen kann.

Demnächst ist bekannt, daß die Oberlagen des Strohes in dem Schwade bei einer anhaltenden Nässe sehr leicht schwarz und zum Gebrauch untauglich werden, und sich hingegen die Unterlagen desselben weit länger frisch und unbeschädigt erhalten.

Wenn nun durch das öftere Umwenden der Schwaden und Lagen sämtliches Stroh, es mag zu den Ober- oder Unterlagen gehören, der überflüßigen Nässe, und dem davon herrührenden Verderben ausgesetzet wird, so leuchtet von selbst ein, daß dieses einem aufmerksamen Wirth, dem öfters mehr der Stroh- als Körnermangel drücket, nicht gleichgültig seyn könne.

§. 20.

Warum das gewöhnliche Umwenden oder Umschlagen der Schwaden nicht zweckmäßig genug sey, sondern sich der Verfasser in seinen Wirthschaften jederzeit des Aufziehens der Aehren den mit einem weit bessern Erfolg bedienet habe.

Von der Schädlichkeit dieses gewöhnlichen Verfahrens bei nassen Erndten überzeugt, habe ich in mei-

meinen Wirthschaften niemal die Schwaden, oder
Lagen bei anhaltender naſſen Witterung auf die
in dem nächſtvorſtehenden §. beſchriebene Art umwenden, oder umwerfen, ſondern ſolche die ganze
Zeit des anhaltenden naſſen Wetters über ruhig
liegen laſſen.

Haben gleich die Halme in der Oberlage eine
etwas ſchwärzliche Farbe bekommen, ſo iſt doch
dagegen das unten liegende Stroh die meiſte Zeit
gut und brauchbar geblieben.

In Anſehung der Körner habe ich nur blos die
Vorſicht gebraucht, das Getreide an den Aehrenden vermittelſt einer Harke mit einer gewiſſen Behutſamkeit aufziehen zu laſſen, und dadurch die
Berührung des Erdreichs von denſelben nach Möglichkeit zu verhindern.

Bereits §. 16. habe ich bei Anrathung einer
höhern Stoppel dieſes Umſtandes vorläufig Erwähnung gethan, und es als einen ohnſtreitigen
Satz angenommen, daß das unzeitige Auskeimen
der Getreidekörner durch ihr unmittelbares Berühren des Erdreichs gar ſehr befördert werde; und
es fällt auch einem jeden, ohne deshalb eine weit-
läuftige phiſikaliſche Unterſuchung anſtellen zu
dürfen, durch die Erfahrung von ſelbſt in die
Augen.

Dieſes wird daher hoffentlich die vorhin von
mir bemerkte Methode, die Aehrenden der Schwaden, oder Lagen von Zeit zu Zeit, vermittelſt einer Reche, behutſam aufſtehen zu laſſen, vollkommen rechtfertigen können.

Auch

Auch bei einer ziemlich hohen Stoppel senken sich doch die durch eine anhaltende Nässe schwerer gewordene Aehren nach dem Erdreiche nieder, und werden dadurch der Gefahr des Auswachsens ausgesetzet.

Fährt man aber mit diesem Aufziehen, so bald sich nur einige trockne Stunden zeigen, in denselben beständig fort, so wird dadurch allerdings diese Gefahr gar sehr verringert, zumal, wenn zu gleicher Zeit, nach dem §. 16. gegebenen Rath, bei dem Aushau eine etwas höhere Stoppel gelassen worden ist.

Daß durch das öftere Umwerfen und Umwenden der Schwaden und Lagen dieses Berühren der Körner von dem Erdreich nicht verhindert werde, ist von selbst einleuchtend, und vielmehr gewiß, daß dabei alle in den Aehren sitzende Körner in diese Gefahr gesetzet werden.

Ließe man das Getreide ruhig liegen, so würden doch nur die untersten Aehren dem Erdreich zu nahe kommen, und dadurch ein Auswachsen der Körner verursacht werden können.

Durch das Umwenden aber werden auch die obersten Aehren, beinahe möchte ich sagen, in die Nothwendigkeit des Auswachsens gesetzt, und folglich ein Partialübel in ein allgemeines verwandelt.

Mit einem Worte, das Aufziehen der Aehrenden ist, weil es die Entstehungsursache des Auskeimens der Körner mehr verhindert, weit zweckmäßiger, als das gewöhnliche Umwenden und Umwerfen

werfen der Schwaden; folglich muß es auch billig bei allen wahren Kennern der Wirthschaftsgeschäfte den Vorzug verdienen.

§. 21.

Daß man sich bei nassen Erndten mit dem Einmandeln des Getreides nicht übereilen müsse, weil daraus ein doppelter Schaden entsteht.

Bei dem niedergehauenen und in den Schwaden, oder Lagen befindlichen Getreide muß nicht bloß auf seine ohnbeschädigte Erhaltung, so lange es sich in dieser Lage und Umständen befindet, sondern auch nachher, wenn man dasselbe einzusammlen, und in Mandeln oder Stiegen zu setzen, anfängt, Rücksicht genommen werden.

Nichts ist gewöhnlicher, als daß man bei nassen Erndten, wenn sich unvermuthet einige trockne Stunden, oder auch wohl gar Tage einstellen, gleichsam mit Gewalt auf das Getreide losfällt, und dasselbe mit verdoppelten Kräften zusammen zu bringen, und einzusammlen suchet.

Die Intervallen solcher nassen Erndten sorgfältig in Acht zu nehmen, und in denselben einen doppelten Fleiß bei Betreibung der Erndtegeschäfte anzuwenden, ist zwar allerdings der Vernunft und Natur der Sache gemäß.

Inzwischen muß doch auch hiebei alle Uebereilung vermieden werden, wenn man der Gefahr, die von nassen Erndten angedrohet wird, ausweichen will.

Das

Das auf dem Schwade oder in den Lagen befindliche Getreide kann durch eine dergleichen Uebereilung auf eine doppelte Art dem Verderben ausgesetzt werden.

§. 22.

Warum ein Besitzer eines ganzen Landguths diese Uebereilung weit mehr, als der gemeine Bauer, vermeiden müsse.

Bei allen nassen Ernbten nimmt man wahr, daß man, sobald nur an dem auf dem Schwade oder in den Lagen befindlichen Getreide einige Trockenheit verspüret wird, weiter keinen Anstand nimmt, zu der Einsammlung des Getreides zu schreiten, ohne dabei auch zugleich auf die gehörige Austrocknung der Körner Rücksicht genommen zu haben.

Man nehme einen gemeinen Landmann, der, um nach geendigtem Regen die Trockenheit des einzuerndtenden Getreides zu untersuchen, aufs Feld gegangen ist, wahr, so wird man immer finden, daß er mehr auf die Trockenheit des Strohes, als der Körner, sein Augenmerk richtet, und die letztern nur selten dabei in Erwägung ziehet.

Einem bloßen Bauer kann dieses allenfalls verziehen werden, weil er seinen in den Körnern noch nicht völlig ausgetrockneten Garben jederzeit, entweder in einem noch ledigen Teß, oder über den Bäumen, woselbst sie völlig auszutrocknen, Gelegenheit haben, allemal genugsamen Platz zu verschaffen, im Stande ist.

Die

Die Eigenthümer ganzer Landgüther, bei welchen ein ansehnlicher Ackerbau befindlich ist, können sich aber hierauf nicht verlassen, indem das von ihnen in größerer Menge einzubringende Getreide in dem dazu bestimmten Scheunraum nicht immer auf eine gleich bequeme Art zu vertheilen stehet, sondern solches ohne Unterscheid in einem und eben demselben Banzen eingebracht werden muß.

Und auch die Uebereilungen, so die Bauern und kleinen Ackersleute hierunter zu begehen pflegen, laufen nur selten ohne merklichen Schaden ab.

§. 23.

Gewöhnlicher Fehler der Landleute, daß sie bei der Beurtheilung der Trockenheit des Getreides mehr auf das Stroh, als auf die Körner sehen.

Ein aus diesen Bemerkungen von selbst folgender Satz ist es demnach, daß ein Landwirth, der nach einem langwierigen nassen Erndtewetter, zur Einsammlung nasser Ackerfrüchte schreiten will, nicht blos auf die Trockenheit des Strohes, sondern vorzüglich der Körner sein Augenmerk richten, und nicht eher, als bis er von dem letztern vollkommen überzeugt ist, zu diesem Erndtegeschäfte schreiten müsse.

Da die Körner jederzeit der edelste und nutzbarste Theil bei allen Getreidearten bleiben, so wird sich dadurch die Wahrheit dieses Satzes von selbst rechtfertigen.

Oekon. Schr. Zweiter Band.　　　C　　　Daß

Daß aber die Körner zu ihrer Austrocknung
weit mehrere Zeit, als die Halme des Getreides,
bei welchen das Durchstreichen der Luft hierunter
eine weit geschwindere Wirkung thun kann, nöthig
haben, ist von selbst einleuchtend.

§. 24.

Die gemeine Meinung der Landleute, daß das auf
den Schwaden noch feuchte gebliebene Getreide
in den Mandeln und Stiegen vollends austrocknen werde, ist ebenfalls ein Irrthum.

Die meisten Wirthe, die sich bei der Einsammlung ihres annoch nassen Getreides, in Ansehung der Körner, übereilen, pflegen gemeiniglich, daß solches in den Mandeln oder Stiegen
annoch gehörig austrocknen werde, die Hofnung
zu haben.

Allein eben hierunter wird es gemeiniglich am
meisten versehen.

Ein in Körnern nasses Getreide trocknet gewiß in den Mandeln und Stiegen weit schwerer
aus, als auf den Schwaden, und in den Lagen.

Man hat zwar verschiedene Methoden, die
Mandeln und Stiegen einzusetzen; und an den
Orten, wo man die Mandeln oder Stiegen, bis
nach gänzlich vollbrachter Erndte, in dem Felde
stehen zu lassen gewohnt ist, pfleget man die Garben mit den Aehrenden dergestalt fest in einander
zu packen und zu verbinden, daß auch der stärkste
Regen in dieselben einzudringen nicht vermö-
gend ist.

So

So problematisch mir auch diese Verfahrungsart an und vor sich selber zu seyn scheint, so ist
doch gewiß, daß solche nur blos bei demjenigen
Getreide, welches bei der Einsetzung der Mandeln, oder Stiegen schon vorher in seinen Körnern
vollkommen trocken gewesen ist, statt finden könne.

Von einem Getreide hingegen, welches mit
noch nicht völlig ausgetrockneten Körnern in den
Mandeln oder Stiegen fest eingepacket und zusammen gepresset worden, kann man nichts gewissers,
als ein ohnfehlbares Auskeimen, oder wenigstens
Verdumpfungen, vermuthen.

§. 25.

**Schädlichkeit der an vielen Orten eingeführten
Gewohnheit, die eingesetzten Mandeln oder Stie-
gen nicht eher, als nach völlig vollbrachter
Erndte, abzufahren.**

Ueberhaupt ist die Gewohnheit derjenigen Gegenden, wo man das Getreide die ganze Erndtezeit über in Mandeln, oder Stiegen, ohne selbiges abzufahren, und in den Scheunen in Sicherheit zu bringen, stehen lässet, eine sehr gefährliche Methode, die auch selbst bei trocknen Erndten zu einem vielfältigen Verlust Gelegenheit geben kann.

In einer nassen Erndte ist sie aber doppelt gefährlich, und ich habe selber in der Altmark, wo
dieser Erndtengebrauch ebenfalls gewöhnlich ist,
Beispiele davon erlebet.

C 2 §. 26.

§. 26.

Warum es weit sicherer und rathsamer sey, die
eingebundenen Garben sofort zur Scheune zu bringen; was aber in nassen Erndten für eine
Vorsicht dabei zu gebrauchen.

Weil sicherer und ohnschädlicher scheint mir
daher zu seyn, wenn man das eingesammlete Getreide sofort abfahren, und in die Scheunen zu
seiner bestimmten Aufbehaltung bringen lässet.

Das einzige, so man hierunter so wohl bei
allgemeinen nassen Erndten, als auch bei einem
jeden unbeständigen Erndtewetter, zu beobachten
hat, besteht blos darin, daß man die eingebundenen Garben, anstatt sie in Mandeln oder Stiegen feste einzupacken, wie man es nach der gemeinen Wirthschaftssprache zu nennen pflegt, auf-
stauchen, d. i. auf die Boltenden setzen lässet,
und dadurch, der sich bewegenden Luft eine freie
und ungehinderte Gelegenheit, die Aehrenden durchstreichen und abtrocknen zu können, verschaffet.

Dieses ist hierunter die sicherste Verfahrungsart bei einem unbeständigen, und abwechselnden
Erndtewetter.

Inzwischen muß doch allemal dafür gesorget
werden, daß auch dergleichen Mandeln oder Stiegen vor Einbruch der Nacht unter Dach, und in
ihr gehöriges Behältniß kommen.

§. 27.

§. 27.

Besondere Bemerkung des Schadens, der von einem in den Mandeln oder Stiegen naß gewordenen Getreide zu befürchten steht.

Bei keiner Gelegenheit ist das eingesammlete Getreide mehrern Verlust an Körnern ausgesetzt, als wenn die Garben der eingesetzten Mandeln, oder Stiegen, wegen eines eingefallenen Regens, von welchem sie öfters auch bei dem besten Anschein des Wetters überraschet werden, wieder aufgebunden, von neuen aufgespreudet und abgetrocknet werden müssen.

Man darf dergleichen Mandelstellen nur mit einer gewissen Aufmerksamkeit in Augenschein nehmen, so wird man von der Größe des Verlusts an Körnern, der dadurch verursacht wird, sehr leicht überzeugt werden.

Drei bis vier Metzen von den besten Körnern, ist das wenigste, so man bei dieser Umbindung auf eine jede Mandel oder Stiege rechnen kann.

Ueberhaupt würde sich der Ertrag unserer Ackerfrüchte weit höher belaufen, wenn nicht durch eine unrichtige Einrichtung der Erndtegeschäfte ein größer Theil derselben verschwendet würde, und verlohren ginge.

Einem jeden aufmerksamen Landwirth muß dieses einleuchtend seyn, und es haben auch bereits

C 3

ver-

verſchiedne berühmte Oekonomen unſerer Zeiten
ſolches durch angeſtellte Verſuche beſtätiget ᶜ).

§. 28.

Von den auch bei der Einbringung des Getreides
in naſſen Erndten nöthigen Vorſichten, und warum ſich dabei in den größern herrſchaftlichen
Wirthſchaften weit ſchwerere Schwierigkeiten,
als in den kleinen Bauerwirthſchaften,
äußern.

Die §. 4. bemerkte dritte Claſſe der bei naſſen
Erndten nöthigen Vorſichten iſt endlich auf das
Einbringen des Getreides gerichtet.

Auch

c) Der ſeiner Verdienſte halber unvergeßliche Herr von
Münchhauſen hat unter andern in ſeinem bekannten
Hausvater einen von ihm angeſtellten Verſuch, der
dieſes unwiderſprechlich beſtätiget, angeführt.

Er beſäete zwei, in Anſehung ihrer Oberfläche, innere Güte und Bedüngung vollkommen gleiche Acker-
ſtücke mit einerlei Getreideſaamen.

Das eine ließ er auf die gewöhnliche Art einerndten,
auf dem andern aber nur die Aehren abkolben, in
Säcken auf die Scheuntenne bringen, und nachher ab-
dräſchen.

Von dem erſtern erhielte er, wie ſonſt in der dortigen Gegend gewöhnlich war, im Ausdruſch das 6te,
von dem zweiten aber das 32ſte Korn.

Nichts in der Welt kann wohl, in Anſehung des
Verluſts, den das Getreide durch die mannigfaltige
Erndtegeſchäfte leidet, überzeugender ſeyn, und daher
auch einem jeden vernünftigen Landwirth, ſich darunter aller möglichen Behutſamkeit zu befleißigen, an-
mahnen.

Auch hierin wird auf mancherlei Art gefehlet, und dadurch der Schade der in der Erndte
eingetretenen nassen Witterung vermehret.

Ein Bauer, dessen Getreidemenge nicht so groß
ist, kann sich hierunter eher helfen, und das öfters wider sein Verschulden in die Scheune gekom-
mene allzufeuchte, oder wohl gar nasse Getreide
weit bequemer, daß ich mir dieses Ausdrucks bedienen darf, verpacken, damit es auch noch in
den Scheunenbehältnissen mehr abzutrocknen, und
dadurch, dem sonst unvermeidlichen Verderben
zu entgehen, Gelegenheit haben möge.

Er bringet die nassen Garben entweder über
die Bäume, wo sie von der Luft durchstrichen werden können, oder in dem zur Sommerung bestimmten annoch leeren Bansen, in welchen sie ebenfalls,
weil sie wenigstens eine Zeitlang uneingepresset
bleiben, einer mehrern Ab- und Austrocknung zu
genießen im Stande sind.

In den herrschaftlichen Scheunen, wo die
Menge des einzubringenden Getreides zu groß ist,
lässet sich dieses nicht so leicht thun, und die Anwendung der kleinen Vortheile, so den Bauern
hierunter offen stehen, fällt bei denselben weit
schwerer.

Man wird daher auch, nach einer nassen
Erndte das benöthigte Getreide von den Bauern
zu kaufen, weit sicherer fahren, als wenn man
sich solches aus großen herrschaftlichen Wirthschaften anschaffen will.

§. 29.

§. 29.

Wie es anzufangen sey, um zu verhüten, daß in den Unterlagen der Bansen kein feuchtes Korn kommen möge.

Inzwischen sind doch auch in den herrschaftlichen Wirthschaften Mittel und Vorsichten vorhanden, wodurch dieses Uebel vermindert werden kann.

Daß auch schon ein vollkommen trocken eingebrachtes Getreide in den Unterlagen der Bansen weit schwerer ohnbeschädigt erhalten werden könne, als dasjenige, was in der obern Gegend des Bansens gebracht worden, ist schon vorhin allen erfahrnen Wirthschaftsverständigen zur Gnüge bekannt.

Hieraus folgt denn von selbst die nothwendige Regel, daß man das auf dem Felde in Ansehung der Körner, noch nicht vollkommen abgetrocknete Getreide in diese Unterlagen zu bringen, nach Möglichkeit vermeiden müsse.

Fast schwer und unmöglich aber scheint dieses zu seyn, weil es die Natur der Sache von selbst mit sich bringet, daß bei einer jeden Einbansung zuförderst die Unterlage gebildet werden müsse.

Da solches inzwischen allemal höchst gefährlich ist, so muß ein aufmerksamer Landwirth auch gewisse Unbequemlichkeiten, wodurch solches vermieden werden kann, nicht achten.

Selbst in den herrschaftlichen Scheunen giebt es auf den Bäumen über den Scheunfluren noch immer etwas Platz, der, besonders im Anfange

der

ter Erndte, in den noch leeren Täſſen ebenfalls angetroffen wird.

Das erſte nach einer naſſen Erndte in die Scheune gebrachte Getreide pflegt gemeiniglich annoch die meiſte Feuchtigkeiten bei ſich zu führen, und folglich dem Verderben vorzüglich ausgeſetzt zu ſeyn.

Dieſes erſte in die Scheune gebrachte Getreide, von deſſen gehörigen Trockenheit man noch nicht vollkommen überzeuget iſt, ſuche man ſolchennach auf die vorbemeldete Bäume, und in den annoch leeren Täſſen zu vertheilen, indem man ſolches nachher, wenn es daſelbſt gehörig abgetrocknet iſt, in die für daſſelbe beſtimmte Banſen bringen kann.

Hiedurch wird man die erforderliche Zeit gewinnen, auch die Unterlagen der Banſen aus ſolchem Getreide, von welchem kein Verderben mehr zu befürchten ſtehet, bilden zu können.

§. 30.

Was auch bei dem Einbanſen des Getreides in den obern Lagen bei naſſen Erdten zu beobachten iſt.

Auch in den mittlern und höhern Lagen lauft man mit einem in ſeinen Körnern noch nicht völlig trocknen Getreide mancherlei Gefahr, weil daſſelbe wegen der in demſelben befindlichen Feuchtigkeiten zum Ausdunſten noch immer geneigt iſt, und daſſelbe daher, wenn es keine Gelegenheit dazu findet, ſehr leicht erſticket, oder doch wenigſtens verdumpfet.

C 5 Um

Um dieses zu vermeiden, ist rathsam, daß man die Lagen nicht allzudichte an die Wände der Bansen bringe, sondern auf beiden Seiten wenigstens einen Raum von 4 bis 6 Fuß lasse.

In diesem freigelassenen Raum werden sich alsdenn die überflüßigen Dünste des schwitzenden Getreides verbreiten können, und folglich keine Gefahr davon zu befürchten stehen.

Für diejenigen Lagen, so schon unter das Dach der Scheune kommen, hat man hierunter keine weitere Sorge zu tragen, nöthig, weil sich solche schon vorhin in solchen Umständen befinden, worin ihnen nicht aller Zugang der äußern Luft verschränket ist.

§. 31.

Daß die mit Schornsteinen, oder durch das Dach herausgehenden Röhren versehene Scheunen in naßen Erndten gute Dienste leisten können.

Sonder Zweifel würden Scheunen, deren Bansen mit Schornsteinen, oder herausgehenden Röhren versehen sind, bei dergleichen naßen Erndten nicht immer zu vermeidenden feuchten Getreides sehr gute Dienste leisten können, weil die Ausdünstungen des Getreides durch diese Röhren einen freien Ausgang haben, und es daher die Natur der Sache von selbst giebt, daß bei diesem Mittel auch ein etwas feuchte eingebrachtes Getreide weit wenigerer Gefahr ausgesetzet ist.

In Schlesien, und auch Sachsen, wo man überhaupt weit mehrere Aufmerksamkeit in wirth-

schaft-

schaftlichen Dingen antrift, sind dergleichen Scheunen nicht ungewöhnlich, und eine Nachahmung
davon würde auch an andern Orten sehr rathsam
seyn.

Die gewöhnliche Schlendrianswirthe sehen solche gemeiniglich als ein lächerliches Spielwerk
an. Sie sind es aber nicht, sondern stiften in
verschiedenen Fällen, besonders aber auch in dem
gegenwärtigen, einen wesentlichen Nutzen, wovon
ich in diesem zweiten Bande, annoch bei einer
andern Gelegenheit, ein mehreres zu bemerken,
Anlaß nehmen werde.

§. 32.

Durch einen übereilten Ausdrusch kann bei dem
in nassen Jahren etwas feuchte eingekommene Getreide ebenfalls mancherlei Schaden angerichtet werden.

Auch bei dem Ausdrusch eines bei nassen Erndten eingebrachten Getreides sind gewisse Vorsichten zu beobachten nöthig.

Bei genauer Beobachtung vorbemeldeter Vorsichten wird auch ein noch nicht völlig abgetrockne-
tes eingebrachtes Getreide sich in den Bansen
ziemlich ohnbeschädigt erhalten, und durch die Länge der Zeit, besonders bei starken Frostwetter die
an sich habende Feuchtigkeiten, wie man sich auszudrucken pflegt, einzehren.

Uebereilet man sich aber, ehe solches geschehen
können, mit dessen Ausdrusch, so wird man mancherlei Schaden davon haben, und ein solches Getreide zu keinen Dingen recht brauchbar seyn.

§. 33.

§. 33.

Von dem Verlust an Körnern, der durch einen
dergleichen übereilten Ausdrusch auf doppelte
Art verursacht wird.

Ein feuchte eingebrachtes Getreide kann, wenn
nicht ein recht trocknes Frostwetter dazu gewählt
worden, und es überdem nicht die gehörige Zeit,
um die mit in die Scheune gebrachte Feuchtigkeiten in sich selber verzehren zu können, gehabt hat,
nie recht rein ausgedroschen werden.

Man wird daher auch nach einer nassen Ernte
den Landmann fast jederzeit, daß das Getreide
nicht gehörig lohnen, oder Scheffeln wolle, klagen hören.

Die natürliche Ursache bestehet blos darin,
daß die Körner wegen Mangel genugsamer Trockenheit noch immer den vollen Raum der Hülsen
einnehmen, und solchemnach in denselben weit fester, als bei einem völlig ausgetrockneten Getreide, sitzen, folglich auch die Schläge des Flegels
bei ihnen weniger wirksam seyn können.

Das übelste hiebei ist, daß man von einem
solchen unter dem Ausdrusch noch nicht recht trockenen Getreide nicht allein wenigere Körner auf
den Boden bringet, sondern auch von den darauf
gebrachten wiederum weniger abmisset.

Die noch durch die an sich habende Feuchtigkeiten bei dem Aufmessen aufgeschwollene Körner
verlieren durch das Liegen auf dem Boden solche
zuletzt ebenfalls, und würden folglich, da sie eine

Klei-

kleinere Figur bekommen, in dem Scheffelmaaß nicht mehr so viel Raum, als vorhin, einnehmen.

Man rechnet zwar bei allen auf dem Boden liegenden Getreide, wegen seines Eintrocknens, Mäusefraßes, und andrer dergleichen Vorfällen jederzeit einen gewissen Abgang, welcher in ordentlichen Wirthschaften gemeiniglich auf eine Metze für einen jeden Scheffel festgesetzt zu werden pfleget.

Bei einem unter dem Ausdrusch noch nicht völlig trocken gewesenen Getreide aber kann man aus den vorhin davon angeführten Ursachen diesen Abgangsausfatz ganz sicher verdoppeln.

Rechnet man nun die Körner; die bei einem noch nicht völlig ausgetrockneten Getreide in dem Stroh sitzen bleiben, und nimmt dabei zugleich diesen mehrern Bodenabgang in Betracht, so wird man dadurch von dem merklichen Schaden, den man von einem solchen übereilten Ausdrusch leidet, nicht unüberzeugt bleiben können.

§. 34.

Ein bei nassen Ernden im Ausdrusch übereiltes Getreide ist in einigen Fällen, wovon Beispiele angeführet werden, gar nicht brauchbar.

Dieses ist aber nicht der einzige Verlust, den sich ein Landwirth dadurch zuziehet.

Der größeste Schaden besteht darin, daß ein dergleichen im Ausdrusch übereiltes Getreide in einigen Gelegenheiten gar nicht, in allen übrigen aber weit weniger, brauchbar ist.

Zur

Zur Saat können solche Körner, wie schon vorhin jedermann bekannt ist, nicht ohne die gröbeste Gefahr einer künftigen schlechten Erndte angewendet werden, und ich befürchte gar sehr, daß wir die Wirkungen der in dem jetzigen 1785sten Jahre erlebten ausserordentlichen nassen Erndte im künftigen Frühjahre bei den Saaten verspüren werden.

Eine Gerste, die bei ihrem Ausbruch in den Körnern noch etwas weich und feuchte gewesen ist, zum Mälzen zu nehmen, ist ebenfalls nicht rathsam; und es können folglich in diesen beiden Vorfällen dergleichen Körner gar nicht gebraucht werden.

Das Verbacken und Verfuttern derselben mit dem Vieh ist zwar eine Anwendung, bei welcher man hierunter wenigere Gefahr lauft; inzwischen lehrt die Erfahrung, daß auch hier die bei dem Ausbruch nicht völlig trocken gewesene Ackerfrüchte weit weniger nützlich sind, und man dabei in allen Fällen einen in die Augen fallenden Rückschlag verspüret.

Daß ein dergleichen Roggen nicht allein weniger Mehl giebt, sondern auch aus diesem Mehl kein recht taugliches Brod gebacken werden kann, ist in dem gegenwärtigen 1785sten nassen Erndtejahre eine allgemeine gegründete Klage so wohl des Landmanns, als auch der Stadtleute, und die Ursachen davon sind allen denjenigen, die mit dieser Art von Geschäften umzugehen gewohnt sind, von selbst einleuchtend.

Eben

Eben so kann man auch von einem solchen Roggen, bei dessen Verschwelen zu Brandtwein, wie es auch die dießjährige Erfahrung lehrt, niemal so viel von diesem Getränke, als sonst möglich und gewöhnlich ist, erwarten.

Die noch weiche mehligte Substanz eines solchen Brandtweinschrots ist zur Gährung nicht recht fähig, welche doch bei dem Geschäfte des Brandtweinbrennens, wenn dasselbe wohl gerathen soll, als nothwendig, und unentbehrlich vorausgesetzt werden muß.

§. 35.

In andern aber, welches ebenfalls mit Beispiele erläutert wird, weit weniger brauchbar.

Auch sogar bei der Verfutterung des Getreides mit den mancherlei Vieharten verspüret man von einem dergleichen Getreide eine geringere Wirkung.

Fast von jedermann höret man in dem gegenwärtigen Jahre aus dieser Ursache die Klage führen, daß die Pferde, ob sie gleich die vorhin gewöhnliche Art des Futterkorns, und auch in gleichem Maaße bekommen, dennoch nicht so gut dabei bestehen, sondern zurückschlagen, und in ihrem Zustande geringer werden.

Mir ist solches selber wiederfahren, und ich bin dadurch, nachdem ich mich, daß solches von der letztern nassen Erndte herrühre, völlig über-

zeuget

jenget habe, theils eine andre Getreidesorte, die
bei der gewesenen Nässe wenigerer Gefair ausges
setzt gewesen ist, zu wählen, theils aber auch das
sonst gewöhnliche Futterkorn dem Maaße nach zu
erhöhen, bewogen werden.

§. 36.

Warum man bei dem Einkauf des in nassen Jahren eingeerndteten Getreides, wenn man auch
gleich an den Körnern keine äußere Kennzeichen
einer darin vorgegangenen Auskeimung wahrnimmt, dennoch behutsam zu verfahren,
Ursache habe.

Wenn man auch gleich bei dem zum Verkauf
gebrachten Getreide keine äußere Kennzeichen einer in den Körnern desselben wirklich vorgegangenen Auskeimung wahrnehmen kann, so stehet doch
immer zu befürchten, ob nicht in denselben eine
innere Gährung, die aber, weil sie noch bei Zeiten gestört worden, zu keinem sichtbaren Ausbruch
kommen können, vorgegangen sey.

Auch schon durch diese innere Gährung leidet
die Substanz der Körner eine Art der Zerstörung
und Veränderung, die ihre Wirkungen schwächet.

Und dieses mag man mit gutem Recht für die
Hauptursache der Erscheinungen, die man in diesem Jahre von dem bisjährigen Getreide, besonders in Ansehung des Roggens, welcher vorzüglich viele Nässe ausgestanden hat, bemerket, ansehen.

§. 37.

§. 37.

Warum bei einem in naſſen Erndten eingebrachten Getreide zu deſſen Ausdruſch nicht eher, als
bis ſich ſtarke Fröſte eingeſtellet haben, zu
ſchreiten ſey.

Alle dieſe Umſtände und Urſachen werden hoffentlich hinreichend ſeyn, einen jeden vernünftigen
Landwirth von einem übereilten Ausdruſch eines
nicht recht trocken eingebrachten Getreides ſo viel
möglich zurückzuhalten, und ihn dieſes Geſchäfte
nicht eher, als bei einem eingetretenen trocknen
Froſtwetter, vorzunehmen, zu bewegen.

Die ſtarke Fröſte pflegen ſich gemeiniglich erſt
im December und folgenden Wintermonaten ein-
zuſtellen.

Alsdenn auch, und nicht eher iſt es, zu dem
Ausdruſch eines dergleichen Getreides zu ſchreiten,
rathſam.

Hieburch wird der ſonſt davon zu befürchtende Schaden, beſonders aber das häufige Sitzen-
bleiben der Körner in dem Stroh, und der übermäßige Bodenabgang, am ſicherſten vermieden
werden können.

§. 38.

Von den Vorſichten, die man hierunter, beſonders in Anſehung des Saamengetreides, zu
beobachten hat.

Ich weiß wohl, daß ſich nicht alle Landwirthe
in den Umſtänden, mit dem Ausdruſch ihres Getreides bis dahin Anſtand nehmen zu können, befinden.

Vor Weihnachten hat der Landmann gemeiniglich des Geldes am nöthigsten; das gewöhnliche Mittel, solches herbei zu schaffen, aber ist der baldige Ausdrusch und Verkauf des eingeerndteten Getreides. Wenn ein Landwirth hierunter auch nicht gedränget wäre, sondern zu den benöthigten Ausgaben anderweitigen Rath schaffen könnte, so bleibt doch, besonders bei der Winterung, der frühzeitige Ausdrusch des Saamengetreides allemal eine unvermeidliche Nothwendigkeit.

Da dieses an und für sich selber nicht in Abrede gestellet werden kann, zugleich aber auch gewiß ist, daß nach einer vorhergegangenen nassen Erndte bei dem Ausdrusch des Saamengetreides die meisten Vorsichten nöthig sind; so veranlasset mich solches, hiebei noch einen Augenblick stehen zu bleiben, und die dieserhalb erforderliche Vorsichten näher zu entwickeln.

Der Ausgang wird weisen, daß sich darunter bei nassen Erndten ohnzählige Schwierigkeiten hervorthun, die ein vernünftiger Landmann, wenn er sich nicht muthwillig einen empfindlichen Mißwachs in dem folgenden Jahre zuziehen will, mit der größesten Sorgfalt aus dem Wege zu räumen, bemüht seyn muß.

§. 39.

Vorsichten, deren Beobachtung schon bei trocknen Erndten, und folglich noch weit mehr bei nassen, in Ansehung des einzubausenden Saamengetreides, nöthig ist.

Die Vorsorge vor tüchtiges und taugliches Saamengetreide ist in allen Landwirthschaften dergestalt

geſtalt nothwendig, daß ein aufmerkſamer Land=
wirth, auch bei trocknen Erndten, ſchon unter
derſelben darauf bedacht ſeyn, und das dazu be=
ſtimmte unter dem ganzen Getreide auf dem Felde
ſorgfältig auswählen, und gleichſam ausſchieren
muß; indem nichts gewiſſer iſt, als daß von
einem untauglichen Saamengetreide auch nur
ſchlechte Erndte wieder erwartet werden können.

Daß dieſe Vorſorge bei naſſen Erndten ver=
doppelt werden müſſe, ergiebt ſich aus demjeni=
gen, was bisher von den ſchädlichen Folgen der
letztern bemerket worden, von ſelbſt.

Auch bei guten und trocknen Erndten pflegen
genaue und aufmerkſame Landwirthe eigene Ban=
ſen zu dem Saamengetreide zu beſtimmen, und
in denſelben das beſte und reinſte, beſonders aber
ſolches, von welchem ſie, daß es in der Erndte
durch die Witterung keinen Schaden gelitten hat,
vollkommen überzeuget ſind, gleichſam zu ſammlen.

Selbſt in den beſten und trockenſten Erndten
iſt das Wetter nur ſelten dergeſtalt beſtändig, daß
nicht bisweilen ein mäßiger Regen dazwiſchen
kommen, und das bereits in den Schwaden, oder
Lagen befindliche Getreide befeuchten ſolte.

Dieſes trift entweder im Anfange, oder zu
Ende der Erndte ein; und gemeiniglich wird da=
her bei trocknen Erndten ein Landwirth theils Ge=
treide, welches gar keinen Regen auf dem Schwa=
de bekommen, theils aber auch ſolches, ſo der=
gleichen bekommen hat, in ſeinen Scheunen ein=
zubringen Gelegenheit haben.

D 2   Daß

Daß von dem letztern alle Besorgnisse einer Untauglichkeit zum Saamengetreide hinwegfallen, ist von selbst einleichtend.

Ein sorgfältiger Wirth wird daher auch nicht, solches in die für das Saamengetreide bestimmte Bansen einbringen zu lassen, verfehlen, und folglich überall taugliche Körner zur Saat zu erhalten, nur wenige Mühe haben.

§. 48.
Fortsetzung des vorigen.

Es geschiehet nicht selten, daß auf einer und eben derselben Breite ein Theil des schon niedergehauenen Getreides einen Regen bekommen hat, der andre Theil derselben aber, weil dasselbe damals noch auf dem Halm gestanden, davon verschont geblieben ist.

In großen Wirthschaften pflegt gemeiniglich das Getreide von gewissen ganzen Breiten, oder Stücken, weil es vielleicht auf denselben am meisten zuwächset, zum Saamen bestimmt, und folglich auch alles, was auf demselben gewonnen worden, in die zum Saamengetreide gewidmete Bansen eingefahren zu werden.

Dieses führt allerdings, wenn es insgesammt ohne Regen geblieben, zur Beförderung der Erndtengeschäfte viele Bequemlichkeit bei sich. In dem vorerwähnten Fall aber, wo das auf solchen Breiten zugewachsene Getreide theils einem eingefallenen Regen ausgesetzet gewesen, theils aber davon gänzlich verschont geblieben, muß hierunter

ter billig eine Ausnahme gemacht, und nur das
letztere, nicht aber das erstere, in die Saamen-
getreidebansen eingebracht werden, weil man von
diesem niemals mit so vieler Gewißheit, als von
jenen, daß keine dasselbe zum Saamen untauglich machende Veränderung darin vorgegangen,
überzeugt seyn kann.

Denn auch bei solchen Erndten, die mit trocknen und nassen Wetter abwechseln, folglich nicht
schlechterdings zu den nassen gezählet werden können, trift man sehr oft, aus Mangel der nöthigen Vorsichten, ausgewachsenes und dadurch zur
Saat untauglich gewordenes Getreide an.

Die von mir hierunter angerathene vorzügliche Auswahl des gar nicht beregneten Getreides
wird solchemnach niemals überflüßig seyn.

§. 41.

Besondere Vorsichten, die man hierunter bei nassen Erdten wahrzunehmen hat, und warum alsdenn das auf den sandigen und Hintäckern zugewachsene Getreide nicht zum Saamen,
gewählt werden müsse.

Bei durchgehends nassen Erndten, wo alles
Getreide dem Regen ausgesetzet gewesen ist, findet zwar diese Vorsicht, wie von selbst einleuchtet,
keine statt.

Inzwischen ist doch auch gewiß, daß nicht alles Getreide einen gleichen Grad der Nässe bekommen hat, sondern einiges davon weniger als anderes, der Gefahr des Verderbens ausgesetzt gewesen ist.

Von

Von selbst giebt es die Vernunft, daß ein sorgfältiger Landwirth nur des erstern, niemals aber
das letztere, zum Saamengetreide wählen, und
in die dazu bestimmte Bansen, wenn es auch
gleich nur Mandeln- oder Stiegenweise geschehen
könnte, einbringen lassen müsse.

Die Gefahr, die von einem untauglich gewordenen Samengetreide zu befürchten stehet, ist
zu groß, als daß sich ein kluger Landwirth durch
die dadurch verdoppelte Mühe und Aufmerksamkeit von dieser Vorsicht abhalten zu lassen hat.

An den meisten Orten pflegt man das auf den
Hinteräckern, oder Sandlande, zugewachsene
Getreide, weil es gemeiniglich die reinste Körner
giebt, und mit keinen fremden Zusätzen vermengt
ist, zum Saamen zu bestimmen.

In nassen Erndten aber ist dieses Getreide, weil
es mit den Aehrenden das Erdreich weit leichter,
als das in fetten Ländern erzeugte, berühren kann,
zum Saamengetreide zu wählen, nicht rathsam.

Vielmehr wird man bei demjenigen, welches auf starken und fetten Aeckern erzeugt worden, und folglich auch natürlicherweise höhere
Stoppeln, die das unmittelbare Berühren des Erdreichs zu verhindern im Stande sind, zu haben
pflegt, weit sicherer fahren.

Denn auch das von mir angepriesene Aufziehen der Aehrenden fällt bei einem dergleichen dünne liegenden Getreide weit schwerer, und kann nur
selten die Wirkung thun, die man bei einem starken davon verspüret.

§. 42.

§. 42.

Warum es bei naſſen Erndten allemal rathſam
bleiben wird, ſich des alten vorjährigen Getreides,
beſonders in Anſehung des Roggens, zur
Saat zu bedienen.

Inzwiſchen wird man bei allen naſſen Erndten von der Art, als ſie in dem jetzt zu Ende gehenden 1785ſten Jahre geweſen iſt, aller dieſer
angewandten Mittel und Vorſichten ohnerachtet,
dennoch immer wegen der Tüchtigkeit ſeines Saamengetreides in der größeſten Ungewißheit und
Gefahr bleiben.

Es iſt nicht unbekannt, und von mir ſelber in
meinen ökonomiſchen Schriften verſchiedentlich bemerkt worden, daß man auch ein altes vorjähri-
ges unbeſchädigt aufbehaltenes Getreide, beſonders in Anſehung des Roggens, unter gewiſſen
Vorſichten ganz ſicher zur Saat gebrauchen könne.
Ich werde daher nicht unrecht thun, wenn ich
allen Wirthen, die ſich bei einer vorhergegangenen außerordentlich naſſen Ernbte wegen der Tüchtigkeit des Saamengetreides von dem neuen Ein-
ſchnitt in Unſicherheit und Verlegenheit befinden,
ſich dazu des alten vorjährigen Roggens zu bedienen, anrathe, zumal ſie daran nicht den geringſten Verluſt, noch Gefahr, zu befürchten haben.

Muß gleich von dem alten Korn ein etwas
ſtärkeres Maaß beſtimmet werden, ſo iſt doch
auch gewiß, daß von dem neuen naß eingeerndteten Getreide ebenfalls eine dickere Ansſaat, als
ſonſt gewöhnlich wäre, nöthig iſt, weil man im-

mer

mer befürchten muß, daß wenigstens ein Theil
der Körner von einem solchen neuen Saamengetreide zum Keimen und Aufgehen unfähig geworden seyn möchte.

Ich glaube immer, daß die Wirthe, die bei
der letzten Wintersaatzeit diese Vorsicht unterlassen, solches in der künftigen Erndte zu bereuen,
Ursache haben werden.

Nicht sicherer wird man hierunter verfahren
können, als wenn man vor der Aussaat mit einer
gewissen Anzahl Körner sowohl von dem neuen,
als alten Roggen, in einem dazu bestimmten mit
gemeiner Felderde angefüllten Gefäße, einen
Versuch anstellet.

Durch diesen wird man gar bald überzeuget
werden, von welcher Sorte die mehresten Körner aufgehen, oder zurückbleiben; und dieses
wird es von selbst entscheiden, ob es, alten oder
neuen Roggen zur Saat zu nehmen, rathsamer
sey.

§. 43.

Daß es daher rathsam sey, jederzeit von der vorjährigen Erndte einen zur Besäung des Winter-
feldes erforderlichen Getreidevorrath zurück zu
behalten, und für dessen ohnbeschädigten
Aufbehaltung gehörige Sorge
zu tragen.

In den wenigsten Wirthschaften aber wird man
alsdenn, wenn die Saatzeit herannahet, noch
so viel alten Roggen, als zur Besaamung des
gan-

ganzen Feldes erforderlich ist, antreffen, und dadurch dieser mein Rath von selbst vereitelt werden.

Der meiste Vorrath ist gemeiniglich schon vor
der Erndte, und ehe man wissen kann, ob solche
trocken, oder naß ausfallen werde, verbraucht
oder verkauft, und wenn auch noch ein genugsamer Vorrath davon vorhanden seyn sollte, so
wird man doch beständig in Ungewißheit, ob derselbe genugsam ohnbeschädigt geblieben seyn möchte,
schweben; wiewohl man sich davon durch den vorhin angerathenen Versuch zu überzeugen, allemal
im Stande seyn wird.

Daß trockne und nasse Erndten mit einander
beständig abwechseln, lehrt die Erfahrung.

Bei der Ungewißheit nun, ob die nächst be-
vorstehende Erndte naß oder trocken ausfallen
werde, würde es vor einen jeden Landwirth, dem
es, die von einer nassen Erndte zu befürchtende
Gefahr zu vermeiden, ein wahrer Ernst ist, höchst
rathsam seyn, daß er beständig von der vorjährigen trocknen Erndte so viel Wintergetreide, an
Weitzen und Roggen, als er zur Besäung seines
Feldes nöthig hat, zurückbehielte, und für dessen
ohnbeschädigte Aufbehaltung alle mögliche Sorge
trüge.

Hiedurch könte sich ein jeder die Verlegenheit,
worin er öfters bei nassen Erndten wegen tüchtigen Saamengetreides gesetzet wird, gänzlich ersparen, und es würde allemal, ob er alten oder
neuen Roggen zur Saat nehmen wollte, von sei-

D 5   ner

ner Beurtheilung und darauf sich gründenden Wahl
abhangen.

§. 44.

Wie ein Landwirth, auch selbst bei trocknen Erndten, sich durch Säung alten Getreides jederzeit
verschiedene Vortheile, ohne davon jemals einiges
Nachtheil befürchten zu dürfen,
stiften könne.

Auch bei trocknen Erndten, und wenn der
Landmann sein frisch eingeerndtetes Getreide zur
Saat zu bestimmen, kein Bedenken tragen darf,
wird sich doch derselbe, wenn er wenigstens einen
Theil seiner Winteraussaat mit alten vorjährigen
wohl aufbehaltenen Weitzen und Roggen zu bestreiten sucht, dadurch mancherlei Vortheile in
der Wirthschaft stiften können.

Das bei trocknen Wetter eingeerndtete Getreide ist im Anfange, nachdem es erst in die
Scheune gekommen, ebenfalls jederzeit etwas
zähe; und es bleiben daher in demselben noch viele
Körner, die bei einem später angenommenen
Ausbrusche ausgefallen seyn würden, in dem
Strohe sitzen; wie es denn überhaupt damit eben
diejenige Bewandniß, obgleich in etwas geringern Grade, hat, als §. 33. bemerkt worden ist.

An den Orten, wo es nicht eine überflüßige
Menge von Dienstleuten giebt, verursacht überdem der frühzeitige Ausbruch des erst eingebrachten Getreides zum Saamen verschiedene Versäum-
nisse in den andern Wirthschaftsgeschäften, indem
man alsdenn noch öfters mit der Einerndtung des

Som-

Sommergetreides beschäftiget zu seyn pflegt; die
Erfahrung es aber lehrt, daß zwei zu einer Zeit
zusammen kommende nöthige Geschäfte sich einan=
der sehr leicht hindern.

Dieses wird von selbst vermieden, wenn ein
Landwirth wenigstens die erste Roggenaussaat von
dem alten annoch vorhandenen Vorrath nimmt.

Daß aber der alte Roggen vor Michael ganz
sicher und vorzüglich zum Saamen genommen
werden könne, habe ich in meinen Schriften bereits
bei verschiedenen Gelegenheiten bemerkt.

Wählet man nun auch gleich in dem letzten
Theil der Saatzeit neuen diesjährigen Saamen,
so wird alsdenn genugsame Zeit, um solchen ohne
Versäumniß anderer nothwendiger Wirthschafts=
geschäfte, mit Bequemlichkeit ausdräschen lassen
zu können, vorhanden seyn.

Gesetzt auch, daß der aus Vorsicht aufbehal=
tene Roggen zum Saamen nicht gebraucht würde,
sondern es, das neue Korn dazu zu nehmen, besser
gethan wäre, so wird doch ein Landwirth von die=
ser Vorsicht, die wegen der allemal ungewissen
nassen Erndten jederzeit höchst nothwendig bleibt,
niemals einen Schaden zu befürchten haben.

Denn daß das alte Korn im Anfange, ehe
das neue recht ausgetrocknet ist, jederzeit in ei=
nem höhern Preise stehet, lehrt die Erfahrung,
und eben so gewiß ist es auch, daß dasselbe in ver=
schiedenen Fällen, besonders bey der Verfutterung
und dem Brandtweinbrennen, weit brauchbarer,
als das neue, befunden wird.

Eine

Eine Vorsicht aber, von welcher niemals ein
Nachtheil zu erwarten stehet, muß billig ohne Bedenken angenommen, und in Ausübung gesetzt
werden.

§. 45.
Beschluß dieser Abhandlung.

Die bei nassen Erndten nöthige Vorsichten
hoffe ich denn durch meinen gegenwärtigen Vortrag ziemlich erschöpft zu haben.

Bei einer sistematischen Abhandlung ökonomi-
scher Wahrheiten können dergleichen kleine Neben-
wirthschaftszweige, obgleich deren Erörterung ebenfalls nützlich und nothwendig ist, nur selten um-
ständlich genug berührt werden, sondern man
muß sich sehr oft nur blos mit einer allgemeinen
Bemerkung derselben begnügen.

Bei der Wirthschaftsführung kommt es auf
dergleichen Dinge sehr viel an, und sie gehören
daher allerdings zur Vollkommenheit der einem
Landwirth nöthigen Kenntnisse.

Dieses hat mich denn auch, in der gegenwärtigen Abhandlung die Erndtevorsichten näher bekannt zu machen, bewogen.

Ob ich darunter die besten gewählet habe,
wird, wenn man sich derselben bedienen will,
die Erfahrung lehren, und es kann sich ein jeder
aus den denselben beigefügten Gründen von deren
Zuverläßigkeit schon zum voraus überzeugen.

II.

II.

Nützliche Anmerkungen

über die

beste Abtrocknungsart des Kleeheues,
imgleichen wie die zu dessen ohnbeschä=
digten Aufbehaltung erforderlichen
Behältnisse eingerichtet seyn
müssen.

Nützliche Bemerkungen

von

der besten Abtrocknungsart des Kleeheues,

imgleichen, wie die zu dessen ohnbeschädigten Aufbehaltung erforderliche Behältnisse eingerichtet seyn müssen.

§. 1.

Einleitung in diese Abhandlung.

Bei meiner letzten Reise nach Berlin befand ich mich daselbst in einer vornehmen Gesellschaft von verschiedenen ansehnlichen Wirthschaftsfreunden.

Unter andern über allerlei Wirthschaftsgegenstände vorgekommenen Unterredungen fiel das Gespräch auch auf die rechte Zubereitung des Kleeheues.

Besonders beklagte sich eines von den ersten Mitgliedern dieser Gesellschaft darüber, daß seine Wirthschafter nicht die richtige Verfahrungsart bei dem Abtrocknen des Kleeheues verstünden, und es daher geschehe, daß dabei alle Blätter von diesem Heu verloren gingen, und nur die bloße grobe Stengel eingeerndtet würden, mit der Aeußerung, daß Er einen seiner Wirthschafter nach dem

Des-

Deſſauiſchen, weil man daſelbſt mit dem Kleeheu-
machen am beſten umzugehen wüſte, um ſich davon näher zu unterrichten, abzuſenden, entſchloſ-
ſen ſey.

Die vorzügliche Aufmerkſamkeit, die dieſer
vornehme Wirthſchaftsfreund für einen Artikel,
der von den meiſten nur obenhin behandelt zu
werden pfleget, von ſich blicken ließ, fiel mir beſonders auf, und ich konnte ſeine gründliche Kenntniſſe, die er von der Nützlichkeit des Kleebaues
hatte, nicht genug bewundern.

Da ich mich in meinen verſchiedenen Wirthſchaften mit dem Kleebau ſehr viel abgegeben, und
dadurch eine Menge nützlicher Erfahrungen, beſonders auch von der beſten Verfahrungsart bei
der Abtrocknung des Kleeheues, erlanget und ge-
ſammlet habe; ſo würde ich ſchon damals, meine
Gedanken davon mitzutheilen, im Stande geweſen ſeyn.

Es iſt aber in dergleichen Geſellſchaften zu vor-
ſchnell zu ſeyn, und von allen Dingen, ob man
gleich einige Kenntniſſe davon beſitzet, mit ſpre-
chen zu wollen, nicht allemal rathſam; zumal
bei ſolchen Gelegenheiten nur ſelten genugſame
Zeit, etwas vollſtändiges davon vorzutragen, vorhanden iſt.

Eine ſchuldige Beſcheidenheit hielte mich daher, meine Erfahrungen davon zu äußern, zurück.

Inzwiſchen hat mich dieſer ohngefähre Vorfall zu dem Entſchluß gebracht, meine in dieſer
Sache erlangte Erfahrungen aufzuſetzen, und
                                    ſolche

solche dadurch dem Wirthschaftliebenden Publikum, wo nicht zur Nachahmung, doch wenigstens zur nähern Beurtheilung und Anstellung eines Versuchs davon, vorzulegen.

Vielleicht kommt dieser Aufsatz dem Anfangs erwähnten vornehmen Wirthschaftsfreunde ebenfalls zu Gesichte, dergestalt, daß er, wenn derselbe seinen geneigten Beifall verdienet, die sonst für einem seiner Wirthschafter beschlossene Reise nach dem Dessauischen ersparen kann.

Ein Landwirth, der von dem Kleeheu allen Nutzen, den solcher zu gewähren im Stande ist, ziehen will, muß nicht allein für die richtige Abtrocknung desselben, sondern auch dessen unbeschädigte Aufbehaltung, die gehörige Sorge tragen.

Der Ueberfluß von öhlichten Theilen, den dieses Futterkraut bei sich führet, und deren Bestandtheile auch noch nach dem Abtrocknen in demselben verbleiben, macht solches nothwendig.

Schon bei dem von gemeinem Grase gemachten Heu nimmt man wahr, daß sich unter demselben dasjenige, so vorzüglich fett und nahrhaft ist, wenn es in einer großen Menge übereinander gepacket worden, weit eher ansteckt, und verdirbt, als ein mageres.

Daß solches von dem Kleeheu noch mehr zu befürchten sey, ergiebt sich hieraus von selbst.

Durch bequeme Behältnisse, in welchen das abgetrocknete Kleeheu auszuduften, und sich dadurch von den noch bei sich führenden Feuchtigkei-

ten zu entledigen, Gelegenheit hat, kann solches
am sicherſten vermieden werden.

Dieſes iſt der Grund, warum ich dieſer Abhandlung auch zugleich einige Bemerkungen von
der Beſchaffenheit der hiezu erforderlichen Behältniſſe beizufügen gedenke.

§. 2.

**Daß der eigentliche Gebrauch des Klees haupt-
ſächlich in deſſen grünen Verfutterung beſtehet,
und woſelbſt davon bereits umſtändlich
gehandelt worden.**

Der Klee iſt, nach ſeiner urſprünglichen Anwendung, hauptſächlich zur grünen Verfutterung
mit allen möglichen Vieharten beſtimmt, und dieſes der gewöhnlichſte Gebrauch, der davon in allen Ländern gemacht wird.

Von dieſer Seite habe ich denſelben bereits in
verſchiedenen meiner Schriften, beſonders den
Berliner Beiträgen zur landwirthſchaftswiſſen-
ſchaft, der Oeconomia Forenſis, und dem erſten Bande der anfänglich unter dem Namen:
des Pommerſchen und Neumärkſchen Wirths
ans Licht getretenen Wochenſchrift, in Betracht
genommen, und die mancherlei Arten des wichtigen Nutzens, den derſelbe in allen Landwirthſchaf-
ten, in Anſehung des Viehſtandes, ſtiften kann,
umſtändlich gezeiget.

Pferde, Ochſen, Kühe, Jungvieh, ja ſelbſt
Schaafe und Schweine, können durch den Anbau
dieſes

dieſes nutzbaren Futterkrauts in beſſere Umſtände geſetzt, und folglich die Wohlfarth der ganzen Wirthſchaft befördert werden.

Wie bei dem Anbau des Klees ſo wohl, als auch deſſen Pflege und Wartung, zu verfahren ſey, davon habe ich ebenfalls in den bemeldeten Schriften einen zureichenden Unterricht mitge‐ theilt.

Ueberflüſſig würde es daher ſeyn, wenn ich hier ſolches alles nochmal wiederholen, und da‐ durch dieſem nie hoch genug zu ſchätzenden Futter‐ kraut eine neue Lobrede halten wolte.

Er bedarf auch ſolches nicht, weil er ſich ſchon ſelber durch ſeine allgemeine Nutzbarkeit aller Welt zur Gnüge angeprieſen hat.

§. 3.

Daß er aber auch, nachdem er abgetrocknet, und zu Heu gemacht worden, als ein Winterfutte‐ rungsmittel mit vielen Nutzen gebraucht werden könne.

Die meiſten kennen daher ſeine Kräfte und Wirkungen nur blos als ein grün zu verfuttern‐ des Nahrungsmittel.

Daß er ſolches auch nach ſeiner Abtrocknung bleibe, und alsdenn ebenfalls in der Winterfutte‐ rung des Viehes ſehr wichtige Dienſte leiſten kön‐ ne, iſt nicht allen Landwirthen, ſondern nur blos denjenigen, die davon eigene Erfahrungen zu er‐ langen, Gelegenheit gehabt haben, auf eine über‐ zeugende Art beiwohnend.

Die

Die grobe Stengel des abgetrockneten Klees
sowohl, als auch die viele Schwierigkeiten, so
die Abtrocknung deſſelben verurſachet, erregen dagegen mancherlei Zweifel.

Nöthig wird es daher ſeyn, die Wirthſchafts-
liebende auch von dieſer Seite mit dem Klee näher bekannt zu machen.

§. 4.

**Der Klee iſt nur ein Nothmittel, und in welchen
Gegenden daher das Kleeheu vorzüglich rathſam
ſey, oder es durch wiedrige Zufälle werden
könne.**

Eben diejenigen guten Wirkungen, die der
Klee bei ſeiner grünen Verfutterung von ſich ver-
ſpüren läſſet, nimmt man auch bei demſelben,
nachdem er abgetrocknet und zu Heu gemacht worden, wahr.

Eben ſo aber, wie er bei ſeiner grünen Verfutterung nur in ſolchen Fällen, wo keine hinlängliche nahrhafte Weide vorhanden iſt, als ein
ſehr bequemes Nothmittel, den Mangel hievon zu
erſetzen, angeſehen werden kann, findet auch ein
gleiches nach ſeiner Abtrocknung ſtatt.

Das Kleeheu iſt nur blos an ſolchen Orten
nöthig, wo es an einem guten nahrhaften gemeinen Heu fehlet.

Der Klee iſt überhaupt eine Frucht vernünftiger Induſtrie; diese aber greifet vorzüglich alsdenn Platz, wenn die Natur die Austheilung der
nöthi-

nöthigen Bedürfniſſe entweder gänzlich vergeſſen hat, oder doch damit allzukarg und ſparſam geweſen iſt *).

§. 5.

Der Gebrauch des Kleeheues iſt weit eingeſchränkter, als der von dem grünen Klee, wovon die eigentliche Urſachen angeführet werden.

In dergleichen Fällen wird das Kleeheu zwar allen den Nutzen, den der Klee bei ſeiner friſchen Verfutterung gewähret, ſtiften.

E 3 Nur

---

*) Auch können öfters in ſolchen Gegenden, wo ſonſt der größeſte Ueberfluß des beſten Heues iſt, die daſelbſt wohnende Gütherbeſitzer auf einen reichen Vorrath von Kleeheu bedacht zu ſeyn, Urſache haben.

Nirgends iſt der Ueberfluß des Heues größer, als in den an der Oder, Warthe und Netze auch andern Ströhmen belegenen Bruchgegenden.

Das jetzt zu Ende gehende 1785ſte Jahr hat aber gelehrt, wie leicht auch hier durch allerhand wiedrige Zufälle ein Mangel an Heu entſtehen könne.

Dieſer Mangel iſt ſolchen Bruchgegenden um ſo empfindlicher und nachtheiliger, als ihr gewöhnlicher Nahrungszuſtand ſchon von ſelbſt einen beſonders reichen Vorrath von Vieh vorausſetzet, und folglich den dortigen Eigenthümern ein ſolcher ohnvermutheter Abgang des Heufutters doppelt brückend ſeyn muß.

Bei dergleichen Umſtänden kann es alſo auch Landwirthen, die ſonſt einen Ueberfluß an Heu haben, ſich auf den Kleebau, um ſolchen durch die Abtrocknung in Heu zu verwandeln, zu befleißigen, rathſam werden.

Nur dieſes kann ich nicht unerinnert laſſen, daß das leßtere in ſeinem Gebrauch weit mehr, als der erſtere, eingeſchränkt iſt.

Faſt keine einzige Viehart bleibt, wie ich ſchon vorhin bemerket habe, übrig, deſſen Wohlſtand nicht durch das grüne Kleefutter befördert werden könnte.

Das Kleeheu hingegen iſt nur hauptſächlich für die melke Kühe, denen es mit unter dem gewöhnlichen Hexel geſchnitten, und nachher aufgebrühet werden kann, anpaſſend.

Für die andern Vieharten, beſonders die Pferde und Schaafe, bei welchen das Kleinſchneiden des Heues eben ſo wenig, als die Brühfutterung, gewöhnlich iſt, verlieret das Kleeheu, wegen der ſtarken und unter der Abtrocknung hart gewordenen Stengel, hierunter ſehr viel, wenigſtens fällt die Anwendung davon bei dieſen Thierarten weit ſchwerer b).

§. 6.

b) Man glaube nicht, daß beides Pferde und Schaafe die Stengel des Kleehaues gar nicht freſſen ſolten.

Die Erfahrung lehret vielmehr, daß ſie ebenfalls ſehr begierig darnach ſind, und es gewiß allen andern Heuarten vorziehen werden.

Weil ſie aber die ſtarke und durch die Abtrocknung hartgewordene Kleeſtengel ſchwer zwingen können, ſo iſt es ganz natürlich, daß dabei, wie man ſich in der gemeinen Wirthſchaftsſprache auszudrucken pfleget, viel veraſet werden, und, ohne daß es dieſen Thieren zu Nuße kommt, verloren gehen müſſe.

Blos in dieſer Abſicht iſt, das Kleeheu mit dieſer Viehgattung zu verfuttern, nicht rathſam.

In-

§. 6.

Beiſpiele, daß blos auf Rechnung des Kleeheues, anſehnliche Kuhmelkereien angeleget worden, nebſt einigen dabei vorkommenden Anmerkungen.

Es fehlt nicht an Beiſpielen, wo blos auf Rechnung dieſes Kleeheyels, auch ohne die Brühfutterung, ganz anſehnliche Kuhmelkereien angeleget worden ſind, wovon man beſonders auf dem gräflich Borckſchen Guthe Stargordt in Hinterpommern viel Nachahmungswürdiges antrift; deſſen ich aber gegenwärtig umſtändlicher zu erwähnen nicht nöthig habe, da der Herr Beſitzer dieſes Guths in ſeiner im Jahr 1779 ans Licht getretenen Beſchreibung der Stargordtſchen Wirthſchaft in Hinterpommern das Publikum deshalb bereits ſelber hinlänglich unterrichtet hat.

Dasjenige, was man in der bemeldeten Beſchreibung der Stargordtſchen Wirthſchaft antrift, verdienet nicht als übertrieben bezweifelt zu werden, und ich muß ſolches, da ich verſchiedenemale ein Augenzeuge davon geweſen bin, mit meinem eigenen Zeugniß beſtätigen; wiewohl ich nicht leugnen kann, daß nach meiner Einſicht der Herr

E 4 Be

Inzwiſchen würde es in Nothfällen kein Bedenken haben können, das Kleeheu auch für die Ochſen, Pferde und Schaafe unter das Hexel ſchneiden zu laſſen, und dadurch die übermäßige Verſchwendung deſſelben zu vermeiden. Mit völliger Ueberzeugung könnte man verſichert ſeyn, daß auch dieſe Thiere bei ſolchem Kleeheuhexel ſehr wohl beſtehen, und augenſcheinlich zunehmen würden.

Beſitzer von dieſen ſeinem ſo glücklich ausgeſchla-
genen Kleehenbau noch weit mehrere Vortheile genießen würde, wenn er ſich, die ſo bewährte Brühfutterung damit zu verbinden, entſchließen wolte.

Die Hauptabſicht der Brühfütterung iſt hauptſächlich auf die mehrere Erweichung des harten
Winterfutters und Auflöſung der darin befindlichen Säfte gerichtet.

Je härter nun das Winterfutter fällt, und je
mehrere aufzulöſende Nahrungsſäfte in demſelben
vorhanden ſind, je nützlicher und zweckmäßiger
wird auch dieſelbe.

Da aber der größeſte Theil des Kleeheues aus
groben und harten Stengeln, die eine Menge von
Nahrungsſäften in ſich ſchließen, beſtehet; ſo iſt
auch der vorzügliche Nutzen der Brühfütterung bei
demſelben von ſelbſt einleuchtend.

§. 7.

**Bemerkung des Irrthums, wenn von vielen da-
vor gehalten werden will, daß die hauptſächlich-
ſte Kraft des Kleeheues in den Blättern des Klees,
welche bei der Abtrocknung gemeiniglich verloren zu gehen pflegen, ſtecken.**

Ehe ich zu dem Vortrage von der beſten Abtrocknungsmethode des Kleeheues ſelber ſchreite,
kann ich nicht umhin, vorläufig zu bemerken, daß
es in der That ein Irrthum ſey, wenn viele Wirthe
glauben, daß die beſte Kraft des Kleeheues in den
Blättern deſſelben ſtecke, und daher unzufrieden
ſind, wenn ſie bemerken, daß dieſe Blätter unter
dem Abtrocknen größeſten Theils verloren gehen,

und

und gemeiniglich nur die bloße trockne Kleestengel in die Scheune kommen.

Können die Blätter bei dem Abtrocknen durch eine bessere Verfahrungsart erhalten werden, so ist solches allerdings ein ganz guter Vortheil, der die Güte des Kleeheues ohnfehlbar vermehren hilft.

Billig aber muß eine jede abgetrocknete Heuart nach dem Zustande, worin sie sich vor ihrer Abtrocknung befunden hat, beurtheilt werden.

Die Erfahrung wird nun einen jeden sehr leicht überzeugen können, daß die grüne Kleeblätter gegen das Verhältniß der Stengel nur sehr wenige Säfte bei sich führen, sondern die Hauptkraft des grünen Kleefutters vornemlich in den Stengeln und Blumen stecket.

Die an dem Kleeheu befindliche Blätter betragen auch in der That, wenn gleich bei der Abtrocknung nichts davon verloren ginge, jederzeit gegen die Stengel und Blumen eine nur wenig bedeutende Kleinigkeit, und ich glaube kaum, daß solche nach dem Verhältniß des Gewichts den zehnten Theil ausmachen würden.

§. 8.
Fortsetzung des vorigen.

Dieses führe ich keinesweges, um die zur Erhaltung der Blätter bei dem Kleeheu anzuwendende Vorsichten zu mißbilligen, sondern nur bloß deshalb an, damit man von dem Irrthum, als wenn die Hauptkraft des Kleeheues in den Blättern befindlich sey, zurückkommen möge.

E 5
Ein-

Einleuchtend ist es daher, daß der Nutzen des Kleeheues nur sehr geringe seyn würde, wenn es dabei nur hauptsächlich auf diese Blätter ankommen solte, und hingegen die Stengel desselben als ein bloßes caput mortuum, welches weder Kraft noch Saft bei sich führte, angesehen werden müßte; zumal ich überdem dabei vorläufig erinnern muß, daß auch bei der besten Abtrocknungsart dennoch der Verlust der Blätter niemal gänzlich zu vermeiden ist, sondern nur verhältnißmäßig bei der einen weniger, als bei den andern, verloren gehen.

Diese Blätter sind an und vor sich von einem überaus zarten Gewebe, und werden auch, weil sie wenigere Säfte bei sich führen, weit eher, als die Kleestengel, trocken.

Sie haben überdem überaus feine Stengel, womit sie an dem Hauptstamm befestiget sind, welche auch bei der geringsten Gewalt, die dem Kleeheu unter dem Abtrocknen widerfährt, und fast bei allen Abtrocknungsarten unvermeidlich ist, sich losreissen, und dadurch den so gewöhnlichen Verlust verursachen.

§. 9.

Daß in den Stengeln und Blumen des Kleeheues die meiste Kräfte befindlich sind, und was zu dem Vorurtheil, als wenn die Stengel ganz ohne kräftig wären, Gelegenheit gegeben haben kann.

Vielmehr ist gewiß, daß die Stengel und Blumen diejenige Theile des Kleeheues sind, in welchen

chen bie hauptſächlichſten Nahrungsſäfte deſſelben
ſich befinden.

Die mehrere Verhärtung der Stengel, bie
vielleicht zu dem Vorurtheil, als wenn ſie gänzlich ohnkräftig wären, Gelegenheit gegeben haben
mag, rührt theils von der natürlichen Structur
derſelben, da ſie weit gröbere Faſern haben, theils
aber auch davon her, daß man den zum Heumachen beſtimmten Klee zu lange auf dem Halm ſtehen läſſet, und ſolchen öfters nicht eher, als wenn
er bereits die Hauptnahrungsſäfte zu verlieren anfängt, und ſich zum Reifwerden neiget, abhauet.

Daß ein ſolches Kleeheu härter werden müſſe,
und auch nur wenige Säfte bei der Abtrocknung
übrig behalten könne, iſt von ſelbſt einleuchtend.

Dieſer Fehler muß ſolchemnach, wenn man ein
recht kräftiges Kleeheu gewinnen will, ſorgfältig
vermieden werden.

§. 10.

*Von der rechten Zeit, wenn der zu Heu beſtimmte
Klee zu hauen und abzumähen.*

Sobald der Klee in die volle Blüte getreten,
und das ganze Kleefeld wie ein rothes Tuch glän-
zet muß nicht geſäumt werden, zur Abhauung
deſſelben zu ſchreiten.

Denn alsdenn kann man überzeuget ſeyn, daß
derſelbe annoch in ſeinen vollen Säften, wovon
er durch die Abtrocknung nur die unnützen verlieren wird, ſtehet.

Auch

Auch sind die Stengel des Klees zu dieser Zeit
weder verhärtet, noch dergestalt stark geworden, daß
sie von dem Vieh, nach geschehener Abtrocknung,
nicht füglich gezwungen werden könnten.

Auf solche Art wird man jederzeit ein auch in
seinen Stengeln kräftiges Kleeheu bekommen.

Wird hingegen diese rechte Zeit des Kleehenes
vernachläßiget, und damit so lange gewartet, bis
dieses Gewächse schon von selbst abzusterben, und
sich zu seiner Reife zu neigen, anfängt, so können von einem solchen Kleeheu freilich nur wenige
Kräfte vermuthet werden.

Die Stengel werden alsdenn nicht allein durch
die Abtrocknung übermäßig hart, und beinahe
unzwingbar, sondern sie haben auch bereits ihre
beste Nahrungssäfte verloren, und sind folglich
einem jeden andern abgestorbenen Stroh und Halme gleich zu achten.

§. 11.

Phisikalische Ursachen, warum der zu unrechter
Zeit gehauene Klee nur ein schlechtes und ohn-
kräftiges Heu geben könne.

Um dieses desto deutlicher einsehen, und sich
von der Wahrheit dieses Satzes gründlich überzeugen zu können, ist zu bemerken, daß die grüne Kleestengel eine doppelte Art von Säften, oder
flüßigen Theilen, bei sich führen.

Die eine bestehet aus öhligten, die andre aber
aus blos wässerigten Theilen.

In

In den Kleestengeln, die zu ihrer natürlichen
Vollständigkeit und Reife gelanget, ziehen sich
beide zurück, und es folget daher von selbst, daß
ein dergleichen schon auf dem Halm trocken gewor-
dener Klee, weil er alle nährende Theile verloren
hat, zur Futterung gänzlich unbrauchbar, und als
ein bloßes Caput mortuum anzusehen sey.

Mit dem, zu rechter Zeit und in seinen vollen
Säften abgehauenen Klee hat es hierunter eine
ganz andre Bewandniß.

Dieser verlieret bei der Abtrocknung, besonders, wenn richtig dabei verfahren wird, nur allein die wässerigte, niemal aber die öhligte Theile;
vielmehr bleiben die letztern ihm, auch noch nach
der Abtrocknung, eigen, wenigstens verliert er
davon nur einen geringen Theil.

Da nun die öhligten Theile des Klees den wahren Grund von seiner vorzüglichen Nahrhaftigkeit ausmachen, so leuchtet von selbst ein, wie
viel bei dessen Abhauen, wenn ein taugliches
und kräftiges Heu aus demselben werden soll,
an der rechten Zeit gelegen, und daß deren genaue Beobachtung schlechterdings eine Nothwendigkeit sey.

§. 12.

**Nähere Bestimmung der rechten Zeit des
Kleehauens.**

Die Zeit, wo der Klee in die vollen Blumen
tritt, pflegt in unsern Nordischen Gegenden ge-
mei-

meiniglich gegen die Mitte des Brachmonats einzutreffen; und ein Wirth, der seine Kleefluren nur blos zum Heumachen bestimmt hat, folglich von denselben wenigstens eine doppelte Erndte zu erhalten suchen muß, wird schon an die Beobachtung der rechten Zeit bei der ersten Erndte dadurch von selbst erinnert, weil ihm sonst zur Vollständigkeit des Klees bei der zweiten Math, oder Erndte, nicht genugsame Zeit verbleiben würde.

Bei der zweiten Kleeerndte fällt diese natürliche Erinnerung an die Beobachtung der rechten Zeit hinweg, und es kann darunter weit eher ein Versehen vorfallen; welches zu vermeiden aber um so nöthiger ist, als der Klee schon von selbst bei dem zweiten Abschnitt mehr wässerigte, als öhligte Theilie bei sich führet, und folglich, wenn auch diese wenige noch durch Versäumung der rechten Abhauungszeit verloren gehen solten, ein solches Kleeheu nur wenig nutzbar bleiben kann.

§. 13.

Von dem falschen Vorurtheil, als wenn das Heumachen bei dem Klee mehrern Schwierigkeiten, als bei andern fetten Grasarten, unterworfen sey; wodurch es veranlasset worden, und was demselben, selbst aus der Natur des Klees, entgegen stehe.

Alles, was bisher vorgetragen worden, bestehet aus lauter Sätzen, welche, um die beste und

und richtigste Abtrocknungsart des Kleeheues mit
Zuverläßigkeit beurtheilen zu können, vorange-
schicket werden müssen.

Nunmehr befinden wir uns im Stande, die
verschiedene Abtrocknungsarten desselben näher zu
prüfen, und, welche unter denselben den Vorzug
verdiene, und wobei auch besonders der Verlust
der Kleeblätter am meisten vermieden werde, zu
bestimmen.

Ein fast allgemeines Vorurtheil ist es, daß
die Abtrocknung des Klees weit mehrern Schwierigkeiten, als eines andern fetten Grases, unterworfen sey.

Der bloße äußere Anblick der starken und saf-
tigen Kleestengel giebt zu diesem Gedanken Gelegenheit, und es ist gewiß, daß sich dadurch viele, die sonst von der Nutzbarkeit des Kleeheues
vollkommen überzeugt sind, davon abschrecken
lassen.

Hiezu kommt noch, daß man an den meisten
Orten eine unrichtige Abtrocknungsmethode, wodurch dieses Vorurtheil noch mehr bestätiget wird,
gewählet hat.

Es ist inzwischen dieser Gedanke offenbar
falsch, und vielmehr gewiß, daß die Abtrocknung
des Klees, wenn nur eine richtige Verfahrungsart dabei beobachtet wird, in der That weit leichter, als das Heumachen eines andern fetten Grases, fällt. —

Man wird sich auch hievon durch den bloßen
Augenschein genugsam überzeugen können, wenn
man

man nur in Erwägung ziehet, daß die Kleestengel
weit mehrere und größere Peri, oder Schweißlö-
cher, als das gemeine Gras, haben, diese aber
der Weg sind, wodurch eine jede Grasart, wenn
sie durch die Abtrocknung in Heu verwandelt werden soll, ihrer überflüßigen Feuchtigkeiten entlediget werden muß.

§. 14.

**Von der bisher an den meisten Orten üblich ge-
wesenen Abtrocknungsart des Kleeheues, und
den daraus entstehenden verschiedenen
übeln Folgen.**

Ehe ich das beste und sicherste Mittel, den
Klee abzutrocknen, und dabei den Verlust der
Blätter nach Möglichkeit zu vermeiden, vortra-
gen kann, muß ich zuvörderst von der bisher hierunter an den meisten Orten üblich gewesenen Verfahrungsart das nöthige bemerken.

Hiedurch werden die Fehler, die dabei wider
die vorhin von uns angenommene Grundsätze begangen werden, sich von selbst entdecken.

Nachdem der Klee abgehauen worden, lässet
man ihn gewöhnlicherweise so lange ruhig in den
Schwaden bleiben, bis die obersten Halme trocken geworden.

Sobald man solches bemerkt, werden die
Schwaden umgewendet, damit auch die untersten
Halme eine gleiche Trockenheit erlangen können.

Weil aber die Kleeschwaden, wenn dieses Gewächse, nur einigermaßen gerathen ist, gemeiniglich

lich zu dicke zu liegen pflegen, als daß auch die
in der Mitte befindlichen Halme zur gehörigen
Trockenheit zu bringen wären, so ergreift man
das Mittel, die ganzen Kleeschwaden auseinander
zu werfen, und zu verstreuen, damit die Sonne
mit ihren Strahlen, sämmtliche Kleehalme zu berühren, und sie dadurch abzutrocknen im Stande
seyn mögen.

Auch bei dem trockensten Wetter gehen bei diesem wiederholten Umwenden und Voneinander-
streuen des Klees, wenigstens 8 bis 10 Tage vorbei, ehe man an dem auf eine solche Art behan-
delten Klee eine solche Trockenheit verspüret, daß
er ganz sicher und zuverläßig in die für ihn bestimmte Behältnisse gebracht werden kann.

Trift binnen dieser Zeit ein Regenwetter ein,
welches entweder einige Tage anhält, oder doch
wechselsweise verschiedentlich wiederkommt, so gehet das Wenden und Streuen des öfters seiner
Trockenheit nahe gewesenen Kleeheues von neuen
an, und nicht selten wird, weil die Sache zu lange währet, und man endlich des Dinges über-
drüßig wird, der ganze abgehauene Klee zu einem
bloßen Mist.

Wenigstens werden die Kleehalme schwarz und
unscheinbar, verlieren auch durch die mit ihnen
wiederholt vorgenommene unrichtige Behandlun-
gen, zuletzt alle Kräfte und Nutzbarkeit.

Besonders kann es nicht fehlen, daß nicht bei
dieser langwierigen und unrichtigen Behandlungs-
art alle an demselben befindliche Blätter, welches

auch gemeiniglich den Blumen, worin doch natürlicherweise die meiste Kraft steckt, zu wiederfahren pflegt, verloren gehen, und die bloße
Strünke übrig bleiben.

Ein solches Kleeheu wird allerdings dergestalt
unscheinbar, daß man von demselben mit gutem
Recht keine sonst davon zu erwartende Wirkungen
vermuthen kann.

§. 15.

**Hauptursachen, warum diese Verfahrungsart nicht
zweckmäßig, sondern mit vielen wiedrigen
Folgen begleitet ist.**

Die vornehmste Ursache der aus dieser Verfahrungsart entstehenden Folgen beruhet hauptsächlich darauf, daß man dabei nicht genugsam bedacht gewesen ist, die in dem Klee befindliche
flüßige Theile vorher gehörig aufzulösen, und dadurch zu einer desto geschwindern Austrocknung
zuzubereiten.

Worin diese Auflösung und Zubereitung der
Säfte bestehe, wird sich in dem folgenden mit
mehrern ergeben.

Demnächst aber erfodert auch diese Abtrocknungsmethode des Kleeheues eine doppelte Zeit
und Mühe, wodurch die meisten Wirthe von der
ganzen Sache abgeschrecket, und, dieses sonst
zur Erhaltung ihres Viehstandes eben so bequeme, als heilsame Nothmittel gänzlich fahren zu
lassen, bewogen werden.

Man

Man hat daher wohl Ursache, auf eine bessere und der Sache anpassendere Abtrocknungsart des Kleeheues, bei welcher beides vermieden werden kann, bedacht zu seyn.

§. 16.

Nähere Bemerkung und Beschreibung einer bessern und zweckmäßigern Abtrocknungsart des Kleeheues.

Diese ist nicht allein möglich, sondern wird auch in allen Fällen durch die Erfahrung bewährt befunden werden, wenn man nur dabei folgende Stücke mit der gehörigen Aufmerksamkeit beobachtet.

1) Der nach den vorhin davon gegebenen Maaßregeln zu rechter Zeit gehauene Klee muß in den Schwaden, sie mögen stark oder schwach seyn, so lange unberührt liegen bleiben, bis sie, wie man sich in der gemeinen Wirthschafts=sprache auszubrucken pfleget, welltrocken c) geworden sind.

2) An kein Umwenden der Schwaden, viel=weniger Streuen des Klees ist hiebei zu denken.

F 2 Nur

c) Unter dem Ausdruck von welltrocken verstehe ich denjenigen Zustand des Grases, und folglich auch des Klees, wo zwar die Oberfläche desselben eine gewisse Trockenheit an sich genommen hat, in seinen innern Theilen aber noch verschiedene Säfte und Feuchtigkeiten bei sich führet.

Nur blos, wenn die Schwaden zu stark
liegen solten, ist es, dieselben vermittelst einer
Reche, damit auch die unterste Halme diese
Welltrockenheit desto eher an sich nehmen
können, aufzulockern, rathsam.

3) Auch selbst bei eingefallenen Regenwetter, es mag solches so lange dauern, als es will,
müssen die Kleeschwaden unberührt liegen bleiben, und man hat davon kein Verderben, noch
Verfaulen des Klees zu befürchten.

4) Inzwischen ist nach einem eingefallen gewesenen Regen das Auflockern der Schwaden,
und die Welltrockenheit der sämmtlichen Halme dadurch desto mehr zu befördern, und auch
die darin entstehen könnende Fäulniß zu verhindern, mehrmal, und so lange, bis man die
vorerwähnte Welltrockenheit der Halme überall
bemerkt, zu wiederholen.

§. 17.
Fortsetzung dieser Beschreibung.

5) Sobald man bei dem abgemäheten Klee
einen dergleichen Zustand verspüret, wird derselbe in verschiedene kleine Haufen, die nach
der hiesigen Wirthschaftssprache unter dem Namen von Thaukapitzen bekannt sind, zusam-
mengestoßen.

6) In diesen Thaukapitzen, oder kleinen
Haufen bleibt derselbe so lange ruhig liegen, bis
man wahrnimmt, daß darin ein gewisser
Grad

Grad der Hiße entstanden, und folglich eine Art der Gährung vorgegangen ist.

7) Solte auch gleich diesen auf solche Art in kleinen Haufen zusammengebrachten Klee ein Regen treffen, so müssen demohnerachtet dieselben, er mag von kurzer oder langer Dauer seyn, ungerühret bleiben.

8) Ist entweder gar kein Regen erfolgt, oder derselbe vorbei, und man verspüret in dem zusammengebrachten Klee den vorhin bemerkten Grad der Erhißung, so müssen alsdenn diese Haufen, sobald man ein anhaltendes trocknes Wetter vermuthen kann d), von einander geworfen, und den Wirkungen der Luft und Sonne Preis gegeben werden.

9) Bei hellem Wetter und Sonnenschein ist sichere Rechnung zu machen, daß die des Vormittags auseinandergeworfene Kleehaufen des Nachmittags ganz sicher aufgeladen, und in das für sie bestimmte Behältniß gebracht werden können.

F 3 §. 18.

d) So lange das Wetter noch zweifelhaft ist, und man keine sichere Kennzeichen einer wenigstens auf 24 Stunden anhaltenden trocknen mit Sonnenschein vergesellschafteten Witterung hat, thut man weit besser, den Klee in den zusammengebrachten kleinen Haufen bis auf einen günstigern Zeitpunkt annoch ruhig liegen zu lassen, ohne dessen Verderben, wogegen ihn der vorhergegangene welltrockene Zustand schützet, befürchten zu dürfen.

§. 18.

Der Vorzug und die Vortheile, so aus dieser Ab=
trocknungart des Kleeheues gegen die bisher ge=
wöhnliche erwachsen, werden näher
zergliedert.

Daß dieses nicht allein eine mögliche, sondern
auch die beste mit weniger Mühe ins Werk zu se=
tzende Abtrocknungsart des Kleeheues sey, kann
ich nicht allein aus meiner eigenen vieljährigen
Wirthschaftserfahrung bezeugen, sondern mich
auch darunter auf das vorzüglich bewährte Zeug=
niß des Herrn General = Majors Grafen von
Bork in seiner vorgedachten Beschreibung der
Stargordtschen Wirthschaft S. 18. berufen,
weil derselbe daselbst ebenfalls eine gleiche Me=
thode beobachtet hat.

Die vorzügliche Vortheile, die aus dieser Ab=
trocknungsart des Kleeheues erwachsen, sind von
selbst einleuchtend, und es wird wohl niemand,
der dabei nur einiges Nachdenken brauchen will,
solche bezweifeln können.

Einmal ist gewiß, daß dabei viele Mühe und
Kosten, die auf das öftere Umwenden und Streuen
des Klees bei der gewöhnlichen Methode ver=
schwendet werden müssen, ersparet werden, und
die ganze Sache blos auf die Bildung der kleinen
Haufen, oder Thaukapitzen, und deren zu rechter
Zeit wiederum geschehene Auseinanderwerfung,
ankommt. Hiezu aber werden weder viele Men=
schen, noch auch besondere Ausgaben, erfordert.

Denn=

Demnächst wird dadurch viele Zeit, die sonst
bei der gewöhnlichen Abtrocknungsart darauf ver=
wendet werden muß, erſparet. Der Herr General=
Major Gräf von Bork bezeuget c. l. ausdrück=
lich, daß er bei günſtigen Wetter ſchon am vier=
ten Tage, das Mähen mitgerechnet, ſein Kleeheu
in der Scheune gehabt habe.

Daß das Kleeheu bei dieſer Verfahrungsart
auch dem Verderben bei wiedrigem Wetter nicht
ſo leicht ausgeſetzt wird, iſt ebenfalls ein Vor=
theil, der alle Aufmerkſamkeit verdient; und ich
kann mich hierunter abermal, auch außer meiner
eigenen Erfahrung, auf das glaubwürdige Zeug=
niß des vorgedachten Herrn Grafen c. l. bezie=
hen, woſelbſt er glaubwürdigſt verſichert, daß,
auch nach einem eingefallenenen Regenwetter von
21 Tagen, dennoch das Kleeheu gut geblieben,
und nichts davon verdorben ſey.

Daß endlich bei dieſer Verfahrungsart die
Kleeblätter, worauf viele Wirthe wegen der Wir=
kungen dieſes Futterungsmittels eine beſondere
Rechnung machen, in weit geringerer Menge ver=
loren gehen, iſt ebenfalls nicht außer Acht zu
laſſen.

Mit einem Worte, der Vorzug dieſer Ab=
trocknungsart des Kleeheues thut ſich gegen die
bisher an den meiſten Orten gewöhnlich geweſene
dergeſtalt offenbar hervor, daß wohl kein ver=
nünftiger Landwirth ein Bedenken tragen kann,
ihr ſeinen Beifall zu geben, und ſie als die beſte
zu wählen.

F 4 §. 19.

§. 19.

Der Vorzug dieser Verfahrungsart bestehet haupt=
sächlich darin, daß sie auf ein ohnfehlbares
Beförderungsmittel der geschwindern und
sichern Abtrocknung des Kleeheues
gegründet ist.

Inzwischen kommen dabei mancherlei Umstän=
de vor, die um so mehr näher erläutert zu wer=
den verdienen, als sonst daraus sehr leicht der
Verdacht, daß dieser Vorschlag in gewissen Stü=
cken eine Art der Ohnmöglichkeit wider sich habe,
entstehen könnte.

Besonders wird es vielen unglaublich vorkom=
men, daß der Klee bei der großen Menge von
Säften, die er bei sich führet, dennoch in einer
so kurzen Zeit zu einer völligen Trockenheit gelan=
gen solte.

Daß solches bei der gewöhnlichen Abtrock=
nungsart des Kleeheues nicht zu bewirken stehen,
sondern ohnmöglich fallen würde, gestehe ich sehr
gerne ein.

Allein eben darin bestehet der größeste Vorzug
dieser neuen Verfahrungsart, daß damit zugleich
ein nicht allein bequemes, sondern auch ohnfehl=
bares Mittel, um solches möglich zu machen, ver=
bunden worden.

Die Sache setzet gewisse chemische Kenntnisse
voraus, und ich werde mich daher darüber etwas
näher herauslassen müssen.

§. 20.

§. 20.

Nähere Urſachen, warum durch die Zuſammen-
bringung des Klees in kleine Haufen eine ſchnelle-
re Abtrocknung deſſelben bewirket und möglich gemacht wird.

Bekannt iſt es, daß die Gährung in allen natürlichen Dingen nicht allein große Veränderungen und zum Theil Umſchaffungen wirken, ſondern auch die natürlichen nothwendigen Veränderungen, die in phiſikaliſchen Dingen vorgehen
müſſen, gar ſehr befördern kann.

Zu dieſen Veränderungen gehört denn auch
die Ausdünſtung der Feuchtigkeiten, die mit einer damit angefüllten Sache, wenn ſie in ein
trockenes Weſen verwandelt werden ſoll, vorher-
gehen muß.

Beſonders iſt die Gährung ein Mittel, die
Säfte und Feuchtigkeiten näher aufzulöſen, und
von den feſten Theilen, womit ſie ſonſt verbunden
ſind, zu trennen, folglich, ſie dadurch in den
Stand, deſto eher verduften und verdunſten zu
können, zu ſetzen.

Alle dieſe Wirkungen gehen denn auch vermittelſt der Gährung in dem Kleeheu vor, ſo lange
es in den kleinen Haufen lieget.

In dieſen kleinen Haufen geſchiehet die Auflöſung und Trennung der in dem Klee befindlichen
wäſſerigten Feuchtigkeiten, dergeſtalt, daß dieſelben, wenn die Haufen auseinander geworfen
worden, von der Luft und Sonne angezogen wer-

F 5   den

den können, und dieses ist denn die wahre Ursache
von der bei der erwähnten Methode zu erwarten-
den schnellen Abtrocknung des Klees.

Solches wird blos durch die Zusammensetzung
des Klees in kleine Haufen, oder Kapitzen, bewirket, und möglich gemacht, woraus der Vorzug dieser Abtrocknungsart des Kleeheues von
selbst einleuchtend wird.

§. 21.

Zweifel über den Umstand, daß der Klee in den
kleinen Haufen, auch bei einem längern Liegen, nicht verdirbt, und in Fäulniß
geräth.

Die Auflösung und Trennung der Säfte ist
aber nur eine Wirkung des ersten Grades der
Gährung, und die Erfahrung lehrt, daß die folgende Grade derselben hiebei nicht stehen bleiben,
sondern auch die festen Theile selber angreifen,
von einander trennen, und endlich gar durch die
Fäulniß zerstören.

Wenn nun vorhin versichert worden ist, daß
der Klee, auch bei einem anhaltenden Regenwetter, viele Tage und Wochen, ohne dessen Verderben befürchten zu dürfen, liegen bleiben könne; so scheint solches den vorstehenden Wirkungen
der weitern Grade der Gährung offenbar zu wi-
dersprechen; indem es gewiß ist, daß ein jedes
anderes Vegetabile bei einem solchen langen Uebereinanderliegen, in die völlige Verwesung gehen
würde. —

Dieser

Dieſer Zweifel iſt allerdings richtig, und es kann denen, die hierunter keine eigene Erfahrung haben, nicht verarget werden, wenn ſie deßhalb die ganze Sache vor verdächtig halten.

Allein eben darin beſtehet die beſondere Vorzüglichkeit dieſer Abtrocknungsart des Kleeheues, daß ſie zugleich mit einem Mittel verbunden iſt, wodurch die weitere Wirkungen der Gährung in denſelben, die ſonſt nothwendig ſchädlich werden müſten, gehindert und gehemmet werden.

Ich werde auch dieſes, weil es nicht einem jeden meiner geneigten Leſer verſtändlich genug ſeyn möchte, näher erklären müſſen.

§. 22.

Daß das Verderben des Kleeheues in den kleinen Haufen auch bei dem längern Liegen, durch den welltrockenen Zuſtand des Klees, ehe er in dieſe kleine Kapitzen gebracht wird, verhindert werde.

Nach Maßgebung des §. 16. Nr. I. iſt bei der von mir angeführten Abtrocknungsmethode des Kleeheues ausdrücklich vorausgeſetzet worden, daß der zum Heumachen beſtimmte Klee, ehe er in die kleine Haufen oder Kapitzen gebracht wird, in den Schwaden welltrocken geworden ſeyn müſſe; wobei ich zugleich, was unter dieſem Ausdruck zu verſtehen ſey, näher bemerket habe.

Dieſer welltrockene Zuſtand des Klees iſt es nun, wodurch das Kleeheu bei ſeinem längern Liegen

Liegen

liegen in den kleinen Haufen wider die fernern
schädlichen Wirkungen der Gährung geschützet
wird.

Dieselbe kann bei solchen Umständen ihre Kräft
nur blos in der Auflösung und Trennung der in
dem Klee befindlichen Säfte von seinen festen
Theilen erweisen, und in so weit ist sie zweckmäßig, und der angerathenen Abtrocknungsart
vollkommen angemessen.

Ihre Wirkungen auch auf die festen Theile des
Kleeheues, wenigstens in einer so kurzen Zeit,
zu erstrecken, und dadurch dessen Verderben und
Zerstörung zu befördern, daran wird sie durch den
welltrocknen Zustand des Klees ganz augenschein-
lich gehindert.

Die Erfahrung bei allen Arten von Vegeta-
bilien bestätiget solches.

Man werfe ein frisch ausgerauftes Kraut,
oder erst abgemähetes Gras, welches auch noch
in seiner Oberfläche voller Säfte ist; über einen
Haufen zusammen, so wird man nach wenigen
Tagen eine Fäulniß in demselben bemerken, und
es nach kurzer Zeit ganz und gar zerstöret finden.

Wirft man aber ein dergleichen schon eine
Zeitlang im trocknen gelegenes Kraut oder Gras
übereinander, so wird man dergleichen nicht verspüren, wenigstens werden sich erst nach langer
Zeit Merkmale davon zeigen.

Eine gleiche Bewandniß hat es denn auch
mit den auf den Schwaden welltrocken gewordenen Kleeheu, und ich kann sicher hoffen, daß

hie-

hieburch der vorhin erwähnte Zweifel bei allen
aufmerksamen und nachdenkenden Landwirthen
völlig gehoben seyn wird.

§. 23.

Daß es daher höchst nöthig sey, mit möglichster
Genauigkeit darauf Acht zu haben, damit der Klee
in diese kleine Schwitzhaufen nicht eher gebracht
werde, bis er vorher in den Schwaden völ=
lig welktrocken geworden ist.

Wenn nun einleuchtend ist, daß die Welktro=
ckenheit des Kleeheues die einzige Ursache ist,
warum dasselbe auch bei längern Liegen in den
kleinen Schwitzhaufen, wie man sie mit Recht
nennen kann, nicht verdirbet, und in Fäulniß
geräth, so folget auch von selbst, daß ein jeder,
der sich dieser Abtrocknungsmethode bedienen will,
hierunter mit vieler Vorsicht verfahre, und den
Klee nicht eher in diese Haufen bringen lasse, bis
er vollkommen überzeuget ist, daß derselbe die er=
forderliche Welktrockenheit erlanget, und die in
seiner Oberfläche befindliche Feuchtigkeiten ver=
loren habe.

Wird es hierunter versehen, und das Einsetzen
der Haufen übereilet, so hat sich ein solcher Wirth
den daraus entstehenden Schaden selber beizu=
messen.

Durch dergleichen Versehen werden öfters die
beste und nützlichste Vorschläge verdächtig ge=
macht, und diejenige, die sonst gewisse Nachfol=
ger

ger darin geworden wären, davon gänzlich abgeschrecket.

Man thut daher durch dergleichen Uebereilungen sich nicht allein selber Schaden, sondern macht
auch einer guten Sache einen übeln Ruf, wobei
das Publikum allemal verlieret.

§. 24.

**Bemerkung, daß diese Abtrocknungsart in Schle-
sien bei allen Heuernoten gewöhnlich sey.**

Sonst ist diese Abtrocknungsart keine neue
Erfindung, sondern sie muß allen denjenigen, so
in Schlesien entweder selber gewirthschaftet, oder
doch von der dortigen Wirthschaftsverfassung einige Kenntnisse erlanget haben, schon vorhin bekannt seyn.

Denn daselbst wird bei allen Heumachen des
gemeinen Grases auf gleiche Art verfahren.

Die dortige Heuerndten fallen auch daher weit
weniger beschwerlich, und gehen ohngleich hurti-
ger von statten, als die hiesigen.

Auch wird man in Schlesien nur selten über
verdorbenes Heu klagen hören, wovon die Ursache
lediglich in der bessern Abtrocknungsart desselben
liegen.

Nur noch die Pommern und Märker quälen
sich mit ihren alten Gewohnheiten, und nur selten wird sich jemand finden, der hierunter auf eine bessere Methode, ob er gleich um und neben sich
verschiedene Beispiele davon hat, bedacht wäre.

§. 25.

§. 25.

Daß der Klee nichts an sich habe, warum er nicht
auf eben die Art, als in Schlesien mit dem ge=
meinen Grase geschiehet, behandelt wer=
den könnte.

Die Gründe, warum man nicht glauben darf,
daß diese Abtrocknungsmethode für das Kleeheu
zu kurz und zu einfach wäre, sondern solches einer
mehrern und öftern Bearbeitung nöthig hätte, ha=
be ich schon oben bemerket, und es wird daher
nicht nöthig seyn, davon hier noch ein mehreres
zu erwähnen.

Vielmehr ist gewiß, daß der Klee, wegen sei=
ner häufigen und stärkern Pori, oder Schweiß=
löcher, die bei sich führende überflüßige Feuchtig=
keiten weit eher, als ein anderes gemeines fettes
Gras, auszudunsten, und von sich zu lassen, im
Stande ist.

Daß aber hiedurch die Kleeheuernoten eher er=
leichtert, als erschweret werden, ist von selbst
einleuchtend.

§. 26.

Warum der Verfasser, auch von der Einrichtung
der zur Aufbehaltung des Kleeheues bestimmten
Behältnisse etwas beizufügen, nöthig
finde.

Die meisten Wirthe, die sich mit dem Kleebau
in der Absicht, ihn zum Winterfutter zu gebrau=
chen,

chen, abgeben, bekümmern sich gemeiniglich mehr
um deſſen Abtrocknung, als um ſeine ohnbeſchä-
digte Aufbehaltung, nachdem er abgetrocknet
worden.

Gewiß aber iſt es, daß das letztere, wo nicht
mehrere, doch gewiß wenigſtens eben ſo viele Vorſichten und Aufmerkſamkeit, als das erſtere, erfordert.

Alle an der Einſammlung und Abtrocknung
des Kleeheues gewandte Mühe iſt vergebens,
wenn es nachher in der Aufbehaltung deſſelben
verſehen, und ſolches dadurch zum Gebrauch untauglich gemacht wird.

Weil es hierunter hauptſächlich auf bequeme
und zweckmäßige zur Aufbehaltung des Kleeheues
beſtimmte Behältniſſe ankommt, ſo hat mich dieſes zu dem Entſchluß gebracht, auch hievon zum
Beſchluß gegenwärtiger Abhandlung noch etwas
weniges beizufügen.

§. 27.

Warum ein zweckmäßiges Kleeheubehältniß dergeſtalt einzurichten ſey, daß das darin befindliche
Kleeheu, annoch von Zeit zu Zeit auszudun-
ſten, Gelegenheit habe.

Man wird ſich hiebei aus dem §. 11. zurück-
erinnern müſſen, daß der Klee eine doppelte Gat-
tung von Säften bei ſich führe, wovon die eine
hauptſächlich aus öhlichten, die andre aber aus
blos

blos wässerigten Theilen bestehet, und daß nur
die letztern, nicht aber die erstern, bei der Abtrocknung verloren gehen.

Das abgetrocknete Kleeheu hat daher noch immer öhlichte Theile bei sich, und dieses ist auch,
weil es sonst nicht die gehörige Nahrhaftigkeit an
sich haben könnte, nothwendig.

Alle fette und öhlichte Theile sind, ihrer ge-
hemten Flüßigkeit ohnerachtet, noch immer zum
Ausdunsten geneigt.

Auch führen sie fast beständig etwas wässeri-
ges bei sich, welches bei der Abtrocknung mit dem
Oel noch gar zu sehr verbunden gewesen, als daß
es sich von demselben schon damals losreißen und
ausdunsten können.

Diese beide Umstände machen es nothwendig,
daß dem Kleeheu bei seinem Uebereinanderliegen
frei ausdunsten, und die noch zurückgebliebene
wässerigte Theile von sich lassen zu können, Gelegenheit gegeben werden müsse; weil man sonst
vieler Gefahr, sein mit vieler Mühe eingesamm-
letes Kleeheu verschimmeln und verstocken zu sehen, ausgesetzet ist.

Daß Behältnisse, die zur Erlangung dieser
Absichten eingerichtet, als zweckmäßig anzusehen
sind, fällt von selbst in die Augen.

Eine Anweisung zu einem dergleichen zweckmäßigen Behältniß zu verschaffen, wird daher unsere gegenwärtige Bemühung seyn müssen.

Oekon. Schr. Zweiter Band.　　　G　　§. 28.

§. 28.

Warum hierunter die Einrichtung auf dem Gräf-
lich Borkschen Guth Stargord billig zum
Muster zu nehmen.

Auch dieserhalb werde ich meine Zuflucht zu
der mehrmal bemeldeten Beschreibung der Stargordschen Wirthschaft nehmen müssen.

Da daselbst bisher die Kleewirthschaft in dieser Art am vollkommensten betrieben wird, und
folglich die deshalb verfügte Anstalten die gegründete Vermuthung, daß sie vorzüglich zweckmäßig sind, vor sich haben, so kann ich auch die
dortige Vorkehrungen, wegen unbeschädigter Erhaltung des Kleeheues, um so mehr mit Zuverläßigkeit anrathen, als solche nicht auf einer
bloßen Willkühr beruhen, sondern in der davon
mitgetheilten Beschreibung durch zureichende Gründe gerechtfertigt worden sind, und es überdem die
Erfahrung bestätiget hat, daß dem verehrungs-
würdigen Herrn Besitzer des Gutes Stargord von
seinen gesammleten Kleeheuvorrath niemals etwas
verdorben ist, sondern er solchen jederzeit zur Erhaltung seines Viehstandes mit dem besten Nutzen
anwenden können.

§. 29.

Daß es, zu einem solchen Kleebehältniß eine
Scheune zu wählen, vollkommen zweck-
mäßig sey.

Der Herr Verfasser der Stargordschen
Wirthschaftsbeschreibung nennet S. 19. das zur
Auf-

Aufbehaltung seines Kleebenvorraths bestimmte
Behältniß eine Scheune, die mit Tennen und
Bansen versehen ist.

Ob gleich diese Eintheilung bei einem dergleichen Behältniß nicht schlechterdings nothwendig,
so gereichet sie doch ebenfalls zur Bequemlichkeit,
indem zum Auffahren und Abladen sowohl, als
auch zur wirklichen Aufbehaltung des Kleeheues
ein abgesonderter Platz nöthig ist, zu dem erstern
sich aber eine gewöhnliche Scheuntenne, und zu
dem zweiten die allenthalben gebräuchliche Täsfe,
oder Bansen, sehr wohl schicken.

Jedoch sind, in Ansehung der letztern, verschiedene Abänderungen, die zur ohnbeschädigten
Erhaltung des darin aufzubehaltenden Kleeheufutters unentbehrlich fallen, nöthig.

§. 30.
**Von dem in den Bansen einer solchen Kleescheune
anzubringenden Rost, was darunter verstanden
werde, und warum derselbe zur Erhaltung
des Kleehcues nothwendig sey.**

Hieher gehört zuförderst der in der Unterlage
angebrachte Rost, welcher nach der bemeldeten
Stargordschen Beschreibung c. l. ein Fuß hoch
über die Erde von leichtem Bauholze angefertiget,
und mit Strauchwerk beleget, über dieses aber
das Kleeheu eingelasset, oder eingebanset wird ᵉ).

Schon

e) Unter einem Rost wird eine nicht allein der Länge
nach fortlaufende hölzerne Unterlage verstanden, sondern der Begriff dieses Ausdrucks bringt es auch von
selbst

Schon vorhin iſt von den gewöhnlichen Ge-
treideſcheunen bekannt, wie vieler Gefahr das
Getreide in den Unterlagen, weil es daſelbſt dem
Erdreich zu nahe kommt, und daher ſehr leicht
die Feuchtigkeiten deſſelben an ſich ziehen kann,
ausgeſetzt iſt.

Bei einen ſo fetten und mit einer Menge von
öhlichten Theilen geſchwängerten Futterkraut, als
das Kleeheu, müſte dieſe Gefahr natürlicherweiſe
verdoppelt werden, wenn man ſolchen nicht durch
einen über das Erdreich angebrachten ſogenannten Roſt, welcher das unmittelbare Berühren des
Erdreichs verhindert, vorzubeugen ſuchte.

Die Natur aller Ausdünſtungen bringt es mit
ſich, daß ſie in die Höhe ſteigen.

Wird nun das Kleeheu in den Unterlagen vernachläßiget, ſo iſt es eine natürliche Folge, daß
ſich die davon entſtehende ſchädliche Ausdünſtungen auch den obern Lagen mittheilen, und dadurch
zuletzt die ganze Maſſe angeſteckt werden müſſe.

§. 31.

**Von den bei dieſem Roſt verbundenen durch
die ganze Breite der Scheune laufenden offenen
Röhren, und was vor Nutzen ſolche
ſtiften.**

Ein jeder wird finden, daß ſchon hierin viel
zweckmäßiges lieget.

Es

ſelbſt mit ſich, daß dieſe der Länge nach fortlaufende
Balken mit verſchiedenen Querhölzern verſehen, und
überall dergeſtalt eingerichtet ſeyn müſſen, daß das darüber gelegte Strauchwerk eine gewiſſe Haltung, um das
darauf eingebanſete Kleeheu tragen zu können, habe.

Es hat aber, wenn ich es zu erinnern wagen
darf, der Herr Verfasser der Stargordschen Wirthschaftsbeschreibung in derselben hiebei einen Umstand, der ihm bei dieser Einrichtung, wovon er
selbst der Urheber ist, ganz vorzügliche Ehre
macht, übergangen, und es wird mir daher nicht
zur Verwegenheit gerechnet werden können, wenn
ich solchen hiebei, da er mir nicht allein aus eigenem Augenschein bekannt geworden ist, sondern
auch dieser Erfindung einen besondern Werth giebet, hier nachhole.

Wäre der Raum, den das Erdreich unter
dem Roste einnimmt, eben so, wie in andern
Scheunen, gewöhnlich, von den Schwellen des
Gebäudes eingeschlossen; so würde nicht verhindert werden können, daß sich die auf dem Erdreich bei jeder Veränderung des Wetters aufstei-
gende Dünste demohnerachtet den auf dem Roste
liegenden Klee mittheilten, und demselben dadurch
auf mancherlei Art schädlich würden.

Dieses aber hat der einsichtsvolle Herr Graf
dadurch sehr weißlich zu vermeiden gesucht, daß
er unter dem Rost eben so viele offene Röhren,
als Balken in demselben befindlich sind, anbrin-
gen, und solche durch die ganze Breite der
Scheune durchlaufen lassen.

Durch dieses sehr klüglich ausgedachte Mittel
werden die Ausdünstungen des Erdreichs in der
Scheune, da sie auf allen Seiten einen freien
Ausgang haben, sich an das oben liegende Klee-

G 3 heu

heu anzuhangen, und daſſelbe zu verderben, offenbar gehindert. Mir hat wenigſtens dieſes bei
der ganzen Sache derjenige Punkt, der die meiſte Aufmerkſamkeit verdienet, zu ſeyn geſchienen.

Die Erfindung davon iſt überdem ganz einfach und ohngekünſtelt, und kann ſehr füglich bei
allen Gelegenheiten angebracht werden.

§. 32.

Von den aus übereinander genagelten Latten be-
ſtehenden, und in Form eines Schorſteins gebildeten, in der Höhe hinaufgehenden Röhren, und
warum dieſelben zur Erhaltung des Kleeheues ſehr viel beitragen können.

Hiebei allein hat man es bei Anlegung der
Stargordſchen Kleeheuſcheune nicht belaſſen, ſondern es ſind, wie es in der bemeldeten Beſchreibung c. l. ferner heißet, in der Mitte eines jeden
Taſſes vier lange Latten aufgerichtet, und ſolche
mit Querlatten benagelt worden, dergeſtalt, daß
ſie dadurch die Form eines Schorſteins erhalten.

Dieſe verurſachen, fähret der Herr Verfaſſer
dieſer Beſchreibung ferner fort, eine Circulation
durch die Hohlungen vom Unterreſt, daß alſo das
eingebauſete Kleeheu ſich niemal erhitzen kann f).

Ich

f) Die Gelegenheit, wodurch der einſichtsvolle Verfaſſer
der Stargordſchen Wirthſchaftsbeſchreibung zu dieſer
Ein-

Ich habe bereits in der, in diesem zweiten
Bande mit eingerückten Abhandlung von den
bei naſſen Erndten nöthigen Vorſichten einer
mit dergleichen Luftröhren, oder Schorſteinen
verſehenen Scheune Erwähnung gethan, und daß
ſolche auch bei den in naſſen Erndten öfters feuchte eingebrachten Getreide ſehr gute Dienſte thun
würde, behauptet, mir aber dabei ausdrücklich,
bei einer andern Gelegenheit eine nähere Beſchrei-

G 4

bung,

Einrichtung bewogen worden, hat mir dergeſtalt merkwürdig zu ſeyn geſchienen, daß ich ſolche ſo, wie er
ſie ſelber vorgetragen, hier wörtlich einzurücken, nicht
umhin kann, weil daraus die wahre Abſichten, die
dabei zum Grunde liegen, und auch ganz ſicher dadurch erreicht werden können, auf das deutlichſte
erhellen.

Die Idee von dieſer Präcaution, ſaget der Herr
Verfaſſer, veranlaßte ein Bericht, den ich in einem
franzöſiſchen Journal fand, daß jemand, da ſich das
Heu in der Scheune erhitzt hatte, und ein Brand
zu befürchten war, Leute zwang, ein Loch von oben
her mitten einzuſchneiden; die Leute konnten es wegen der groſſen Hitze nicht lange aushalten, und mu-
ſten öfters abgelöſet werden; endlich kam man auf
den Boden, und das Unglück wurde verhütet: dazu
kam, daß ich gehört hatte, daß einige Leute, wenn
ſie das Getreide aus Noth naß in die Scheune bringen müſſen, im Caſſe eine Tonne ohne Boden ſetzen;
und ſolche, nachdem das Getreide höher kömmt,
immer heraufziehen; dadurch entſtehet ein leerer
Raum, durch welchen die Feuchtigkeit ausdünſten
kann. Ich dachte alſo mich auf immer durch eine
ſolche Einrichtung außer Gefahr zu ſetzen.

bung, welches denn hiemit geschiehet, davon mitzutheilen, vorbehalten.

Für eine neue Erfindung kann zwar diese Art
von Röhren in den Scheunen nicht ausgegeben
werden, indem sie in andern Ländern, besonders
aber auch in Schlesien, schon vorlängst bekannt
gewesen, und jederzeit sehr nützlich befunden worden sind, wie sich solches auch aus der Natur der
Sache und Beschaffenheit ihrer Anlage von selbst
ergiebet.

Inzwischen mag doch nicht geleugnet werden,
daß sie, in Ansehung des Kleeheues, zu dessen
ohnbeschädigten Aufbehaltung ganz besonders
zweckmäßig sind, und folglich in dieser Absicht
allenthalben nachgeahmet zu werden verdienen.

§. 34.

Von den in einer solchen Kleeheuscheune auf beiden Seiten nöthigen Lücken, und worin
deren Nutzen bestehe.

Noch eine Eigenschaft muß eine dergleichen
Kleeheuscheune, die in der Stargordschen Wirthschaftsbeschreibung ebenfalls beiläufig berührt
worden ist, wenn sie vollkommen zweckmäßig seyn
soll, haben.

Eine leichte und bequeme Ausdünstung des fetten Kleeheues ist überall die Hauptabsicht hiebei.

Wenn

Wenn nun durch die vorhin bemerkte Veran-
staltungen schon dafür, daß das Kleeheu von unten auf keine schädliche Dünste zu befürchten hat,
und solches oben hinaus sich der annoch bei sich
führenden Feuchtigkeiten entledigen kann, gesorget werden; so wird nur noch darauf Bedacht zu
nehmen seyn, daß dasselbe auch auf beiden Seiten
zur nöthigen Ausdunstung Gelegenheit bekomme.

Dieses kann nicht füglicher, als durch auf beiden Seiten angebrachte Lucken, welche bei trockenen Wetter offen zu halten, bei Schnee und
Regen aber zu verschließen sind, bewirket werden.

Durch diese Lucken, die billig in gerader Linie
gegen über angebracht werden müssen, erhält nicht
allein das Kleeheu eine neue Gelegenheit, sich der
annoch bei sich führenden Feuchtigkeiten entledigen zu können, sondern es wird auch dasselbe,
wenn etwa eine Erhitzung in demselben vorgegangen seyn solte, durch die durchstreichende Luft völlig wieder abgekühlet, und von allem Verderben,
dem es sonst ausgesetzt gewesen seyn mögte, gerettet.

§. 34.

Warum eine auf dergleichen Art eingerichtete
Scheune auch bei der ohnbeschädigten Aufbehaltung des gemeinen Heues sehr gute Dienste
leisten würde.

Wer sich nicht muthwillig verblenden will, der
wird aufrichtig gestehen müssen, daß eine Scheune

G 5   oder

oder Behältniß von dieser Art vollkommen sey,
weil alles, was nur immer zur ohnbeschädigten
Erhaltung des so kostbaren Kleeheufutters erfordert werden kann, darin beisammen angetroffen
wird.

Auch in Ansehung des gemeinen Heues geräth man öfters wegen dessen ohnbeschädigten
Aufbehaltung in Verlegenheit.

Da bei dem Klee und gemeinen Heu hierunter einerlei Umstände und Gefahren vorwalten, so
ist nicht abzusehen, warum man sich nicht auch
bei diesen gleicher Vorsichten bedienen, und die
dazu nöthige Behältnisse auf eben solche Art einrichten wolle.

Niemand hat Ursache, davon allzugroße Kosten zu befürchten, und sich dadurch von einer so
nöthigen Veranstaltung abschrecken zu lassen.

Auch zu dem gemeinen Heu wird doch allemal, wenn man solches nicht den ganzen Winter
hindurch dem Wind und Wetter ausgesetzet lassen
will, ein eigenes Gebäude erfordert.

Der darin nöthige Rost, die von Latten angefertigte Röhren, und auf beiden Seiten angebrachte Lucken, können aber wohl niemals Ausgaben verursachen, welche wichtig genug wären,
diese zur Erhaltung des vorhandenen Heuvorraths
nöthige Vorsichten gänzlich zu unterlassen.

Mit einem Worte, eine Scheune nach der
Anlage, als sie in dem vorstehenden von mir be-
schrie-

ſchrieben worden, iſt nicht allein für das Kleeheu, ſondern auch für einen jeden aufzubehaltenden Vorrath von dem gemeinen Heu, nützlich und
rathſam 8).

§. 35.

Beſchluß dieſer Abhandlung.

Auf ſolche Art hoffe ich denn mich meines zu
Anfange dieſer Abhandlung gethanen Verſpre-
chens, ſowohl eine beſſere Abtrocknungsart des
Kleeheues nachzuweiſen, als auch von einem
zweckmäßigen Behältniß zur Aufbehaltung deſſelben, den nöthigen Unterricht zu ertheilen, vollkommen entlediget zu haben.

Da meine Gedanken keine Geſetze, ſondern
nur blos aus patriotiſcher Geſinnung abſtammen-
de Meinungen ſind, ſo unterwerfe ich ſie auch
gar gerne der Beurtheilung ſolcher Männer, die
davon

---

g) Ich erinnere mich, vor einigen Jahren von der Direction
des berühmten Leipziger Addreß- und Intelligenz-
Comtoirs ein ſehr freundſchaftliches Schreiben erhalten
zu haben, in welchem ich, eine Anweiſung zu einer vollkommenen Heuſcheune mitzutheilen, erſucht wurde.

Es fehlte mir damalen hierunter an eigener Kenntniß
und Erfahrung, und ich war daher nicht im Stande,
dieſem Verlangen, ſo bereitwillig ich auch dazu geweſen ſeyn würde, ein ſchuldiges Genüge zu leiſten.

Anjetzt aber glaube ich, einem jeden Wirthſchafts-
freunde dazu eben diejenige Einrichtung, die ich in dem
vorſtehenden, in Anſehung des Kleeheues, umſtändlich
beſchrieben habe, mit gutem Fuge anrathen zu können.

davon mehrere Einsichten und Erfahrungen besitzen.

Jedoch lebe ich dabei des sichern Zutrauens, daß man die Gründe, womit ich diese meine Meinungen überall zu bestärken gesucht habe, nicht willführlich verwerfen, sondern solche zuvörderst näher prüfen, und nach der Billigkeit untersuchen werde.

Alsdenn will ich mich ganz gerne eines bessern belehren, und mit Vergnügen die von mir begangene Irrthümer fahren lassen.

III.

III.

Zuverläßige Nachrichten

von der

Einrichtung des Molkenwesens
zu Königshorst.

Zuverläßige Nachrichten

von

der Molkenwirthschaft zu Königshorst.

§. 1.

Einleitung in diese Abhandlung.

Sehr heilsam würde es überhaupt seyn, wenn von allen vorzüglich guten und nützlichen Wirthschaftseinrichtungen nähere Beschreibungen angefertiget, und der ganzen wirthschaftenden Welt zur Nachahmung vorgeleget würden.

Dergleichen nützliche Verfassungen werden sonst nur blos den nächsten Nachbaren bekannt, bleiben aber für die entfernten ein ewiges Geheimniß.

Solte auch gleich durch mündliche Erzählungen eines, oder das andre davon ihnen zukommen, so wird doch solches immer nur sehr unvollständig seyn, auch öfters viel falsches und unrichtiges darin mit eingemischet werden.

Eben denjenigen Nutzen, den eine genaue Ländergeschichte für das ganze Publikum stiftet, würde auch von dergleichen Wirthschaftsbeschreibungen für den wirthschaftenden Theil des Staats zu erwarten stehen.

Zwar

Zwar in allen Wirthschaftstheilen könnte dieses nützlich seyn; inzwischen giebt es die Vernunft
von selbst, daß sich der Nutzen davon, besonders
in solchen Dingen, die vorzüglich wichtig, und
zugleich unentbehrlich sind, am meisten äußern
würde.

Niemand wird wohl in Abrede zu stellen be-
gehren, daß der Viehbenutzung unter allen andern Wirthschaftsrubriken der Vorzug gebühre,
und folglich auch alles, was darin merkwürdiges
vorgenommen wird, einer besondern Aufmerksamkeit werth sey, indem dieser Wirthschaftstheil
nicht allein an und vor sich ausnehmend vortheilhaft ist, sondern auch hauptsächlich die wahre
Verbesserung des Ackerbaues, worauf der Wohl-
stand des ganzen Landwesens beruhet, begründet.

Eine dergleichen ganz ausnehmend nützliche
Einrichtung der Viehwirthschaft trift man besonders in den Königl. Preußl. Ländern auf dem Königl. Amte Königshorst an.

Die daselbst erzeugte wohlschmeckende holländische Tischbutter, womit sich besonders fast ganz
Berlin ergötzet, ist durchgehends in der dortigen
Gegend, und auch allen denjenigen, die in Berlin gewesen sind, zur Gnüge bekannt.

Nur wenige aber wissen etwas von der Art und
Weise ihrer Zubereitung, und welches die eigentliche Ursache ihres so vorzüglichen Wohlschmacks
ist.

Ich selber habe mich lange Zeit unter diesen
Unwissenden befunden.

Die

Die mir beiwohnende natürliche Neubegierde,
die Ursachen aller vorkommenden wirthschaftlichen
Begebenheiten näher zu erforschen, hat mir denn
auch bei guten Freunden einige zuverläßige Nach=
richten davon verschaffet.

Dieselben haben mir wichtig genug geschienen,
solche in gegenwärtigem kurzen Auszuge dem
wirthschaftliebenden Publikum, nebst einigen bei=
gefügten der Sache angemessenen Anmerkungen,
mitzutheilen.

Ich thue solches um so mehr mit Vergnügen,
als sich diese Nachrichten nicht blos auf die Art
und Weise, wie die dortige wohlschmeckende But=
ter verfertiget wird, einschränken, sondern darin
auch zugleich ein deutlicher Unterricht von der
ganzen vortheilhaften Einrichtung des dortigen
ansehnlichen Viehstandes, in Ansehung der Stal=
lung, Wartung und Futterung, wovon vieles
auch von Privatwirthen mit Nutzen nachgeahmet
werden kann, enthalten ist.

§. 2.

**Lage, Stiftung und Fruchtbarkeit des Amts Kö=
nigshorst; imgleichen nach welchem Muster die
dortige Einrichtung gebildet
worden.**

Das Königl. Amt Königshorst lieget in dem
Havelländischen Luch, und ist von des höchstseeli=
gen Königs Friedrich Wilhelm Majestät gestif=
tet worden.

Es bestehet solches aus verschiedenen Holländereien, auf welchen zusammen 1000 Stück melke Kühe veranschlaget sind, und auch wirklich gehalten werden.

Die ganze Anlage dieses Amts ist, sowohl in Absicht der Stallungen, als auch der Futterung und des Molkenwesens, schon von dem ersten Anfange an, auf holländische Art eingerichtet worden.

Diese Einrichtung führet in allen Stücken so viel nützliches und nachahmungswürdiges bei sich, daß sie wohl, näher bekannt gemacht zu werden, verdienet.

Die auf großen Königl. Aemtern getroffene Anstalten lassen sich zwar im ganzen, und in ihrer Verbindung mit einander, nur selten von Privatwirthen auf eine vollkommene Art nachahmen.

Inzwischen kann doch solches im einzeln allemal sehr füglich geschehen; und es finden sich auch in der Königshorstschen Einrichtung verschiedene wichtige Sachen, bei welchen solches möglich ist.

Sonst ist zu bemerken, daß die ganze Havelländische Gegend mit einem überaus fruchtbaren Boden, sowohl in Ansehung des Ackers, als auch des Wiesewachses und der Hütungsplätze, versehen ist.

Dieses hat denn allerdings auch die Königsstorstsche Anlage gar sehr befördert, und zu derjenigen Vollkommenheit, worin sie sich gegenwärtig befindet, gebracht.

Im

Im übrigen sind die 1000 Stück Kühe, die auf dem erwähnten Amte anschlagsmäßig unterhalten werden, um dadurch dieses große Werk desto mehr zu erleichtern, und alle dabei vorfallende Geschäfte mit der bestmöglichsten Ordnung betreiben zu können, in verschiedene Ställe, bei deren jeden auch zugleich die zum Molkenwesen nöthigen Gebäude angebracht worden, vertheilt.

§. 3.

In welcher Ordnung das in dieser Einrichtung befindliche merkwürdige vorgetragen werden soll.

Sechs Hauptstücke kommen bei dieser vortreflichen Anlage in Betracht, welche, um mit Zuverläßigkeit nachgeahmet werden zu können, näher entwickelt und vorgetragen zu werden verdienen.

1) Die Einrichtung der dortigen Stallungen.

2) Die Futterungsart, so wohl zu Sommer- als Winterzeiten.

3) Die Kälberzucht.

4) Die bei dem Melken der Kühe eingeführte Ordnung.

5) Die zu diesen Geschäften bestellte Personen, und endlich

6) Die Behandlung des Molkenwesens selber.

Ich werde mich bemühen, dem geneigten Leser bei einer jeden dieser Punkte einen genauen

H 2   und

und zuverläßigen Unterricht von demjenigen, was
dabei besonders merkwürdig ist, zu verschaffen,
und er wird alsdenn von selbst, was davon für
ihm anwendlich seyn möchte, zu beurtheilen im
Stande seyn.

§. 4.

Vorläufiger allgemeiner Begriff von der besonders nützlichen Einrichtung der dortigen Ställe.

Die Stallungen pflegen sonsten bei den Viehwirthschaften nur als eine Nebensache angesehen
zu werden.

Bei dieser Einrichtung aber machen sie beinahe
das Hauptwerk von der Vorzüglichkeit der ganzen
Einrichtung aus; indem sie zu der guten Ordnung, die sich dabei besonders auszeichnet, Gelegenheit geben.

Dieses veranlasset mich denn auch mit der
Beschreibung der dortigen Stallungen den Anfang
zu machen.

Um von dem Nutzen, den deren Einrichtung
stiftet, einen vorläufigen Begriff zu geben, so ist
zu bemerken, daß das vorzügliche davon in folgenden bestehet.

1) Das Vieh stehet in denselben ungemein
reinlich.

2) Kann mit vieler Sparsamkeit gefuttert
werden.

3) Hat weit wenigern Raum, als sonst gewöhnlich ist, nöthig, und kann dennoch mit vieler Gemächlichkeit stehen und liegen.

4)

4) Zum Ein - und Ausbinden deſſelben wird nur ſehr weniger Zeit erfordert, und bei entſtehender Feuersgefahr können in wenigen Minuten hundert und mehrere Stücken losgebracht' werden.

5) Zum Futtern, Tränken und Reinhaltung der Ställe wird eine weit geringere Anzahl von Leuten, auch wenigere Zeit, als ſonſt bei andern Einrichtungen nöthig iſt, erfordert, und endlich kann

6) Der Meyer aus ſeiner Stube den ganzen Stall, und alles darin befindliche Vieh überſehen.

Alle dieſe Vortheile und Vorzüge werden ſich aus der nähern Beſchreibung eines ſolchen Stalles, wozu einer, der mit 150 Stück Kühen beſetzt iſt, angenommen werden ſoll, mit mehrerm ergeben.

§. 5.

Von der Länge und Breite eines ſolchen Stalles, und den darin für eine jede Kuh beſtimmten Raum, nebſt der Beſchreibung des Futterganges und Krippen.

Ein ſolcher Stall iſt nebſt dem daran befindlichen Molkengebäude 250 Fuß lang, und im Lichten 34 Fuß breit.

Die gröſſeſte Frieſiſche Kuh hat in einem ſolchen Stall nur einen Raum von $2\frac{1}{2}$ Fuß in der Breite, und 5 Fuß in der Länge, und dennoch ſtehn und liegen ſie mit der gröſſeſten Bequemlichkeit, können ſich auch, ſo wenig beim Liegen, als

Ste-

Stehen, auf keinerlei Weise einander Schaden
zufügen *).

Wodurch solches möglich gemacht werde, wird
sich aus der Fortsetzung dieser Stallbeschreibung
von selbst ergeben.

In einem jeden Stall sind zwei Reihen Kühe
in der Länge gestellt, dergestalt, daß sie mit den
Köpfen gegen einander stehen. Sie fressen aber
nicht aus einer Krippe, sondern werden durch einen in der Mitte des Stalles mit Feld- oder Mauersteinen gepflasterten Gang, welcher zu desto be-
quemerer Abfutterung des Viehes bestimmt ist,
von einander geschieden.

Dieser

*) Eine dergleichen Ersparung des Raums in den Vieh-
ställen wird auch einem jeden Privatwirth zur Ersparung vieler unnöthiger Gebäude nützlich seyn können.

Der zeitige Beamte und Generalpächter von Königshorst, Herr Amtsrath Sach, welcher sich hierüber mit mir in einen nähern Briefwechsel einzu-
lassen, die Freundschaft gehabt hat, versichert selbst,
daß in einem nach holländischer Art eingerichteten Stall,
wo nach der deutschen Einrichtungsart nur 70 Stück
Kühe stehen könnten, ganz füglich 100 Stück Raum
haben.

Der Vortheil, der daraus wegen der weniger habenden Gebäude, einem Landwirth zuwächst, ist einleuchtend, und es kann daher die Nachahmung davon auch
wohl keinem Zweifel unterworfen seyn.

Inzwischen ist gewiß, daß damit auch alle übrige
Umstände, die dieses möglich machen, und wovon das
folgende näher unterrichten wird, verknüpft seyn müssen, weil solches die wahre Ursache ist, daß die Kühe
bei einem so engen Stallraum stehen, und ohnbeschädigt erhalten werden können.

Dieser Gang hat 6 Fuß in der Breite, und es kann derselbe deshalb nicht schmaler eingerich- tet werden, weil die Mägde anf demselben gegen einander gehen, und das Vieh einfuttern müssen.

Auf jeder Seite dieses Futterganges befindet sich eine von Mauersteinen oval ausgemauerte und mit Kalt ausgegossene Krippe, welche 20 Zoll breit ist, und eine Vertiefung von 9 Zoll hat.

Diese Krippen sind dergestalt niedrig, daß sie der Oberfläche des Ganges völlig gleich kommen.

Die Kühe müssen daher den Kopf, indem sie aus diesen Krippen fressen und saufen, immer so niedrig halten, als wenn sie im Sommer gra- sen b).

H 4 §. 6.

b) Dieser Umstand scheint an und vor sich wenig bedeutend zu seyn. Er ist es aber in der That nicht, sondern trägt zum allgemeinen Wohlstande dieser Vieh- art mehr bei, als man glauben sollte.

Wie sehr alle thierische Körper durch die beständige Gewohnheit zu einer gewissen Stellung gebracht wer- den, lehrt selbst der Mensch.

Einem, sonst stets gerade Gehenden werden Arbeiten, die mit gekrümmten und gebücktem Leibe verrichtet werden müssen, weit schwerer fallen, als einem an- dern, der hiezu von Jugend auf angewöhnt gewesen ist, und eben so verhält es sich auch im entgegengesetz- ten Fall.

Bei dem unvernünftigen Thieren findet es noch weit mehrere Schwierigkeit, sie von einer Sache, wozu sie einmal angewöhnt gewesen sind, loszumachen.

Die Königshorstsche Kühe müssen die größeste Zeit des Jahres ihre Nahrung mit niedergebückten Haupte durch

§. 6.

Fernere Beschreibung der Krippen, und was sie für einen besondern Nutzen bei dem Tränken des Viehes, und in Ansehung der Reinlichkeit haben.

Die vorherbeschriebenen Krippen sind nicht allein zur Fütterung der Kühe, sondern auch zu deren Tränkung bestimmt.

Das Ausbinden der Kühe im Winter zur Wässerung ist niemals nöthig, sondern man hat sich derselben nur blos, um dem Vieh von Zeit zu Zeit frische Luft schöpfen, und sich, wie man sich auszudrucken pflegt, die Füße vertreten zu lassen, zu bedienen.

Denn in dem Stall selber sind an einem bequemen Ort zwei Plumpen angebracht, aus welchem das zum Tränken des Viehes benöthigte Wasser durch kleine Rinnen in die Krippen geleitet wird.

Nachdem das Vieh des darin befindlichen Wassers zu seiner völligen Sättigung genossen, ziehet sich das übrige Wasser in den Krippen, welche zu solchem Ende einen unmerklichen Hang nach dem

durch Grafen suchen, und es ist ihnen solches daher durch die Gewohnheit zur andern Natur geworden.

In dieser Gewohnheit werden sie daher auch den Winter hindurch durch die niedrig angebrachte Krippen erhalten, und man kann schon von selbst überzeuget seyn, daß sie bei dieser Einrichtung das ihnen vorgelegte Winterfutter weit williger genießen, weil sie dabei zu keiner ihrer vorigen Gewohnheit zuwider laufenden Stellung genöthiget werden.

dem Ende des Stalles zu haben, von selbst bis
an deren Ende durch eine in der Mauer befindli=
che Oefnung; und es wird, wenn es nicht von
selbst völlig rein abfließen sollte, durch die Aus=
kehrung der Krippen vermittelst eines Besens dazu
gebracht.

Durch diese bei jedermaliger Tränkung vor=
genommene Auskehrung der Krippen findet auch
zugleich der von dem Futter zurückgebliebene Un=
rath seinen Ausgang daselbst, dergestalt, daß die
Krippen bei der neuen Einfutterung von allen vo=
rigen Futterüberbleibseln völlig rein sind, folglich
das Vieh mit desto bessern Apetit, und, ohne von
ihm jemals eine Vereckelung des Futters befürch=
ten zu dürfen, fressen kann c).

H 5 §. 7.

c) Wie viel an beständig rein gehaltenen Krippen, wenn
das Vieh in einem wahren Wohlstande erhalten wer=
den soll, gelegen sey, habe ich bereits in meinen an=
dern ökonomischen Schriften, besonders in dem fünf=
ten Bande der Berliner Beiträge zur Landwirth=
schaftswissenschaft, verschiedentlich bemerkt.

Bei der gewöhnlichen Anlage der Kuhviehställe ist
man hierunter der Nachläßigkeit des zur Wartung des
Viehes bestellten Gesindes auf mancherlei Art ausge=
setzt, und man wird, auch bei der strengsten Aufsicht,
daß dieses allemal auf die gehörige Art geschehen sey,
nicht überzeugt seyn können.

Hier aber schwemmet das eingeplumpte Wasser den
in den Krippen zurückgebliebenen Unrath von selbst hin=
weg, und die zur Einfutterung bestimmte Mägde kön=
nen dazu nicht eher, als bis solches wirklich geschehen
ist, schreiten.

Von dem Verfahren bei Aus = und Einbindung
der Kühe, daß solches mit einer besondern Ge=
schwindigkeit zugehe, und wodurch es mög=
lich gemacht worden.

Gleich hinter dieser Krippe ist die Schwelle,
auf welcher der Unterzug des ganzen Gebäudes
ruhet, angebracht, und mit 4½ Fuß Höhe von
einer Säule in die andre dergestalt verriegelt, daß
dieser Riegel beweglich bleibt, und nur vermit=
telst seine Einfalzung in die Säule, wodurch ein
hölzerner Nagel gehet, fest gemacht ist.

Zwischen der Schwelle und diesem Riegel sind
in einer Distanze von 1½ Fuß Arms dicke eichene,
oder haselne Stangen angebracht, wodurch die
Kühe mittelst einer besondern Art von Stricken,
die ihnen um den Hals geleget, und an zwei sol=
cher Stangen dergestalt befestiget werden, daß
sie sich, so wie sich die Kühe bewegen, ebenfalls
herauf, und hierunter schieben, und folglich die
Kühe den Kopf in die Krippe stecken können.

Dabei sind auch zugleich zwei von dünnen
Werft, oder Weidenholz geflochtene Ringe ange=
bracht, welche auf erwähnte Stangen gesteckt
werden.

Die beide Enden des Stricks werden der Kuh
bloß um den Hals, vermittelst einer Schleife,
zugeknüpft; wenn die Kühe ausgebunden werden
sollen, geht eine von den Viehmägden nur den
Futtergang entlang, zieht die Schleife auf, und
lässet

läſſet die Stricke vermittelſt der beiden Ringe her=
unterfallen.

Bei dem Wiedereinbinden geht es eben ſo ge=
ſchwinde, als bei dem Ausbinden, zu.

Theils wiſſen die Kühe ſchon ihren Platz, theils
aber wird, damit ſie ſich nicht in dem Gange
ſtoßen und Schaden thun, nur immer eine Kuh
auf einmal zu jeder Stallthüre hereingelaſſen.

Dieſe fängt eine in der Thüre ſtehende Vieh=
magd, mit der Schleife in der Hand, auf, führt
ſie damit zu ihrem Stand, und knüpfet ihr den
daſelbſt an der Erde liegenden Einbindeſtrick, ver=
mittelſt einer Schleife, wieder um den Hals, da
alsdenn die Kuh aufs neue völlig feſte ſtehet.

Bei entſtehender Feuersgefahr gehet es hier=
unter noch eilfertiger zu, und es darf nur der
vorhin erwähnte bewegliche Riegel durch Auszie=
hung des hölzernen Nagels etwas in die Höhe ge=
hoben werden, ſo fallen die darin eingefalzte Stan=
gen von ſelbſt um, und die ganze Reihe Kühe ge=
het mit ihren Stricken um den Hals zum Stall
heraus d).

§. 8.

d) Ich zweifle nicht, daß bei der in dieſem §. enthalte=
nen Beſchreibung dem geneigten Leſer noch manches
dunkel bleiben wird, welches füglich nicht anders, als
durch eine vorgenommene Localbeſichtigung näher auf=
gekläret werden kann.

Da dieſes inzwiſchen ein Punkt iſt, der unter allen
am wenigſten intereſſant ſeyn wird, ſo habe ich mich
auch dabei nicht aufhalten, noch die Zeit durch nähere
Erklärungen, die doch immer dunkel bleiben würden,
ver=

§. 8.

Von dem eigentlichen Stande der Kühe, und der
besondern Reinlichkeit, die wegen der täglichen
Ausmistung in dem ganzen Stall herrschet, nebst
der Bemerkung, daß solches nicht an allen
Orten anwendlich sey.

Hinter dieser Schwelle kommt der eigentliche
Stand der Kühe, welcher hinten mit einem Flecht-
zaun dergestalt eingefasset, daß der Mist, welcher
auf eine hinter derselben liegende Bohle fällt, alle
Tage ausgeschüppet, und entweder ausgetragen,
oder durch die in den Wänden des Stalles angebrachte Lucken herausgeworfen wird.

Unter dieser Bohle ist eine Rönne, worin sich
der Urin des Viehes sammelt, und in die Erde
einziehet.

Ueberdem ist der ganze Stall durch und durch
gepflastert, dergestalt, daß sich keine Viehjauche
daselbst setzen, und denselben verunreinigen kann.

Wenn nun das tägliche Abschüppen und Auswerfen des Mistes dergestalt genau beobachtet
wird, daß auch selbst die Sonn- und Festtage
darunter nicht verschonet werden, so ergiebt sich
die große Reinlichkeit, die in einem solchen
Stall

verschwenden wollen, sondern es einem jeden, der davon einen nähern Unterricht verlanget, ob er sich solchen auf Ort und Stelle zu verschaffen suchen wolle,
anheimstellen müssen.

Stall nothwendig herrschen müsse, daraus von
selbst *).

§. 9.

Von den hinter dem Stande der Kühe angebrachten 6 Fuß breiten und zum Aus = und Eintreiben
des Viehes bestimmten Gängen nebst zwei
Quergängen.

Von dieser Rönne bis zur Wand ist noch ein
6 Fuß breiter gepflasterter Gang, auf den die
Kühe ein = und ausgetrieben werden.

Es hat hierunter auf beiden Seiten des Stalles einerlei Bewandniß, und ist nur zu bemerken,
daß, außer dem der Länge nach durch das Gebäude gehenden Futtergänge, auch noch in der Mitte
des Gebäudes zwei Quergänge angebracht sind,
damit das Vieh beim Ein = und Austreiben nicht
den ganzen Stall entlang gehen darf.

Un-

e) Diese ausnehmende Reinlichkeit der Ställe kann nur
allein auf dem Amte Königshorst, so aus lauter
Bruchgrundstücken bestehet, und woselbst folglich auf
den Dünger wenig Rechnung gemacht wird, auch kein
Stroh zum Einstreuen vorhanden ist, Lob und Beifall
verdienen.

An denjenigen Orten hingegen, wo es nicht an genugsamer Einstreue fehlet, auch einem jeden, zur Erhaltung seines Ackers, an einem reichen Vorrath von
Mist gelegen ist, wird diese Reinlichkeit der Kuhställe
keine Anwendung finden, sondern sie müßte vielmehr,
wenn man sie daselbst bemerkte, als ein offenbarer
Wirthschaftsfehler angesehen werden.

Unmittelbar an dem Stall ist auch das Molkenhaus angeleget, von dessen innern Einrichtung
bei dem sechsten Punkt, wo ich von dem dortigen
Molkenwesen zu handeln gedenke, ein mehreres
bemerkt werden wird.

§. 10.

Von der Sommer = und Winterfutterung der Königshorstischen Kühe, und daß daselbst auf eine
jede Kuh 3 Morgen Weide und eben so viel Wiesewachs ausgesetzt sind, solches auch vollkommen zureichend, wo nicht gar überflüßig sey.

Vorstehendes wird genug seyn, dem geneigten
Leser von der innern Einrichtung eines solchen
Stallgebäudes den gehörigen Begrif mitzutheilen.

Ich schreite nunmehr zu der Futterung des
Königshorstischen Viehes, als den zweiten Punkt,
den ich mir näher zu erörtern vorgenommen
habe.

Dabei wird nicht allein auf die Menge und
Güte des Futters, so das dortige Vieh bekommt,
sondern auch auf die Futterungsart, besonders zu
Winterszeiten, Rücksicht zu nehmen seyn, und
sich zugleich bei der letztern, wie viel Futter durch
die Einrichtung der dortigen Ställe ersparet werden könne, hervorthun.

Nach der ursprünglichen Anlage muß das dortige Kuhvieh den Sommer hindurch auf der Weide, und im Winter mit bloßem Heu, unterhalten
werden, und es ist nach dem Anschlage auf eine
jede

jede Kuh 3 Morgen an Weide, und eben so viel an Wiesewachs ausgesetzt worden.

Daß dieser Ausſatz ſehr reichlich, und faſt überflüßig ſey, wird einem Wirthſchaftsverſtändigen, der von den Bedürfniſſen einer melken Kuh zu ihrer Unterhaltung zureichende Begriffe hat, von ſelbſt einleuchten, ſich auch ſolches ſehr leicht berechnen laſſen f); zumal die vorzügliche Frucht-

bar-

f) In dem Netz- und Wartebruch wird auf eine melke Kuh niemals mehr, als eine Morge an Weide gerechnet, und es kann dieſelbe, wenn die Hütungsplätze in ordentliche Koppeln, welche von Zeit zu Zeit zu friſchem Graſe geſchonet werden, eingetheilet ſind, auch ganz füglich bei ¼ Morgen beſtehen

Nach der Lage der Gegend ſtehet nicht ohne Grund zu vermuthen, daß das Havelländiſche Luch ein weit nahrhafteres Gras, als das Netz- und Wartebruch, zeuge.

Dieſes läſſet ſich ſchon daraus ſchließen, daß das Oſtfrieſiſche Originalvieh, daß ich es ſo nennen darf, nur ſelten ein recht deihliches Fortkommen in dieſen letztern Gegenden hat, ſondern ſich erſt in der zweiten Generation ergiebiger bezeiget: da ich hingegen aus den in Händen habenden Nachrichten von der Königshorſtſchen Wirthſchaftseinrichtung, daß ein großer Theil der dortigen Kühe aus wirklichen Oſtfrieſiſchen Vieh beſtehe, ſchließen muß: worin ich um ſo mehr beſtärket werde, als daſelbſt, wie bald mit mehrern bemerket werden wird, nur wenige Kälber angezogen werden, folglich der jährliche Abgang der dortigen Heerden hauptſächlich durch den Ankauf zu erſetzen iſt.

Es iſt zwar wahr, daß eine große Kuh eine größere Menge von Gras, als eine kleine, zu ihrer Sättigung erfordert.

Allein

barkeit des dortigen Bodens von selbst bekannt
ist, und ich auch solche bereits §. 1. bemerket habe.

§. 11.

Allein das in dem Netz- und Wartebruch befindliche
Vieh gehöret auch nicht zu den kleinartigen, sondern
man trift darunter ebenfalls verschiedenes halbschlich-
tiges von Ostfriesischen Bullen erzeugetes an.

Und wenn auch die Königshorstsche Heerden aus lauter Originalostfriesischen Kühen bestehen solten, so
bleibt doch der Unterscheid zwischen dem dortigen Wei-
deauszug für eine Kuh und den in dem Netz- und
Wartebruch gewöhnlichen, allemal unverhältnißmäßig;
es wäre denn, daß eine höhere Lage des Havelländischen Luches bei dürren Sommern solches nothwendig
machte, wovon ich aber, weil es mir an einer eigenen
Localkenntniß dieses Luches ermangelt, nichts gewisses
sagen kann, sondern meinen Vortrag nur blos auf
Nachrichten, die zwar an und vor sich selber vollkommen zuverläßig, in diesem Stücke aber nicht vollständig genug sind, gründen muß.

Die zum Winterfutter für eine dortige Kuh ausge-
setzte 3 Morgen Wiesewachs werden ebenfalls zu ihrer
Unterhaltung eher überflüßig seyn, als daß sie dabei
Mangel leiden solte.

In dem ersten Bande der Oekonomia Forensis
S. 477. habe ich in einem Mittelschlage des an der
Netze belegenen Wiesewachses, aus eigener Erfahrung,
weil ich in der dortigen Gegend selber viele Jahre
lang wichtige Grundstücke besessen und benutzet, auf
eine jede Morge an Heu und Grummt 18 Centner
angenommen, welches auf 3 Morgen jährlich 54 Centner beträget.

Daß in dem fruchtbaren Havelländischen Luch auf
einer Morge weniger an Heu gewonnen werden solte,
lässet sich nicht vermuthen.

Ich

§. 11.

Die auf dem Amte Königshorst eingeführte Ordnung wegen der Winterfutterung, nebst einigen dabei nöthigen Anmerkungen.

Nach der ursprünglichen Einrichtung sollen die
Königshorstischen Kühe zu ihrem Winterfutter
nichts, als bloßes und reines Heu bekommen.

Dem-

Ich habe ferner c. 1. S. 480. aus gleichmäßiger
wirthschaftlichen Erfahrung für eine Kuh, die den
ganzen Winter hindurch zu ihrer Unterhaltung nichts,
als bloßes Heu, bekommt, täglich 18 Pfund ausgesetzet, welches, da in der dortigen Gegend die Winterfutterung wohl nicht länger, als auf 5 Monate angenommen werden kann, den ganzen Winter 24 Centner
betragen würde.

Auch die größte Kuh kann bei einem solchen täglich
für sie ausgesetzten Heuquantum bestehen, und ich bin
fast überzeuget, daß die wenigsten, wenn nur sonst bei
der Futterung ordentlich und sparsam verfahren wird,
solches zu zwingen im Stande seyn werden.

Setzet man nun das Heu, so auf 3 Morgen mit 54
Centner jährlich gewonnen wird, und dasjenige, so
zur jährlichen Unterhaltung einer Kuh mit 24 Centner
nöthig ist, mit einander in Vergleichung, so ergiebt
sich ganz klar, daß der anschlagsmäßige Wiesewachs
auf dem Amte Königshorst für eine jede Kuh à 3 Morgen nicht allein vollkommen zureichend, sondern auch
überflüßig seyn würde; zumal hier die besondere Nahrhaftigkeit des dortigen Heues mit zu Hülfe kommt,
auch sich bald die mancherlei Arten von Ersparungen,
so durch die dortige Stalleinrichtung möglich gemacht
worden, mit mehrern ergeben werden.

Oecon. Schr. Zweiter Band.   J

Demohnerachtet wird in einer mir von der dortigen Wirthschaft zugekommenen ebenfalls zuverläßigen Nachricht gemeldet, daß ihnen bisweilen
auch zur Abwechselung ein Kurz- oder Rauchfut-
ter von Haferstroh gegeben, und ersteres mit etwas Kaff aufgemenget würde g), jedoch mit dem

Bei-

g) Die Abwechselung des Heues mit Strohfutter, wenn
solche im geringen Maaß geschiehet, ist nicht so
schlechterdings zu verwerfen, sondern sie träget zur
Erweckung einer neuen und bessern Freßbegierde, bei
allem Vieh, besonders aber demjenigen, welches sonst
nichts, als lauter nahrhaftes Heufutter zu genießen,
gewohnt ist, sehr viel bei.

Die Erfahrung lehrt auch, daß das Bruchvieh, welches vorhin mit lauter fetten Nahrungsmitteln unterhalten worden ist, wenn es auf die Höhe gebracht
wird, mit der größesten Begierde auf das Strohfutter fällt, und sich daran in der ersten Zeit nicht satt
fressen kann.

Die natürliche Ursache davon bestehet in dem Ueberfluß der öhlichten Theile, so das fette Bruchfutter,
es mag grün oder trocken seyn, bei sich führet.

Durch diese allein kann das Seifenartige in den
Säften dieser Thiere, welches doch zu ihrer Erhaltung schlechterdings nothwendig ist, nicht bewirket
werden, sondern es ist dazu eine Vermischung von
Salztheilen nöthig.

Da nun die Bestandtheile des trockenen Strohfut-
ters hauptsächlich aus Salzen bestehen, so erregen diese natürlicherweise bei dem Vieh eine Begierde nach
dem Strohfutter; und es erhellet auch daraus zugleich, warum eine Abwechselung damit demselben
auf keinerlei Art schädlich, sondern vielmehr zuträglich
sey.

Ob

Beifügen, daß solches nur, wenn es an Heu ge=
bräche, geschehe; indem man dafür halte, daß
die Butter vom Haferstroh sofort einen bittern
Geschmack bekomme h).

J 2   Die

Ob es mir nun gleich aus der in dem nächstvorste=
henden §. angelegten Berechnung des für den Kuh=
viehstand auf dem Amte Königshorst bestimmten Heu=
aussaßes nicht wahrscheinlich vorkommt, daß daselbst
jemal ein Mangel an dem benöthigten Heu entstehen
könne; so wird doch aus vorbemeldeten Ursachen die
daselbst von Zeit zu Zeit vorgenommene Umwechse=
lung des Heues mit Strohfutter nicht gänzlich ver=
worfen werden können.

h) Daß Milch; und Butter nach dem Haferstroh einen
bittern Geschmack bekommen, bestätiget die allgemeine
Erfahrung.

Da man nun auch zu Königshorst nach den mir da=
von zugekommenen Nachrichten von dieser Erfahrung
überzeugt ist, so würde allerdings, zu der sonst ganz
rathsamen Umwechselung des Heues mit Strohfutter,
das Gerstenstroh weit dienlicher seyn.

Nicht ohne Grund aber vermuthe ich, daß der Ger=
stenanbau daselbst nicht gewöhnlich, sondern der Ha=
fer die einzige Frucht ist, die in dem dortigen Luch
mit Nußen erzeuget werden kann.

Um so nöthiger wird es daher seyn, mit dem Ge=
brauch des Haferstrohes daselbst behutsam zu verfah=
ren, und solches den Kühen nur in einer so geringen
Menge vorzulegen, daß daraus in der Milch und
Butter kein merklicher Unterscheid entstehen kann, son=
dern der süße Geschmack des Heues darin allemal den
Vorzug behält.

Ich würde, um hierunter desto behutsamer zu ver=
fahren, das bekannte Schüttfutter, oder die Vermi=
schung

Die Futterordnung, so daselbst beobachtet
wird, bestehet in folgenden.

Des Morgens um 7 Uhr wird den Kühen Heu
gegeben; um 10 Uhr werden die Krippen voll
Wasser geplumpt; zu Mittage bekommen sie das
zweite Futter von Heu oder Haferstroh, um 3
Uhr wird wieder getränkt, und um 5 oder 6 Uhr
erhalten sie das dritte und letzte Heufutter i).

Das zum Winterfutter bestimmte Heu lieget
auf dem Boden über dem Stall, und es sind in
diesem Boden über dem Futtergange verschiedene
Lucken angebracht, durch welche von dem sich

oben

schung des Haferstrohes mit Heu in Vorschlag bringen, indem dadurch der bittere von dem Haferstroh
zu befürchtende Geschmack, wegen des mit unterge-
mischten Heues, allemal gar sehr gemäßiget, und unmerklich gemacht werden würde.

i) Bei der gewöhnlichen Einrichtung der auf deutsche
Art angelegten Kuhmelkereien würden mir diese drei
Futterungen zu wenig zu seyn scheinen, und ich solche
lieber in mehrere kleine vertheilet wünschen.
Denn gewiß ist es, daß sich das Vieh, wenn ihm
auf einmal zu viel Futter vorgelegt wird, sehr leicht
daran verstärkt, und in den sonst gewöhnlichen Raufen vieles, so nicht genossen wird, zurücke bleibt, oder
unter die Füße getreten wird.
k) Da aber dieses, wie bald mit mehrerm bemerket
werden wird, bei der dortigen Stalleinrichtung nicht
zu befürchten stehet, sondern dabei nicht das geringste
verloren gehet; so kann ich auch bei der eingeführten
dreimaligen Abfutterung des Viehes nichts einwenden,
indem sich, nach dem bekannten gemeinen Ausspruch
eine jede Sache nach ihren Umständen ändert.

oben befindlichen Meyer das benöthigte Futter
herunter gestoßen, und hiedurch die jedesmalige
Abfutterung des ganzen Stalles mit 4 bis 6
Mägden in sehr kurzer Zeit möglich gemacht
wird.

§. 12.

*Besondere Futterersparung, wozu die dortige
Stalleinrichtung Gelegenheit giebet.*

Zwischen dem jedesmaligen Fressen und Saufen werden, wie es in den von mir erhaltenen
Nachrichten ferner heißet, die Krippen ganz rein
ausgekehret, und das bei der Einfutterung in
dem Futtergange zurückgebliebene Gemülbe, so
mit der Harke nicht gefasset werden können, vermittelst eines Besens in die Krippe geschaft, und
dadurch alles, was nur einigermaßen nutzbar ist,
zum Genuß des Viehes gebracht.

Bei welchem allen in dem ganzen Stall eine
solche Reinlichkeit herrschet, daß, ob gleich dem
Vieh gar nichts untergestreuet wird, solches doch
aussiehet, als ob es täglich gestriegelt würde.

Der Herr Amtsrath Sach behauptet in seiner
Nachricht, die er mir von der dortigen Kuh-
wirthschaft mitzutheilen, die Freundschaft gehabt
hat, selber, daß bei der auf Königshorst gemachten Stalleinrichtung und eingeführten Futterordnung auf 100 Stück Kühe 30 Stück mehr aus-
gefuttert werden könnten, als bei der deutschen
Wirthschaftseinrichtung, wo von dem Vieh ein

J 3　　　　　großer

großer Theil des Futters verquaset und unter die
Füße getreten würde.

Besonders merkwürdig hat es mir geschienen,
wenn er hinzu setzet:

Das schlimste dabei ist noch dieses, daß das
Vieh auf der deutschen Art allen Saamen,
der im Heu und Stroh steckt, in den Mist
bringt, und dadurch den Acker verunreiniget; wenn hingegen, das Vieh auf vorbeschriebene Art aus den erwähnten Stein-
krippen frißt, so bleibt der Saamen in denselben liegen, und wird von dem Vieh entweder gefressen, oder, nachdem dieselben voll
Wasser gepümpet worden, mit ausgesoffen;
und dieses ist den Kühen ausserordentlich
nutzbar, weil der Saamen dem Vieh be-
kanntlich Kräfte und Nahrung giebt k).

S. 13.

k) Daß in dem Heusaamen eine besondere Nahrungs-
kraft befindlich sey, ist allen vernünftigen und erfahrnen Wirthen, wenn sie auch gleich, ihre Wirthschaft
auf deutsche Art zu betreiben, genöthiget sind, zur Gnüge bekannt.

Sie suchen daher denselben auf den Heuboden, woselbst er von selbst auszufallen pflegt, sorgfältig aufzu-
sammlen, und entweder für die frischmelke Kübe kurz
nach dem Abkalben, oder auch für die junge Absetzkälber, als eines der kräftigsten Nahrungsmittel anzuwenden.

Inzwischen ist nicht zu leugnen, daß bei der auf dem
Amte Königshörst eingeführten holländischen Vieh-
wirthschaftsart auch dieses ein besonderer Vortheil ist,
daß

§. 13.

Von der dortigen Kälberzucht, und warum zu
Königshorst nur wenige Kälber abgesetzt werden,
daß aber für diese wenige sowohl, als auch überhaupt für die sämtliche Säugekälber, daselbst
sehr gute Anstalten getroffen sind.

Der dritte Punkt, den ich mir, nach Maaß-
gebung des §. 3. näher zu erörtern vorbehalten
habe, betrift die dortige Kälberzucht.

Ich werde mich dabei um so kürzer fassen können, als die von dieser Wirthschaftseinrichtung
in Händen habende Nachrichten darin einstimmig
sind, daß auf dem Amte Königshörst nur wenige
Kälber abgesetzt werden, sondern solches blos in
Ansehung derjenigen geschiehet, welche besonders

J 4   schön

daß selbst von dem unter der Verfutterung des Heues
verstreueten Saamen nichts verloren gehen kann, sondern derselbe insgesammt dem an der Krippe stehenden
Vieh nothwendig zu Theil werden muß.

Ob das Land durch diesen Saamen, wenn er unter
den Mist kommt, verunreiniget, und demselben dadurch schädlich werde, scheint mir noch immer eine
problematische Frage zu seyn.

Denn wir haben auf der Höhe vielen Acker, der zur
Erhaltung des nöthigen Viehstandes einer mehrern
Berasung nöthig hat, und hiezu möchten sich wohl
die Wiesengräser am besten schicken.

Da mich aber eine nähere Erörterung dieser Sache
von dem Ziel der gegenwärtigen Abhandlung zu weit
abführen würde, so will ich solches bis zu einer andern Gelegenheit, besonders in der jetzt unter der Feder habenden Oeconomia Controverse, versparen.

schön sind, und eine vorzügliche Hofnung zu einer künftigen guten Zucht von sich geben.

Ein doppelter Bewegnngsgrund lieget dabei zum Grunde.

Einmal will man nicht gerne die Milch, so zum Absaugen der Absetzkälber nöthig wäre, entbehren. Demnächst aber stehen auch die dortige Schlachtkälber in dem nahe belegenen Berlin in so hohem Preise, daß man, selbige zu verkaufen, und dagegen den gewöhnlichen jährlichen Abgang durch Ankauf zu ersetzen, für vortheilhafter hält.

Die Sache wird zwar, wenn man sie näher untersuchen wolte, ebenfalls problematisch bleiben, und es im allgemeinen, seinen Abgang durch eigne Zucht, als durch Einkauf, der besonders zu Königshorst nicht anders, als höchst kostbar fallen kann, zu ersetzen, allemal rathsamer seyn.

Inzwischen bin ich von dem milchreichen Zustande der dortigen Kühe so wenig, als auch von der Quelle, woraus die Königshorstische Beamte den jährlichen Ersatz ihres Abganges nehmen, genugsam unterrichtet, daß ich es, meine Meinung darüber auf eine bestimmte Art vorzutragen, wagen könnte.

Nur blos mit Bemerkung desjenigen, was bei der dortigen Stalleinrichtung, sowohl wegen der Sauge- als auch wenigen Absetzkälber vorgekehret worden, muß ich mich daher begnügen.

Eine sehr gute Einrichtung ist es, daß in den dortigen Ställen auf den hintersten Gängen die
Säuge-

Säugekälber, jedes hinter seiner Mutter nach
dem Stande der Kuh zu, angebunden stehen.

Wie viel Unheil diese junge Thiere, wenn sie
die Freiheit, in dem Stall herum gehen zu können, haben, anzurichten pflegen, ist aus der
Erfahrung zur Gnüge bekannt.

Sie begnügen sich nur selten an der Milch ihrer Mutter, sondern saugen auch die andern ne-
benstehenden Kühe, denen sie nicht zugehören,
aus.

Daß dieses in einer Kuhmelkerei, in welcher
auf die Milch einer jeden Kuh ein sicherer Etat
gemacht worden, nicht gleichgültig seyn könne, ist
von selbst einleuchtend.

Durch das Anbinden des Kalbes wird solches
offenbar gehindert, und es kann auch dem Kalbe
selber um so weniger nachtheilig seyn, als es, vermittelst der ihm dabei gegebenen Richtung, die
Mutter beständig in Augen hat, folglich sich nach
derselben, wie man sich auszudrucken pflegt, niemal überhangen, und dadurch an seinem gehörigen Zunehmen gehindert werden kann.

Ohnerachtet, wie schon vorhin erwähnt worden, auf diesem Amte nur wenige Kälber zur
Zucht abgesetzt werden; so ist doch, auch in Ansehung dieser wenigen, für einen bequemen Auf-
behaltungsort gesorget worden.

An dem Ende eines jeden Stalles nahe an dem
Molkenhause, sind auf beiden Seiten zwei Ställe
für diese Absetzkälber vorhanden.

Da

Da der Meyer sowohl, der die Aufsicht über
den ganzen Stall hat, als auch die zur Futterung
und Wartung der Kühe bestellte Mägde, in diesem Molkenhause ihre Wohnung haben, so muß
ihnen, so oft sie aus derselben gehen, oder wieder
dahin zurückkehren, dasjenige, was in diesen Absetzkälberställen vorgeht, und ob die Kälber darin
mit genugsamen Fraß versehen sind, oder Mangel daran haben, von selbst in die Augen fallen.

Daß aber durch eine genaue und beständige
Aufsicht das Gedeihen dieser jungen Thiere am besten befördert werde, ist einem jeden, der von
dieser Art der Viehwirthschaft nur einige Kenntniß und Begriffe hat, schon vorhin bekannt.

§. 14.

**Von der Ordnung bei dem Melken, und daß die
Kühe daselbst, auch selbst im Sommer, täglich nur zweimal gemolken werden.**

Der vierte Punkt, den ich mir vorzutragen,
vorgenommen habe, betrifft die bei dem Melken
eingeführte Ordnung.

Auch hiebei wird verschiedenes, theils um die
dortige Einrichtung näher zu rechtfertigen, theils
aber auch das darin befindliche Nachahmliche zu
zeigen, zu bemerken vorkommen.

Nach den erhaltenen Nachrichten wird das
Vieh zu Königshorst, auch selbst im Sommer,
nur zweimal, nemlich des Morgens und Abends,
gemolken, und zu solchem Ende das Vieh alsdenn

auf

auf den Viehhof vor dem Stall zusammen getrieben.

Sonst aber kommt in den Sommertagen kein
Stück in den Stall, sondern es werden die Kühe,
nachdem sie des Abends gemolken worden, in eine nahe bei der Holländerei belegene Nachtkoppel
getrieben, woselbst sie die ganze Nacht verbleiben
müssen.

Im Winter aber geschiehet das Melken natürlicherweise im Stall, zumal die Kühe, da sie im
Stalle getränket werden, nur selten ausgebunden zu werden pflegen, und solches blos bei sehr
gutem Wetter, um sich die Füße zu vertreten
und der frischen Luft zu genießen, auf eine Stunde, oder halbe Stunde geschiehet.

§. 15.

Bedenklichkeiten, die der auf dem Amte Königshorst eingeführten Gewohnheit, die Kühe, auch
im Sommer, des Tages nur zweimal zu melken, entgegen stehen.

Bekannt ist es, daß die Kühe, die nach deut-
scher Art behandelt werden, des Sommers gemeiniglich dreimal, nemlich des Morgens, Mittags
und Abends, gemolken zu werden pflegen.

Die Erfahrung lehrt auch, daß eine Kuh, die
täglich dreimal gemolken wird, den ganzen Tag
hindurch gerechnet, ein ganz merkliches an Milch
mehr giebt, als eine andre, der solches nur täglich zweimal wiederfähret.

Es

Es sind phisikalische Ursachen vorhanden, welche diesen schon vorhin durch die Erfahrung bestä-
tigten Satz rechtfertigen.

Bei einer Kuh, die einer reichlichen Nahrung
genießet, wird das Euter in wenigen Stunden
dergestalt angefüllet, daß weiter keine Milch darin Raum hat, folglich auch die Milchgefäße demselben weiter nichts zuführen können, sondern das
in denselben befindliche in das Fleisch und Fett
gehen muß.

Natürlich ist es, daß eine auf einer nahrhaften Weide unterhaltene Kuh, wenn sie von 4 Uhr
des Morgens an, bis auf den Abend um 8 Uhr
ungemolken bleibt, eine übermäßige Menge von
Milch, die auch das größeste Euter nicht zu fassen im Stande ist, sammlen müsse, und zuletzt
die Natur demselben nichts weiter zuführen kann,
sondern, den noch vorhandenen Chilus auf andre
Art zu verwenden, genöthiget ist.

Es scheint daher die auf dem Amte Königshorst eingeführte Gewohnheit eher ein Fehler dieser Wirthschaftseinrichtung zu seyn, als, daß solche, da dadurch die mehrere Milch, so sonst von
den Kühen zu erwarten stünde, offenbar gemindert wird, einen Beifall verdienen könnte, zumal
die dortige Weideplätze wohl nicht so entfernt liegen, daß nicht die Kühe ganz bequem auch des
Mittags zum Melken herbei getrieben, oder auf
der Weide gemolken werden könnten.

§. 16.

§. 16.

Urſachen, warum auf dieſem Amt das dreimalige
Melken der Kühe nicht nöthig ſey, ſondern ſolches vielmehr daſelbſt ſchädlich, und der dortigen Einrichtung zuwider ſeyn
würde.

Allein bei einer dergleichen zuſammengeſetzten
Einrichtung muß man nicht blos bei einzeln Stücken, die fehlerhaft zu ſeyn ſcheinen, ſtehen bleiben, ſondern ſein Augenmerk auf das Ganze, und
die Verbindung, worin die zu einer ſolchen Einrichtung gehörige Theile mit einander ſtehen,
richten.

Alsdenn wird man ſehr oft gewahr werden,
daß die in einigen Theilen bemerkte Fehler entweder, ohne die ganze Einrichtung zu zerrütten,
nicht abgeändert werden können, oder wohl gar
zur Vollkommenheit des Ganzen das ihrige mit
beitragen.

Eben dieſes wird auch wohl bei der Königshorſtiſchen Viehwirthſchaft ſtatt finden, und ich
habe ſelber, bei näherm Ueberdenken der dortigen
Einrichtung, gefunden, daß, ſo ſehr ich auch
ſonſt für das dreimalige Melken, beſonders zu
Sommerszeiten, eingenommen bin, und ich den
Schaden von deſſen Unterlaſſung durch verſchiedene eigene Erfahrungen empfunden habe, daſelbſt
dennoch das dreimalige Melken der Kühe nicht
nöthig, ſondern vielmehr das zweimalige weit
rathſamer ſey.

Die

Die Urſachen, die mich ſolches zu glauben be⸗
wegen, ſind folgende:

1) Einmal iſt, wie bald mit mehrerm bemerkt
werden wird, daſelbſt ausdrücklich eingeführt,
daß die Mägde ſich bei dem Melken nicht blos,
wie ſonſt in den hieſigen Gegenden gewöhnlich, der
Finger bedienen, ſondern die ganze Hand dazu
gebrauchen, damit in das Euter ſelber eingrei⸗
fen, und daſſelbe bis auf den letzten Tropfen aus⸗
drücken müſſen.

Daß bei dieſer Melkungsmethode das Euter
der Kuh weit mehr von der darin geſammleten
Milch ausgeleeret, und folglich auch der neu zu⸗
tretenden ein größerer Raum verſchaffet werde,
iſt einleuchtend, und wird wohl keines nähern Be⸗
weiſes bedürfen.

Findet aber die Milch in dem Euter genugſa⸗
men Raum, um von demſelben aufgefaſſet wer⸗
den zu können, ſo werden auch die Milchgefäße
in ihrer Beſchäftigung, dem Euter beſtändig fri⸗
ſche Milch zuzuführen, nicht unterbrochen, und
es iſt alsdenn kein Grund vorhanden, warum
nicht eine Kuh durch ein zweimaliges Melken eben
ſo viel Milch, als ſonſt bei einem dreimaligen
von ihr zu erwarten ſtehet, gewähren ſolte.

2) Demnächſt wird unten ebenfalls mit meh⸗
rerm bemerket werden, daß eine jede Magd 25
Stück Kühe unter ihrer Wartung hat, und ſolche
auch alleine ausmelken muß.

Daß hiezu eine ziemliche Zeit, beſonders bei
ſo milchreichen Kühen, als die Königshorſtſche
ſind,

ſind, erfordert werde, ſiehet ein jeder von
ſelbſt ein.

Eine natürliche Folge davon iſt, daß die dortige Kühe im Sommer weit ſpäter, als ſonſt gewöhnlich iſt, auf die Weide kommen, und ſolchemnach auch ihre Euter nicht übermäßig mit
Milch anfüllen können, zumal dieſelben aus eben
dieſer Urſache auch des Abends ein Paar Stunden
eher, als an andern Orten geſchiehet, zum Melken herbeigetrieben werden müſſen.

Die Beſorgniß, daß die Kühe bei ſolchem ſpä-
term Aus- und früherm Eintreiben nicht genugſame Zeit, um ſich gehörig zu ſättigen, behalten
möchten, wird allemal ein ſehr unnützer Kummer
ſeyn, indem eine Kuh auf einer ſo reichlichen und
nahrhaften Weide, als die in dem Havelländi-
ſchen Luch befindliche, iſt, in Zeit von 5 bis 6
Stunden vollkommen ſo viel freſſen kann, als ſie
zu ihrer Nahrung und Beſtimmung nöthig hat,
zumal dabei auch auf die Zeit, ſo alles Rindvieh
zum Wiederkäuen gebraucht, und welche mit dem
genoſſenen Maaß des Futters in einem richtigen
Verhältniß ſtehen muß, Rückſicht zu nehmen iſt.

3) Endlich wird bei dem ſechsten Punkt, wo
eine nähere Beſchreibung von der Anfertigung der
Königshorſtſchen Butter gegeben werden ſoll, ſich
mit mehrerm hervorthun, wie ſehr die Erhitzung
der Milch den ſüßen Geſchmack der dortigen auf
holländiſche Art zubereiteten Butter zuwider ſey,
und daß man alle mögliche Mühe, um die Hitze
aus der Milch zu vertreiben, und ſolche völlig
ab-

abzukühlen, anwenden müsse, folglich das Melken in den heißen Mittagsstunden nicht raths-
sam sey.

Dieser dreifache Grund wird hoffentlich genug seyn, einem jeden, der solchen in nähere Erwägung ziehet, zu überzeugen, daß auf diesem
Amte und bei der dort eingeführten Einrichtung,
das zweimalige Melken der Kühe vollkommen zulänglich sey, und die auf das dritte Melken, so
gemeiniglich des Mittags geschiehet, angewendete
Zeit nicht allein ohne Nutzen verschwendet werden,
sondern auch wohl gar zum Nachtheil des dortigen Molkenwesens gereichen würde.

§. 17.

*Von der besondern Reinlichkeit, so die dortige
Mägde bei dem Melken beobachten müssen, ingleichen ihrer Schuldigkeit, sich bei dem Melken
der ganzen Hand zu bedienen, und was aus
beiden für Nutzen entstehe.*

Nach Abfertigung dieses vorläufigen bei der
dortigen Melkungsart entstehen könnenden Zwei-
fels, wird nunmehr das Verfahren selber, so bei
dem dortigen Melken gewöhnlich ist, und man
sonst nicht allenthalben antrift, zu bemerken seyn.

Eine unverbrüchliche Schuldigkeit einer jeden
bei diesen Heerden angestellten Viehmagd ist es,
daß sie nicht allein, ehe sie zum wirklichen Melken einer Kuh schreitet, das Euter derselben rein
abwaschen, sondern sich auch selber bei einer jeden Kuh die Hände waschen muß.

Das

Das außerordentliche feine und zarte Wesen
der aus der dortigen Milch verfertigten holländischen frischen Tischbutter leidet auch nicht die geringste Unreinigkeit in der Milch, weil dadurch
ihr Geschmack bei dem wenigen Salz, so sie bekommt, sehr leicht verderbet werden könnte.

Dieses macht solchemnach eine dergleichen Vorsorge für die Reinlichkeit, sowohl der Kuh selber, als auch der melkenden Mägde, nothwendig, besonders im Sommer, wo die Kühe sehr
oft in ihrem eigenem Kothe liegen müssen.

In dem zweiten Bande der kleinen ökonomischen Reisen habe ich zwar verschiedenes von der
Reinlichkeit, die man auch in dem Oberbruch bei
den melkenden Mägden antrift, angeführet.

Niemals aber habe ich daselbst, daß auch bei
jedesmaligen Melken das Euter der Kuh abge-
waschen, und sich die Mägde selber bei einer jeden Kuh die Hände vorher waschen müssen, wahrgenommen.

Die Reinlichkeit der dasigen Mägde bestehet nur hauptsächlich in einem reinen und festen Anzuge, sowohl im Leibe, als auch um den
Kopf.

Die zweite besondere Vorsicht, die bei dem
Königshorstschen Melken beobachtet werden muß,
bestehet, wie ich bereits in dem nächstvorstehenden §. vorläufig bemerkt habe, darin, daß sich die
Mägde bei dem Melken nicht blos der Finger,
sondern der ganzen Hand, um damit der Kuh in

　　das

das Euter greifen, und selbiges dadurch von
aller Milch völlig ausleeren zu können, bedienen
müssen.

Die Kühe geben nicht alle ihre Milch gleich
willig von sich, sondern es giebt unter denselben sehr viele, welche solche geflissentlich zurück
halten.

Diese können bei der sonst gewöhnlichen Methode, die Kühe blos mit zwei Fingern an den Strip-
pen zu ziehen, nur selten recht rein ausgemolken
werden, und es ist solches sehr oft eine Ursache,
warum die trächtige Kühe schon vor der Zeit ihre
Milch verlieren, und vor der Kalbung länger,
als sonst nöthig wäre, trocken stehen bleiben.

Brauchen aber die Mägde bei dem Melken die
ganze Hand, mit welcher sie in das Euter selber
greifen, und die darin zurückgebliebene Milch
ausdrucken, so ist auch bei den hartmelkigsten Kühen solches nicht zu befürchten.

Wie nützlich daher diese auf dem Amt Königshorst eingeführte Melkungsart sey, ergiebt sich
daraus von selbst.

Inzwischen ist solches an und vor sich keine
neue Erfindung, sondern ich habe bereits in dem
fünften Bande der Berliner Beiträge zur Landwirthschaftswissenschaft bemerket, daß eben dieses auch von den Mecklenburgschen Kuhpächtern,
welche gleichfalls in dem Molkenwesen sehr viel
voraus haben, beobachtet werde.

§. 18.

§. 18.

Warum es ein großer Vortheil der dortigen Ein=
richtung iſt, daß zur Wartung des Viehes weit
weniger Leute, als ſonſt gewöhnlich iſt, ge=
braucht werden.

Der fünfte Punkt, der mir bei der Einrich=
tung der Königshorſtiſchen Kuhwirthſchaft merk=
würdig zu ſeyn ſcheint, beruhet auf der gerin=
gen Anzahl von Leuten, die zur Wartung des dor=
tigen Viehes nöthig ſind.

Bei allen Wirthſchaftsarten iſt es ungemein
ſchätzbar, wenn die zu denſelben nöthigen Ge=
ſchäfte mit wenigern Leuten eben ſo gut, als ſonſt
von vielen geſchiehet, beſtritten werden können.

Unnöthige und überflüßige Ausgaben vermin=
dern den Ertrag aller Wirthſchaftsrubriken gar
ſehr, und es iſt die ſicherſte Verbeſſerung, wenn
man ſolche auf eine der Sache ſelber ohnſchädliche
Weiſe zu vermeiden ſucht.

Bei den gewöhnlichen Viehwirthſchaften nimmt
die Menge der dazu beſtimmten Leute durch ihr
Lohn und Koſt ſehr oft den größeſten Theil desje=
nigen, was ſie einbringen, weg.

Die Königshorſtiſche Einrichtung wird daher
dadurch allerdings ſehr vorzüglich, wenn bei der=
ſelben dasjenige, wozu ſonſt eine doppelte Men=
ge von Menſchen erfordert werden, mit noch we=
nigern, als die Hälfte derſelben, beſtritten wer=
den kann.

In einem Stall von 100 Kühen werden zur
Aufſicht und Wartung des Viehes nicht mehr als

K 2   ein

ein Hirte, der auch im Winter die Aufsicht über seine Heerde im Stall behält, und vier Mägde erfordert.

§. 19.

Von der Nützlichkeit des in einem jeden Stall bestellten Viehwärters.

Ein Hirte wird zwar bei allen Kuhheerden im Sommer erheischet; daß derselbe aber auch den Winter über die Aufsicht über diese seine Heerde behält, darin zeichnet sich die Königshorstsche Einrichtung vor andern Viehwirthschaften aus.

Ich berufe mich abermal auf den fünften Band der Berliner Beiträge zur landwirthschaftswissenschaft, worin ich schon vorhin die Nothwendigkeit und Nützlichkeit eines solchen Viehwärters, auch bei der Stallfütterung, mit mehrern gezeiget habe.

Ein Landwirth, der einen dergleichen treuen und aufmerksamen Viehwärter in seinem Stalle weiß, kann wegen des Schadens, der dem Vieh sehr leicht auch in dem Stall, besonders zur Nachtzeit, widerfahren kann, weit ruhiger, als ein anderer, der diese Vorsicht nicht genommen hat, schlafen.

Eine sehr gute Einrichtung ist es überdem, wenn dieser Viehwärter seine Wohnung in dem mit dem Stalle verbundenen Molkenhause hat, und aus derselben nicht allein bei Tage den ganzen Stall übersehen, sondern auch in der Nacht alles,

alles, was darin etwa nachtheiliges vorfallen möchte, sofort hören, und dem nothleidenden Vieh ohngesäumt zu Hülfe kommen kann.

Da bei der Einfutterung des Viehes sein Hauptgeschäfte ist, das jedesmal benöthigte Futter durch die über den Futtergang angebrachte Lucken herab zu werfen, so wird er auch sonder Zweifel den Auftrag haben, die Mägde bei dem Futtern selber, ingleichen dem Tränken, damit alles ordentlich und vorschriftmäßig geschehe, gehörig zu beobachten, und die Nachläßigen zu ihrer Schuldigkeit anzuhalten.

Mit einem Worte, ihm gebühret das Regiment über den ganzen Stall, gleich wie er auch für alles dasjenige, so unrichtig darin vorgehen solte, verantwortlich bleiben muß.

§. 20.

Von den Geschäften der in einem jeden Stall bestellten Viehmägde, sowohl zu Sommers- als Winterszeiten, und der bequemen Einrichtung, daß dieselben von dem Viehwärter für ein gewisses Deputat gespeiset werden müssen.

Da auf 25 Kühe nur eine Magd bestellet ist [1]), so frägt sich billig, was dieselbe dabei theils für

K 3

---

1) In Schlesien, woselbst sonst auch die Viehwirthschaft viel vorzügliches hat, wird auf 10 Kühe eine Magd gerechnet.

Die

für Geschäfte habe, theils aber auch, ob sie solche in gehöriger Art zu vollbringen im Stande sey?

Das Melken dieser 25 Kühe ist, sowohl im Sommer als Winter, ihr Hauptgeschäfte.

Ueberdem muß sie im Winter ein dreimaliges Einfuttern und zweimaliges Tränken des Viehes besorgen, den Mist täglich austragen, oder auswerfen, und die Krippen nach jedesmaligem Tränken von allem darin zurückgebliebenen Unrath reinigen; auch demnächst sowohl zu Sommers- als Winterszeiten die sämtlichen Milchgefäße in reinlichem Stande erhalten, und endlich das benöthigte Buttern verrichten.

Damit sie allemal bei der Hand seyn, und nicht durch Herumlaufen oder fremde Verrichtungen abgehalten werden mögen, haben sie in dem Molkenhause über dem Butterkeller ein zubereitetes

Die Verschiedenheit der Kosten, die hieraus gegen die Königshorstsche Einrichtung entsteht, ist von selbst einleuchtend.

Ich habe schon in meinen andern ökonomischen Schriften bemerket, daß diese in Schlesien gewöhnliche Anzahl von Viehmägden übertrieben und überflüßig sey.

Inzwischen kann ich doch auch nicht unerinnert lassen, daß die Schlesische Viehwirthschaft an den wenigsten Orten so leicht und bequem, als zu Königshorst, falle, und in diesem Lande, theils im Sommer, wegen des häufigen Graseintragens, theils aber auch im Winter, in Ansehung der daselbst eingeführten Brühfutterung, mehrere Hände und Menschen erfordere.

tes Behältniß, worin sie sich sowohl des Tages,
wenn sie außer der Arbeit sind, als auch des
Nachts, aufhalten.

Eine sehr bequeme Einrichtung ist es auch für
den dortigen Amtspächter, daß er sich mit deren
Speisung nicht abgeben darf, sondern der Viehwärter ein bestimmtes Deputat auf sie bekommt,
wofür er sie speisen und unterhalten muß.

§. 21.

Nähere Ausführung, wie diese wenige Leute und
Mägde die sämtliche bei dem dortigen Viehstande im Sommer vorfallende Geschäfte ganz
bequem bestreiten können.

Ob diese geringe Anzahl von Mägden, die in
einem Stall von 150 Kühen sich auf 6, in einem
Stall von 100 aber nur auf 4 beläuft, zur Ver-
richtung aller dieser Geschäfte hinlänglich sey?
wird vielleicht manchem zweifelhaft vorkommen,
und ich kann nicht leugnen, daß mir solches bei
dem ersten Anblick der davon erhaltenen Nachrichten ebenfalls bedenklich geschienen hat.

Gewiß ist es auch, daß solches nur blos durch
die dortige vortrefliche Einrichtung in ihrem ganzen Zusammenhange möglich gemacht wird.

Um dieses deutlich einzusehen, und sich von
solcher Möglichkeit zu überzeugen, müssen vor allen Dingen die Sommer- und Winterzeiten unterschieden werden.

K 4   Im

Im Sommer fallen viele von den diesen Mägs
den aufgetragenen Geschäften weit schwerer, als
im Winter; dagegen aber giebt es auch im Win=
ter verschiedene Geschäfte, die im Sommer gar
nicht vorhanden sind.

Daß eine Magd 25 Kühe gehörig ausmelken
soll, wird den meisten am bedenklichsten seyn, da
es in den gewöhnlichen Viehwirthschaften schon
sehr viel ist, wenn ihr solches von 8 bis 10 Stü=
cken zugemuthet wird.

Im Sommer, wo die Kühe die meiste Milch
geben, und fast alles in milchbarem Stande ist,
scheinet dieses am unmöglichsten zu seyn.

Allein der Umstand, daß die dortige Kühe,
auch im Sommer nur zweimal gemolken werden,
und überhaupt alles dasjenige, was ich bereits
§. 15. von dem dortigen Melken der Kühe vor=
läufig gesaget habe, wird diesen Einwand schon
von selbst zu heben im Stande seyn.

Ich will annehmen, daß eine Magd zu dem
jedesmaligen Melken ihrer 25 Stück Kühe zwei
Stunden gebrauche, so macht solches den Tag
hindurch 4 Stunden aus.

Wenn ich ferner zur Reinigung der Milchge=
fäße für jede Magd täglich eine Stunde, und
zum Buttern 3 Stunden, welches, wenn dieses
Geschäfte zu rechter Tageszeit geschiehet, die läng=
ste Zeit ist, die man dazu bestimmen kann, aus=
setze, so bleibet doch eine tüchtige und fleißige
Magd den Sommer hindurch nur täglich 8 Stun=
den beschäftiget, und kann folglich die übrige Zeit,

die

die von dem Essen und Schlafen übrig bleibt, zu andern Verrichtungen gebraucht werden.

Das Einplumpen des Wassers in das Kühlbecken, imgleichen das Abtragen der abgekühlten Milch zu den im Keller befindlichen Molken sind nur eigentlich Nebendinge, die von den Mägden sehr leicht wechselsweise verrichtet werden können, und wozu keine lange Zeit erfordert wird; zumal ich billig voraussetzen muß, daß zur Abnehmung der Sahne, Auswaschen der Butter und Käsemachen eine besondere darin erfahrne Person bestellet seyn wird, die allenfalls nur der Beihülfe von einer der geschicktesten Viehmägde nöthig hat.

Diese Nebendinge können zwar die Viehmägde auch in den ihnen von den Hauptarbeiten übrig bleibenden Stunden, damit sie nicht gänzlich müßig gehen dürfen, beschäftigen; niemals aber wird dabei eine Ohnmöglichkeit, woraus eine Versäumniß der nöthigen Hauptgeschäfte entstehen könte, dabei vorfallen.

§. 22.

Ursachen, warum solches auch im Winter möglich sey, mit der Bemerkung, daß solches alles lediglich von der dortigen besondern Stalleinrichtung abhange, und folglich ein jeder, der solches nachahmen, und sich dieses Vortheils ebenfalls bedienen will, zuförderst für eine gleichmäßige Stalleinrichtung Sorge tragen müsse.

Zur Winterszeit scheinen sich die Geschäfte der dortigen Viehmägde dergestalt anzuhäufen, daß

K 5

deren

deren Vollbringung, zumahl bei den kurzen Tagen, noch unwahrscheinlicher werden will.

Man wird aber bei einigem Nachdenken gar
bald gewahr werden, daß dagegen auch die Hauptgeschäfte, die im Sommer die meiste Zeit wegnehmen, desto mehr genmäßiget sind, folglich sich
eines mit dem andern compensiret, dergestalt,
daß ihnen ihre Geschäfte im Winter so wenig, als
im Sommer, ohnmöglich werden.

Das Melken, welches im Sommer das Hauptgeschäfte der Viehmägde ist, kann im Winter
nicht mehr so viel Zeit wegnehmen, weil alsdenn
schon ein großer Theil des Viehes wegen Nähe
der Kalbung trocken stehet, und andre zum Säu-
gen der neugebohrnen Kälber bestimmt sind, folglich öfters kaum die Hälfte der ganzen Heerde ge-
melket wird.

Das Einsieben der Milch in die messingene
Eimer, nebst dem Abkühlen derselben in dem
Kühlbecken fällt alsdenn, wie bei dem sechsten
Punkt mit mehrern bemerkt wird, ebenfalls hin-
weg.

Daß endlich wegen der wenigern Milch, so die
Kühe im Winter geben, das Buttern auch zu
dieser Jahreszeit wenigere Zeit und Mühe koste,
versteht sich von selbst.

Der Zuwachs von Arbeiten, den dagegen
die dortigen Viehmägde im Winter bekommen,
besteht in dem Einfuttern des Viehes, dessen
Tränkung, Reinigung der Krippen, und täglichen Ausmistung des Stalles.

Bei

Bei der bequemen Stalleinrichtung können von zwei Mägden 50 Kühe ganz bequem in einer viertel Stunde abgefuttert werden.

Die dort gewöhnliche dreimalige Einfutterung der Kühe erfordert also nicht mehr, als höchstens eine Stunde.

Das zweimalige Einpumpen des Wassers zur Tränkung, nebst der darauf folgenden Reinigung der Krippen kann gleichmäßig, weil schon die Stalleinrichtung selber in allen diesen Stücken hülfreiche Hand bietet, keine mehrere Zeit wegnehmen.

Da das Vieh nicht eingestreuet, auch der Urin desselben in die dazu bestimmte Rennen geleitet wird, so kann das Ausmisten das Stalles ebenfalls binnen weniger Zeit geschehen, zumal nach den mir zugekommenen Nachrichten in dem Stall allenthalben Lucken befindlich seyn sollen, durch welche der Unflath, den das Vieh auf der hinter ihm liegenden Bohle hat fallen lassen, mit Bequemlichkeit herausgeworfen werden kann.

Die wenigere Sommergeschäfte werden sich daher mit diesen mehrern Wintergeschäften ganz füglich gegen einander aufheben lassen, und folglich den Viehmägden zu allen Jahreszeiten genugsame Zeit, dasjenige, so von ihnen gefordert wird, treulich und ordentlich zu verrichten, übrig behalten.

Gewiß aber ist es, daß solches hauptsächlich durch die dortige Einrichtung der Ställe möglich gemacht wird, und man folglich an denjenigen Orten,

Orten, wo es an dieſer Einrichtung fehlet, von
ſo wenigen Leuten die vorbenannte Arbeiten nicht
erwarten kann.

Der Umſtand, daß die dortige zahlreiche Heer=
den mit ſo wenigen Leuten und Koſten beſtritten
werden können, wird zwar für manchen Land=
wirth, der ebenfalls einen anſehnlichen nutzbaren
Rindviehſtand hat, allemal ſehr reitzend ſeyn. Da=
von aber eine Nachahmung zu machen, kann ihm
nicht eher angerathen werden, bis er vorher eine
gleiche Einrichtung ſeiner Stallgebäude beſorget
hat.

Die wenigſten alten Kuhſtälle möchten wohl
ſchwerlich auf dieſe Art eingerichtet und umgebil=
det werden können.

Ob aber, um dieſes wichtigen Vortheils zu
genießen, ein neuer Bau rathſam ſey, muß bil=
lig eines jeden ſelbſt eigenen Beurtheilung über=
laſſen werden.

Inzwiſchen wird es doch an denen Orten, wo
neue Kuhſtälle gebauet werden müſſen, die Königs=
horſtſche zum Muſter zu nehmen, jederzeit vernünf=
tig und nützlich ſeyn; indem in der davon mitge=
theilten Beſchreibung nichts angetroffen wird, was
deren Bau beſonders koſtbar machen könnte.

Nur vorzügliche Ordnung und zweckmäßige
Einrichtungen, nicht aber Koſtbarkeiten, herſchen
in denſelben.

§. 23

§. 23.

Von der Behandlung des dortigen Molkenwesens, besonders der Eintheilung der Molkenhäuser, wovon von der Flur, die Küche und der Keller die Hauptstücke sind.

Endlich ist noch der sechste Hauptpunkt, nemlich die Einrichtung des dortigen Molkenwesens in Betracht zu nehmen, übrig.

Natürlicherweise ist dieses der Hauptartickel von allem, wie er denn auch an und vor sich selber viel besonderes, so nicht an allen Orten bekannt ist, bei sich führet.

Ich werde daher um so mehr dasjenige, so die hievon in Händen habende Nachrichten, welche in diesem Stücke ziemlich vollständig und übereinstimmend sind, mit der möglichsten Ordnung und Deutlichkeit vorzutragen, bemühet seyn.

Daß das Molkenhaus unmittelbar bei einem jeden Stall angebracht, und mit demselben verknüpft sey, habe ich gleich anfangs bei der allgemeinen Beschreibung der dortigen Gebäude bemerket.

Die Nähe des Molkenhauses an dem Stall trägt allerdings zur Beschleunigung und Bequemlichkeit alles desjenigen, so bei dem Molkenwesen zu verrichten vorkommt, sehr viel bei; und es ist daher von denen, die hierunter eine Nachahmung machen wollen, solches niemals außer Augen zu setzen; wie denn überhaupt alle Theile dieser Einrichtung dergestalt genau mit einander verbunden sind, daß, wenn das Ganze seine Wir-

kung

kung thun, und den davon erwarteten Nutzen
hervorbringen soll, keiner von den andern getrennet werden muß.

Die Haupteintheilung eines dortigen Molkenhauses kommt, in so weit sie das Molkenwesen
selber betrift, auf den Flur, die Küche, und
den Molkenkeller an; wobei noch zu bemerken ist,
daß auf dem Flur sowohl, als auch in dem Keller
eine Plumpe angebracht ist.

Die Absichten dieser Eintheilung und der Gebrauch, der davon gemacht wird, soll bei der Beschreibung der Behandlung des Molkenwesens selber näher angezeiget werden.

§. 24.

Daß zu Königshorst, sowol auf holländische, als
deutsche Art, Butter gemacht werden, wodurch
sich jene von dieser unterscheidet, und warum die
auf holländische Art verfertigte auch mitten
im Sommer ganz weiß ist.

Auf dem Amte Königshorst wird die Butter
auf zweierlei Art verfertiget; einmal auf holländische, demnächst aber auch auf deutsche Art.

Erstere wird blos für die königl. Küche geliefert, oder sonst als Tischbutter frisch zum Verkauf nach Berlin gebracht; und es ist daselbst der
sogenannten Königshorstische Keller bekannt, in
welchem man jederzeit diese Art von Butter zum
Kauf bekommen kann.

Schon zu vorigen Zeiten, da noch alle Butter
in geringern Preisen stand, wurde das Pfund von
dieser

dieſer hollándiſchen Butter mit 8 Gr. bezahlt, und
die Aushöcker derſelben, die ein jedes Pfund in
verſchiedene kleine Stücke theilten, deren jedes
ſie ſich mit 2 Gr. bezählen ließen, haben manchen Wucher damit getrieben m).

Das Hauptunterſcheidungszeichen zwiſchen der
zu Königshorſt verfertigten ſogenannten hollándiſchen und deutſchen Butter beſteht darin, daß die
erſtere von abgefühlter Milch und friſcher Sahne
zubereitet wird, nur wenig Salz befommt, und
ſich folglich nicht lange hält.

Zu der leßtern hingegen wird die Milch nicht
gekühlt, gerinnet unter der Sahne, und wird nur
einmal abgeſahnt, auch ſchärfer geſalzen, und iſt
alſo weniger ſüß und ſchmackhaft, als jene, dau-
ert aber auch dagegen deſto beſſer.

Da die Verfahrungsart bei der deutſchen
Butter ſchon vorhin jedermann bekannt iſt, ſo
wer-

m) In der That kann man ſich nichts delifater und
wohlſchmeckender, als dieſe Butter, denken. Inzwiſchen hat ſie kein äußerliches Anſehen, ſondern iſt zu
allen Zeiten, auch ſelbſt im Frühjahr und Sommer,
ganz weiß, wovon ſich die Urſachen aus der Verfahrungsart bei ihrer Verfertigung von ſelbſt ergeben.
Die gelbe Farbe der Butter rührt hauptſächlich von
den gröbern Theilen der Milch her. Da bei dieſer
holländiſchen Butter die Milch nicht zum völligen
Ausſahnen kommt, ſondern beſtändig die erſten Anla-
gen der Sahne weggenommen werden: ſo können ihr
auch die gröbern Theile der Milch nicht zu Theil werden, und eben hieraus entſteht ſowol ihr außerordentlich ſüßer Geſchmack, als auch der Mangel der gelben
Farbe.

werde ich mein Augenmerk nur hauptsächlich auf
die Art und Weise, die bei der Verfertigung der
sogenannten holländischen Butter beobachtet wird,
richten, wie denn auch überhaupt die vornehmste
Einrichtung des Königshorstischen Molkenwesens
besonders auf diese abzuzielen scheinet.

§. 25.

**Daß bei der holländischen frischen Tischbutter die
Abkühlung der Milch eine Hauptsache sey, und
wie, um solches vermittelst eines Kühlbeckens
und der dazu gebrauchten messingernen Eimer zu bewirken, dabei verfahren
werde.**

Die Abkühlung der Milch, welche zur holländischen Butter gebraucht werden soll, ist bei deren
Verfertigung eine Hauptsache, ohne welche die
Säßigkeit und der Wohlschmack der Butter nicht
erhalten werden kann.

Zu solchem Ende ist auf dem Flur des Molkenhauses ein von Mauersteinen angefertigtes soge-
nanntes Kühlbecken angeleget, welches, sobald
das jedesmalige Melken angehet, kurz vorher,
vermittelst einer dabei angebrachten Plumpe, mit
frischem Wasser angefüllet werden muß.

Zur Abkühlung der Milch in diesem Kühlbecken sind verschiedene messingene Eimer, deren jeder 20 bis 30 Quart in sich enthielt, und $1\frac{1}{2}$ Fuß
hoch, auch eben so breit sind, bestimmt [n]).

Die

n) Da ich gewohnt bin, von allen Dingen und Begebenheiten, die ich vortrage, auch zugleich einen zurei-
chen-

Die Milch wird zwar, wenn sie von der Kuh
kommt, in gewöhnliche hölzerne Eimer gemolken,
nachher aber unmittelbar in das Molkenhaus gebracht, und daselbst in die vorbenannte messingerne
Eimer eingesiebet.

Hiemit wird so lange fortgefahren, bis sämtliche Kühe ausgemolken sind. Nachher aber werden diese messingerne mit Milch angefüllte Eimer,
vermittelst einer Rolle, die am Balken oberhalb
des

chenden Grund anzugeben, so habe ich mir zwar alle
mögliche Mühe gegeben, um zu erforschen, warum
zur Abkühlung der Milch besonders messingerne Eimer
gewählt worden sind. Ich habe aber, aller angewandten Mühe ohnerachtet, solches nicht in Erfahrung
bringen können, weshalb ich mich darunter nur bloß
an wahrscheinlichen Muthmaßungen begnügen muß.

Einmal ist bekannt, daß man überhaupt in Holland,
als woher diese Butterverfertigungsart ihren ersten
Ursprung genommen hat, die kupferne und messingerne
Gefäße besonders liebet, und damit in den gemeinen
Häusern eine gewisse Art von Pracht getrieben wird.

Demnächst aber ist auch gewiß, daß die messingerne
Gefäße vorzüglich rein und sauber gehalten werden
können, dieses aber bei einer Milch, von welcher eine
dergleichen wohlschmeckende Butter verfertiget werden
soll, besonders nothwendig ist.

Endlich führet auch der Messing weit stärkere Poros
als andre Metalle, bei sich, und es kann folglich die
natürliche Kälte des Wassers durch dieselbe weit besser
eindringen, und die in der Milch, womit die messingerne Eimer angefüllet sind, befindliche Wärme, desto
geschwinder vertreiben.

des Kühlbeckens befestiget ist, in dasselbe einge-
setzt.

Die Ursache dieses Verfahrens besteht darin,
daß die Milch, damit sie nicht zu bald zusammen-
schlage, und dadurch der Sahne die natürliche
Süßigkeit benommen werde, vorher, ehe sie in
die Ausfahnungsgefäße gebracht wird, völlig abgekühlt werden möge o).

Weil nun, besonders bei warmen Sommertagen, sehr leicht geschiehet, daß selbst das in
dem Kühlbecken befindliche Wasser durch die Wärme
der darin eingesetzten Milch dergestalt erhitzt wird,
daß es zu diesem Endzweck nicht mehr tauglich
bleibt, so befindet sich am Fuß des Kühlbeckens
eine mit einem Zapfen versehene Oefnung, durch
wel-

o) Bei der gewöhnlichen Butterverfertigungsart, die
sonst in Deutschland üblich ist, lehrt die Erfahrung,
daß in den heißen Sommertagen die Milch wegen der
bei sich führenden vielen Wärme, um mich dieses bei
dem Molkenwesen gewöhnlichen Ausdrucks zu bedienen, zu geschwinde zusammenschlägt und gerinnet.
Durch dieses eilfertige Zusammenschlagen und Ge-
rinnen der Milch wird verursachet, daß sie nicht gehörig ausfahnen kann, und folglich nur wenige Butter, die überdem noch öfters weich und schmierig ist,
giebet.
Da nun dieser Fehler hauptsächlich von der übermäßigen Wärme, so die Milch bei sich führet, herrühret,
so ist es sehr vernünftig, daß man die Uhrsache davon
durch eine völlige Abkühlung der Milch zu heben suchet; dieses geschiehet denn durch die vorbeschriebene
Verfahrungsart, vermittelst der angelegten Kühlbecken,
auf die vollkommenste Weise.

welche das warm gewordene Wasser abgelassen,
und wiederum frisches hinein geplumpet werden
kann.

Die Milch muß, wenn im Sommer die Hitze
zu groß ist, öfters wohl 5 bis 6 Stunden lang
in diesem Kühlbecken stehen bleiben, bis die Wärme aus derselben völlig herausgegangen, und sie
ganz kalt geworden ist.

Während daß die Milch in dem Kühlbecken
steht, wird sie zum öftern mit einer hölzernen
Kelle in den messingernen Eimern umgerühret, damit sich die Wärme desto eher davon absondere.

§. 26.

**Von Anstellung der abgekühlten Milch zum Ab-
sahnen und den Gefässen, die dazu gebraucht
werden.**

Ist nun die in den messingernen Eimern befindliche Milch vollkommen abgekühlt, dergestalt, daß
man daran nicht mehr die geringste Wärme verspüret, so werden die mit Milch angefüllete messingerne Eimer, in welchen diese Abkühlung geschehen ist, in den bei der Molkenküche angebrachten Molkenkeller gebracht, und in die daselbst an der Erde in Bereitschaft stehende hölzerne Molden, nachdem vorher in jeder Molde ein
Quart kaltes Wasser gegossen ist, zum zweiten-
mal eingesiebet.

Diese hölzerne Molden sind von Eichenholz,
weil man solches zu diesem Behuf für das beste hält,

ß 2   ver-

verfertiget P), und eine jede derselben soll, nach
der einen mir zugekommene Nachricht, 20 bis 25
Quart, nach der andern aber nur 8 bis 10 Quart
in sich faßen q).

Ge‑

p) Wenn man ja zu diesen Absahnungsgefäßen der Milch
hölzerne wählen will und muß, so scheinen freilich die
eichene Molden, wegen der Härte dieses Holzes, wor‑
in die Milch nicht so leicht einziehen kann, die be‑
quemsten dazu zu seyn.

Inzwischen müssen dieselben, wenn dieser Endzweck
dabei erreicht werden soll, nur blos aus dem Kern
genommen werden, weil sonst die Erfahrung lehrt,
daß das Splint des eichnen Holzes noch fast stärkere
Poros, worin sich die alte Milch einziehen, und einen
sauern Geruch verursachen kann, als andre Holzarten,
an sich hat.

Das Eschene Holz, welches sonst zu den gemeinen
Molden und Backtrögen gebraucht wird, würde mir
beinahe weit anpassender dazu scheinen, weil es in der
That, ob es gleich von Natur weicher ist, weit engere
Poros bei sich führet.

Vielleicht aber ist diese Holzart, weil sie in allen
ausgeradeten Gegenden selten zu werden anfängt, da‑
selbst nicht wohl zu bekommen.

q) Die Differenz dieser beiden Nachrichten ist an und
für sich gleichgültig, indem es zur Sache selber nichts
beiträgt, ob dergleichen Gefäße einige Quart mehr
oder weniger in sich enthalten, wenn nur der Endzweck,
der dabei abgezielet wird, erreichet werden kann.

Auch lässet sich dieselbe dadurch sehr wohl mit ein‑
ander conciliiren, daß, da in einer solchen großen Kuh‑
melkerei die hiezu benöthigte Gefäße nicht alle von ei‑
nerlei Größe seyn können, sondern große und kleine
mit einander vermischt sind, in der einen Nachricht
die

Gedachte Molden sind zur Absahnung der Milch
bestimmt, und man behauptet, daß solche in denselben mit weit mehrerer Bequemlichkeit und Reinlichkeit, als in den sonst gewöhnlichen Gefäßen,
geschehe.

So viel ist wenigstens gewiß, daß sie sich dazu
weit besser, als die an den meisten Orten gebräuchliche von den Böttchern verfertigte Löpen, schicken, weil diese wegen der Zwischenräume zwischen den Stäben und den vielen Bändern, womit
sie umlegt sind, niemals recht sauber und reinlich
gehalten werden können, sondern, auch bei der
genauesten Aufsicht, einen sauern Milchgeruch an
sich behalten r).

Ł 3   §. 27

die größere Art derselben, in der andern aber die kleinere zum allgemeinen Maaßstabe genommen worden.

Ich kann inzwischen nicht leugnen, daß mir die letztere, welche den Milchinhalt einer solchen Molde auf
8 bis 10 Maaß bestimmt, weit wahrscheinlicher, als
die erstere, zu seyn scheint; zumal ich sie erst ganz
kürzlich aus den Händen des Herrn Amtsraths Sach
selber erhalten habe.

Eine Molde, die 20 bis 25 Quart in sich faßte,
würde schon unter den Gefäßen von dieser Art etwas
außerordentliches an sich haben, und nicht allein schwer
zu regieren, sondern es auch zweifelhaft seyn, ob eine
so große Masse von Milch gehörig ausfahnen könnte.

r) Daß die Milch jederzeit in Gläsern und irbenen Gefäßen weit besser und zweckmäßiger, als in den hölzern,
sie mögen beschaffen seyn, wie sie wollen, aufbehalten
werden könne, ist der Erfahrung gemäß; und ich bin
versichert, daß man auch auf dem Amte Königshorst
                                                    mit

§. 27.

Von dem öftern Abnehmen der Sahne, imgleichen
der Abkühlung des Kellers mit frischen Wasser,
und aus welcher Absicht beides
geschehe.

Der zur Verfertigung der holländischen Butter
bestimmten Milch wird, nachdem sie auch in diesen Keller gebracht worden, niemals die Zeit gelassen, daß sie völlig aussahnen, und unter der
Sahne zusammenrinnen kann, sondern nachdem
die Jahreszeit mehr oder weniger heiß ist, wohl
5 bis 6 mal abgesahnet.

Gemeiniglich nimmt man die Sahne von der
Milch, die des Abends gemolken worden, an dem
darauf folgenden Morgen ab, und auf solche Art
fährt man, von 12 zu 12 Stunden, so lange
fort, bis die Milch keine Sahne mehr setzet.

Damit
mit den daselbst eingeführten hölzernen Molden viele
Mühe und Arbeit, um sie in der gehörigen Reinlichkeit zu erhalten, haben wird.

Zu gläsern Gefäßen von dieser Art kann ich zwar,
weil bei der gewöhnlichen Unvorsichtigkeit des Gesindes
ihre Anschaffung zu kostbar fallen würde, nicht anrathen.

Ob es aber nicht, dergleichen Wannen und Molden, gleich denen grosen Bratpfannen, von Töpfer-
arbeit anfertigen zu lassen, möglich und rathsam wäre,
lasse ich an seinen Ort gestellet seyn, und ich will solches hier nur als einen blos vorübergehenden Gedanken mit eingestreuet haben.

Gewiß ist es inzwischen daß solches die Reinlichkeit
in dem Molkenwesen, worauf besonders in der Königshorstschen Wirthschaft die Hauptsache beruhet, gar
sehr befördern und unterhalten helfen würde.

Damit der Keller auch bei der größesten
Hitze beständig kühl bleiben, und der Milch zum
Zusammenschlagen keine Gelegenheit gegeben wer-
den möge, so wird derselbe öfters mit frischem
Wasser durchgegossen, solches aber nachher wie-
der ausgeplumpet.

Hievon rühret es dann auch her, daß die
Milch niemals sauer wird, sondern Milch und
Sahne beständig süße bleiben.

Mit einem Worte, alle diese Anstalten zielen
dahin ab, daß eine vollkommen süße und wohlschmeckende Butter erhalten werden möge.

Einleuchtend ist es, daß es bei dieser Verfahrungsart, der Menge nach, nicht so viel Butter,
als nach der deutschen Art geben könne.

Der höhere Preiß derselben aber wird, da der
Absatz davon wegen des nahe liegenden Berlins
ohnfehlbar ist, die dortigen Kühpächter demohnerachtet genügsam entschädigen; und ihnen die
daran gewandte mehrere Mühe nicht gereuen
dürfen.

§. 28.
Von Aufbehaltung der Sahne und Zubereitung der Butter selber.

Die von Zeit zu Zeit abgenommene Sahne
wird vermittelst eines Sahntrichters in ein besonderes dazu bestimmtes Faß gesamlet, welches an
einem etwas verschlagenen Orte stehen und wohl
zugedeckt seyn muß.

In

In demselben bleibt sie höchstens 24 Stunden,
und wird, so oft die neue zugegossen wird, umgerühret, wodurch sie dünn und süß erhalten werden soll.

In sehr heißen Tagen kann man diese Sahne
nicht lange, ohne sie zu buttern, stehen lassen,
weßhalb des Sommers wohl täglich 2 bis 3 mal
gebuttert werden muß.

Das Butterfaß ist ein ziemlich großes Behältniß, worin auf einmal 20 bis 30 Pfund Butter gehen. Es ist mit einem Schwengel versehen,
und das Buttern geschiehet, nachdem die Meyerey
schwächer oder stärker ist, von 4 bis 5 Mägden.

Wenn die Butter aus dem Butterfaß kommt,
wird bei deren fernern Zubereitung eben so, wie
bei der deutschen gewöhnlich ist, verfahren. Da
sie aber von lauter süßer Sahne gemacht worden,
so nimmt sie weniger Salz an, erhält sich aber
auch aus dieser Ursache nicht lange, sondern muß
sofort frisch consumiret werden, wozu, wie
schon vorhin erwähnet worden, die häufige Le-
ckermäuler in dem nahe dabei belegenen Berlin,
genugsame Gelegenheit geben. *).

§. 29.

*) Es wird nicht nöthig seyn, erst besonders zu erinnern,
daß eine Nachahmung von dieser Art der Butter wohl
nur selten für einen Privatwirth rathsam seyn möchte.
Den bei Berlin belegenen ist der Absatz davon schon
durch die Königshorstsche Einrichtung verschränkt, und
in andern großen und volkreichen Städten würde es
noch immer zweifelhaftig bleiben, ob man daselbst die
Kosten, so eine dergleichen wohlschmeckende Butter verursacht,

§. 29.

Von dem Nutzen, den die Reinlichkeit des Mol-
kenkellers stiftet, und warum dieselbe, allenthalben nachgeahmt zu werden,
verdienet.

Der besondere Wohlschmack und Süßigkeit
der Königshorstschen Butter rühret auch hauptsächlich von der besondern Reinlichkeit des Molken-
kellers her.

Nichts nimmt so leicht einen Geschmack von
andern Dingen an, als die Milch.

Eine Nothwendigkeit ist es daher, daß diejenige, die wohlschmeckende Butter zeugen wollen,
Milch und Sahne an einem ganz besondern rein-
lichen Ort, worin sonst keine andre Dinge, wovon
sie einen wiedrigen Geschmack annehmen könnte,
vorhanden sind, gebracht werde.

Wie wenig dieses in den gewöhnlichen Kuhmelkereien wahrgenommen werde, wird man, wenn
man dergleichen Molkenwirthschaften näher zu beobachten Gelegenheit hat, gar bald inne.

Nichts ungewöhnliches ist es, daß die Kuh-
pächter, besonders im Winter, um das besondere
Einheitzen für die Milch zu ersparen, dieselbe in
den gewöhnlichen Wohnstuben, wo sie nebst ihrer

£ 5 Frau

urfacht, durch höhere Preise davon zu vergütigen geneigt seyn möchte.

Inzwischen wird ein jeder manches, so auch bei dem
gewöhnlichen Buttermachen nicht ohne Nutzen anzuwenden ist, daraus lernen können.

Frau und Kinder und allem Gesinde schlafen, aufzubehalten pflegen.

Daß in solchen Fällen die Milch von den daraus entstehenden verschiedenen Ausdünstungen einen unnatürlichen Geschmack bekommen, und solchen auch auf die davon verfertigte Butter fortpflanzen müssen, ist ganz begreiflich.

Und wenn auch gleich im Sommer die Milch in den Keller gebracht wird, so ist doch derselbe gemeiniglich zugleich mit Bier, Brandtwein und allen Arten von Wurzelgewächsen angefüllet, deren Geschmack und Geruch sich den zarten Theilen der Milch um so mehr mittheilen muß, als ein dergleichen Keller nur selten genugsame Ausgänge, durch welche dieser üble Geschmack und Geruch ausduften könnte, zu haben pfleget.

Will also jemand mit seiner zu verfertigenden Butter der zu Königshorst erzeugeten, in Ansehung ihres Wohlschmacks und Süßigkeit, gleichkommen, so muß er vor allen Dingen für gleichmäßige reinliche, und von allen andern Dingen leere Aufbehältnisse derselben sorgen.

Bei der gemeinen deutschen Butter ist die Ermangelung dieser Vorsorge bisher ein großer Fehler gewesen, und hat die Käufer davon sehr abgeschreckt.

§. 30.
Wie mit der Milch und Sahne im Winter verfahren werde.

Alles vorstehende, besonders das Abkühlen der Milch in dem Kühlbecken, und den messingernen

Ei=

Eimern, geſchiehet nur blos des Sommers bei warmen Wetter.

Des Winters hingegen wird die Milch, ſo wie ſie von der Kuh kommt, ſogleich in die hölzernen Molden eingeſiebet.

Da ſie alsdenn nicht mehr die ihr ſonſt ſchäd=liche Hitze bei ſich führet, ſo ſind, auch die dage=gen erfundene Mittel weiter nicht anwendlich.

Vielmehr muß zur Winterszeit die Sahne, ehe das Buttern vorgenommen wird, in eine warme Stube gebracht, und daſelbſt in der ſo=genannten Rahmwanne warm gemacht werden.

§. 31.

Von der Beſchaffenheit und Gebrauch der nach dem Sahnen zurückgebliebenen Milch, im=gleichen der Buttermilch.

Mit der bei dem Buttermachen im Sommer, nach Abnehmung der Sahne, zurückgebliebenen Milch, kann man kochen, was man will, ohne daß ſie zuſammenlauft. Vielmehr muß man ſolche, wenn man Käſe davon machen will, vermittelſt eines Zuſatzes von Säure, gleich der Schaafmilch, laben und zuſammenfließen laſſen.

Die Buttermilch von der auf holländiſche Art zubereiteten Butter iſt ebenfalls außerordentlich ſchön, und von beſondern ſüßen Geſchmack.

Ein jeder, der ſolches nicht wüſte, würde ſich derſelben bei dem Kaffeetrinken, anſtatt der ſonſt gewöhnlichen Sahne, bedienen können, indem

sie nicht das geringste von Wabeke, oder wässerigten Theilen, bei sich führet.

Es werden davon entweder Käse gemacht,
oder die Schweine damit gemästet.

Ueberhaupt ist zu merken, daß zu Königshorst
auch Käse auf holländische Art, zum Theil aber
auch viereckigte den Lüneburgern gleichkommende,
gemacht werden, von welchen die letztern, weil
bloße süße Milch dazu genommen wird, den Vorzug haben sollen.

§. 32.
Beschluß dieser Abhandlung.

Alles, was von dieser vortreflichen Einrichtung in den von mir in Händen habenden zuverläßigen Nachrichten enthalten ist, habe ich in vorstehenden getreulich vorgetragen; zugleich auch
das merkwürdigste davon mit nöthigen Anmerkungen erläutert.

Daß diese Nachrichten aufmerksamen Landwirthen, besonders denjenigen, die selber einen starken melkenden Viehstand auf ihren Gütern haben,
angenehm seyn werde, daran zweifle nicht.

Ob und was davon aber auch in Privatwirth-
schaften anwendlich seyn möchte, muß ich billig
eines jeden selbst eigenen Beurtheilung überlassen.

IV.

VI.

Zufällige Gedanken

von

den richtigen Grundsätzen bei einer Untersuchung, ob eine Bauernahrung zur Ableistung der darauf haftenden Dienste hinlänglich sey, oder nicht, nebst Beifügung eines darüber abgestatteten Gutachtens.

Zufällige Gedanken

von

den richtigen Grundſätzen, die bei einer
Unterſuchung, ob eine Bauernahrung zur
Ableiſtung der darauf haftenden Dienſte hin=
länglich ſey, oder nicht, nebſt Beifügung eines
erſt ganz neuerlich über einen dergleichen
Fall ertheilten ökonomiſchen
Gutachtens.

§. 1.

**Einleitung in die gegenwärtige Abhandlung, und
warum es, bei der Beſtimmung, ob die Bauer=
nahrungen mit den davon abzuleiſtenden Dienſten
und Abgaben in einem gehörigen Verhältniß ſte=
hen, richtige Grundſätze zu wählen, höchſt
nothwendig ſey.**

Nichts iſt der faſt allgemeinen Bauertücke ge=
wöhnlicher, als daß die Bauern, wenn ſie
des Dienens müde ſind, und ſich gerne von den
ihnen obliegenden Schuldigkeiten loshalftern wol=
len, dazu aber keine andre gegründete Urſachen
vorzubringen wiſſen, ſich hinter einen vorgeſpie=
gelten ſchlechten Zuſtand ihrer in Beſitz habenden
Nahrungen zu verſtecken ſuchen, und daraus eine
Ohnmöglichkeit ihrer Dienleiſtungen erzwingen
wollen.

Daß

Daß dieser Fall, besonders zu unsern jetzigen Zeiten, fast täglich vorkommt, ist allen denen, die von den Begebenheiten des menschlichen Lebens nur einigermaßen unterrichtet sind, nicht unbekannt.

Es kommen hierunter Fälle vor, die bis zum Erstaunen ins Uebertriebene gehen, und auf nichts weniger, als die gänzliche Zerreissung des in allen Staaten so nöthigen und unentbehrlichen Bandes zwischen Herrschaften und Unterthanen, abzielen.

Des Richters Schuldigkeit ist es inzwischen, auch die ungerechtesten Klagen anzunehmen, und die Anbringer derselben darüber mit ihrer Nothdurft zu hören.

Können und pflegen zwar dergleichen ungegründete Klagen nur gemeiniglich einen schlechten Ausgang gewinnen, so werden doch viele Wirthschaften durch die bis zu deren Beendigung verweigerte Dienste gar sehr zerrüttet und in Unordnung gesetzet; und endlich wagen aufrührische und ungehorsame Bauern auch noch nach abgeurtelter Sache, hierunter das äußerste.

Das ganze Land, möchte ich beinahe sagen, ist hievon mit Beispielen angefüllet, und noch täglich entstehen neue Auftritte, die vielen Güterbesitzern ihren ohnfehlbaren Untergang drohen würden, wenn sie nicht noch bei Zeiten durch den mächtigen Arm eines gerechten Königes und Landesherrn gehemmet werden sollten.

§. 2.

§. 2.

**Daß hierunter, weil es an dergleichen Grund-
sätzen noch gar sehr fehlt, oft falsche Maaßregeln genommen werden.**

Gewiß ist es inzwischen, daß es in keinem
Fall so sehr an bestimmten Grundsätzen fehlt, als
wenn es, auf die Beurtheilung der Bauernahrun-
gender und darauf haftenden Dienste und Abgaben, und ob jene mit diesen in einem richtigen
Verhältniß stehen, ankommt.

Täglich nimmt man wahr, daß hierunter ganz
falsche und unrichtige Maaßregeln genommen werden, und man nicht selten einem David die Schu-
he eines Goliaths anpassen will.

Dieses ist nicht allein der Grund von manchen
wiedrig ausfallenden Urthelsprüchen, sondern auch
die wahre Ursache, daß, auch bei der besten Ju-
stizverfassung, die so schädliche und verderbliche
Bauerprocesse noch immer verewiget werden.

Die Grundsätze, die hierunter zur Richtschnur
dienen können, sind in den gemeinen Rechten nicht
anzutreffen, sondern sie müssen lediglich aus einer
vernünftigen Wirthschaftstheorie und Erfahrung
geschöpft werden.

Da nun dieses ein Fach ist, welches ich schon
seit einigen Jahren vorzüglich zu bearbeiten unternommen habe, so glaube ich auch berechtigt zu
seyn, bei einer mir dazu gegebenen Gelegenheit
darüber meine Gedanken näher vorzutragen.

§. 3.

Diese Grundsätze lassen sich durch wirklich vorgefallene Begebenheiten am besten zeigen und
erläutern.

Die meiste Zeit ist ein Schriftsteller genöthiget, die von ihm vorzutragende Wahrheiten nur
auf allgemeine, öfters blos fingirte Fälle einzurichten.

Eine erwünschte Gelegenheit für denselben ist
es daher, wenn er die von ihm behauptete Wahrheiten auf wirklich geschehene Begebenheiten gründen kann.

Er braucht alsdenn nicht bei seiner Einbildung
stehen zu bleiben, sondern ist, die Wahrheiten gleichsam nach dem Leben zu schildern, im
Stande.

Nur erst vor ganz kurzer Zeit bin ich von Einer Hochfürstl. Ordens-Regierung zu Sonnenburg
in einem dergleichen Fall, so zu derselben Entschei-
dung gekommen ist, ein ökonomisches Gutachten
abzustatten, ersucht worden.

Da es nun hiebei, die bei der Abschätzung der
Bauernahrungen erforderliche Grundsätze näher
zu entwickeln, und die dabei vorkommende Zweifel aus dem Wege zu räumen, Gelegenheit gegeben hat, so hat mich dieses bewogen, das gedachte Gutachten dem geneigten Leser in seinem
völligen Zusammenhange mitzutheilen, demnächst
aber die darin liegende Grundsätze, nach welchen
die Zulänglichkeit, oder Unzulänglichkeit einer je-

den

den Bauernahrung beurtheilt werden muß, näher
zu entwickeln.

§. 4.

Zu solchem Ende wird ein erst neuerlich über
einen solchen Vorfall abgefaßtes ökonomisches
Gutachten, worin der größeste Theil dieser Grundsätze zusammen kommt,
mitgetheilt.

Das von mir abgefaßte Gutachten ist folgenden Inhalts:

Oekonomisches Gutachten

in Sachen

des Bauern Andreas John zu Schönow
und dessen Mutter

entgegen und wider

die Grundherrschaft daselbst, den Königl.
Hauptmann und Adjudanten von
-Schenckendorf.

Species Facti.

Ein vorhin aus den Königl. Preuß. Landen
nach Pohlen entlaufener, nach dem siebenjährigen
Kriege aber wiederum von dort als Colonist zu-
rückgekommener Unterthan, Christian John, hat,
weil damals in dem Dorfe Schönow auf dem von
Schenkendorffschen Antheil einige wüste Bauerhufen wieder besetzt werden sollen, sich daselbst

M 2   ein-

gefunden, und anfänglich im Jahr 1762 bis
1763. zwei schon vor 1718 unter dem von
Schenckendorffschen herrschaftlichen Pfluge befindliche sogenannte Klowsche wüste Bauerhufen angemaßet.

Als aber der von Schenckendorf, wider dessen
Willen die Besitznehmung der beiden Klowschen
Hufen geschehen seyn soll, in nähere Erfahrung
gebracht, daß er diese Hufen, weil sie bereits vor
der Claßification bei dem Dominio gewesen, wieder zu besetzen nicht schuldig sey; so hat er dieselben dem Christian John wieder abgenommen, und
ihm dagegen test. act. primae Inftantia Vol. I. fol.
31. zwei Krughufen für 40 Rthlr. Sächß. ⅓tel,
worauf der John nur 20 Rthlr. bezahlt, das
übrige aber noch bis anjetzt schuldig geblieben,
käuflich überlassen, auch einen Platz zum Aufbau
des Hauses und Wirthschaftsgebäude angewiesen,
und ihm zwei Freijahr vom Dienst bewilliget, jedoch daß er verbunden sey, die nöthige Onera und
Abgaben gleich denen andern Bauern zu geben.

Dieser respective Vergleich und Kauf ist vor
einer von der Neumärk. Krieges- und Domainen-
Cammer unterm 5ten August 1763 veranlaßten
Commißion geschlossen und vollzogen worden, und
dabei noch der Umstand zu bemerken, daß der
Christian John von diesen ihm überlassenen zwei
Krughufen den schuldigen Hofedienst 3 Jahr
lang dem von Schenckendorffschen Antheil, das
4te Jahr aber dem ebenfalls daselbst befindlichen
von luckschen Antheil wechselsweise leisten müssen.

Der

·· Der Chriſtian John iſt mit dieſem allem vollkommen zufrieden geweſen, und hat die Dienſte von
ſolchen zwei Krughufen bis an ſein Ende unter
den vorbemeldten Bedingungen unweigerlich verrichtet.

Nachdem der Chriſtian John in an. 1783
verſtorben, und ſich deſſen hinterlaſſener Sohn,
Andreas John, der bemeldeten Krughufen angemaßet, ſo hat derſelbe unter allerhand nichtigem
Vorwand die auf dieſem Guthe haftende und von
ſeinem Vater jederzeit ohnweigerlich verrichtete
Dienſte, beſonders nach dem luckſchen Antheil,
nicht weiter leiſten wollen.

Die damalige Herrſchaft hat bereits unterm
28ſten September 1783 wider dieſen widerſetz-
lichen Unterthan bei ihren Patrimonial-Gerichten
in primae Inſtantia rechtliche Klage angeſtellet,
und, ſelbigen zur Leiſtung ſeiner Dienſte anzuhalten, gebeten.

· Nach verſchiedenen von dem Andreas John
gemachten Tergiverſationen und daraus erwachſe-
nen Weitläuftigkeiten iſt auch endlich unter dem
19ten März 1784 von gedachten Patrimonial-
Gerichten erkannt worden:

daß der Andreas John nebſt ſeiner Mutter,
weil ſie noch in ungetheilten Güthern geſeſſen,
ſchuldig, als Beſitzere und Erben des Bauer-
guths, die Dienſte und Abgaben davon dergeſtalt zu leiſten und abzuführen, als ihr reſp.
Mann und Vater, ſo lange er gelebt und den
Bauerhof beſeſſen, verrichtet und abgetragen,

N 3   und

und können Beklagte sich nicht entbrechen, sogleich die Hofedienste dem von Luckschen Hofe
bei Vermeidung der Hülfe zu thun, und ihre
Schuldigkeiten zu verrichten, wie sie denn auch
gehalten, wegen der von Johannis 1783 bis
hieher nicht verrichteten Dienste mit dem Herrn
von Luck oder dessen Pächter Ruhedorf sich zu
setzen und abzufinden; widrigen Falls aber
zu gewärtigen, daß das Bauergut taxiret und
subhastiret, und solches an einen gehorsamen
Unterthan, welcher seine Schuldigkeiten und
Dienste verrichtet, überlassen werden soll.

Die Hochfürstl. Brandenb. St. Johanniter-
Malthefer - Ordens - Regierung hat, der bereits
publicirten Sentenz ohnerachtet, in Rescripto vom
12ten August 1784, test act. Vol. II. fol. 1., wider das Verfahren der Schönowschen Patrimo-
nial - Gerichte verschiedene Monita gemacht, welches denn den dortigen Gerichtshalter, zur Anstellung einer neuen Untersuchung, besonders über
den Punkt, ob der John die auf den in Besitz habenden zwei Krughufen haftende Dienste zu leisten im Stande sey, veranlasset.

Nachdem die hiezu erwählte Oekonomie-Ver-
ständige hierüber gehörig vereidet und vernom-
men worden, so ist abermals unter dem 20sten
October 1784 nachstehende Resolution Vol. II.
fol. 30,

daß, da durch das ad Protocollum genommene Gutachten der Oekonomie - Verständigen
Kraß

Kraß und Heßdach ausgemittelt ist, daß der
John die Unmöglichkeit, die Dienste zu verrichten, aus bloßer Widersetzlichkeit vorgeschü-
tzet, auch daß er beim Wechseln mit denen
Jahren nicht praegraviret wird, ferner auch
daß das Vergeben des Johns wegen zu wenigen Gerstenlandes in dem 9 Stücken Felde ungegründet befunden,

es überall bei dem Erkenntnisse de publicato Schönow den 19ten März 1784 zu belassen, und
der John schuldig, die Natural-Dienste sofort
wieder anzufangen, auch sich wegen der bisher
nicht geleisteten Dienste mit dem Hrn. von Luck
und denen Frau Klägern abzufinden, publiciret,
und dadurch das vorige Erkenntniß 1mae Instan-
tiae purificiret worden.

Der Andreas John hat sich hiebei nicht beru-
higet, sondern dagegen die Appellation an die Hochfürstl. Sonnenburg. Ordensregierung ergriffen.

Von dieser ist, nachdem Appellant über seine
in apellatorio angebrachte Grävamina vernommen
war, dem N. N. test. act. appellat. fol. 22. unter dem 19ten Jan. a. c. aufgegeben worden,

mit Zuziehung des Schulzen und Gerichten zu
Neu-Sagow, auch des Schulzen Tobias Zill-
mann und Gerichtsmann Hans Sperling zu
Schönow als Wirthschaftsverständigen, die
Aussaat und den Einschnitt von des Bauern
Andreas Johns Landungen, die sogenannte
zwei Krughufen, in jedem Felde mit dem for-

M 4   der-

derſamſten, und ſo bald es wegen der Witterung thunlich, zu eruiren, und dabei die Lo-
cal-Umſtände pflichtmäßig zu unterſuchen, ob
derſelbe auf dieſe beide ſogenannte Krughufen
an Winterung und Sommerung eben ſo viel,
als die übrigen zu dem von Schenckendorffſchen
Antheil Guth gehörige Bauern wirthſchaftlich
ausſäen könne, oder ob dieſe Hufen, vornemlich in dem 3ten Felde, welches das 9 Stücken
Feld genannt wird, nach den von dem Andreas
John in dem Appellations-Protocoll vom 17ten
huj. angeführten Umſtänden, kleiner und
ſchlechter an Ausſaat, als der übrigen benachbarten Bauerhufen, beſchaffen, und wie viel
ſich der Unterſchied betrage, desgleichen ob die
vorgeſchützte Unmöglichkeit gegründet ſey, die
Dienſte zu verrichten, wie das Reglement vom
17ten Jan. 1780. §. 55 et seq. und das Corp.
Jur. Friedr. p. 2. Tit. 17. §. 61. p. 172 et seq. die
Unterſuchung vorſchreibet, vornemlich auch die
Sühne zu tentiren, und die von Schenckendorf-
ſche Geſchwiſtere dahin zu bewegen zu ſuchen,
daß ſie dem John die ſogenannte Klowſche Hufen zu ſeinem Bauerhofe wieder beilegen, zugleich aber auch die Leiſtung der Dienſte und
Gehorſam alles Ernſtes anzubefehlen, und
deshalb die Protocolla nebſt Bericht mit Re-
miſſion der Acten baldigſt einzuſenden.

Gedachter Commiſſarius hat dieſen Auftrag
mit vieler Genauigkeit umſtändlich befolget.

Eine

Eine Hochfürstliche Sonnenburgsche Ordensre‐
gierung verlanget aber noch ein von einem Wirth‐
schaftsverständigen abgefaßtes Gutachten, über die
in den Untersuchungsprotocollis enthaltene data.

Da sie nun dieserhalb ihr Vertrauen in mich
gesetzet, und mich, nebst Communicirung der
sämtlichen verhandelten Acten, über den Grund
oder Ungrund der von dem Bauer John vorge‐
schützten Unmöglichkeit, wegen des ihm angemu‐
theten Dienstes, ein reifliches Gutachten abzu‐
statten, auch, practicable Vorschläge, wie diese
Sache ohne wesentlichen Nachtheil der Dominial‐
Wirthschaft zur Conservation dieses Bauer Johns
eingerichtet werden könnte, zu übersenden, ersucht
hat; so habe ich nicht ermangeln wollen, mich
hierunter nach dem Verlangen vorgedachter Hoch‐
fürstl. Ordensregierung willfährig zu bezeigen,
und meine ökonomische Meinung in dieser Sache
in nachstehenden Blättern zu übergeben.

Oekonomisches Gutachten

1) Ueber die Frage: ob die von dem Bauer
John in Besitz habende Krughufen schlechter
sind, als die andern zu dem Dorfe Schönow
gehörige Bauerhufen, und in wie weit das‐
jenige, was deshalb in der N. N. Untersu‐
chung ausgemittelt worden, in der gegenwär‐
tigen Sache zum Behelf des Johns etwas
releviren könne?

Aus der vorangeschickten ex actis genommenen
specii facti ergiebt sich ganz klar, daß des jetzigen

M 5　　　Appel

Appellanten Vater, Christian John, die quaeſt.
zwei Krüghufen von dem verſtorbenen Herrn
von Schenckendorf in an. 1763 freiwillig, und ohne den geringſten Zwang, gegen ein Kauf-Pre-
tium von 40 Rthlr. in Sächſ. ⅓teln käuflich an
ſich genommen, ſolche beinahe 20 Jahr bis an
ſeinen Tod bewirthſchaftet, und die darauf haftende Dienſte und Abgaben ohnweigerlich abge-
leiſtet hat.

Es erhellet ferner, daß ſein Sohn, der jetzi-
ge Appellant, Andreas John, ſich nach des Vaters Tode des Beſitzes dieſer Hufen angemaßet,
auch die davon zu präſtirende Dienſte in den erſten 3 Jahren ohne die geringſte Widerrede verrichtet, und nur erſt vor etwa 1½ Jahre ſich derſelben zu entziehen, und dadurch eine Verwechſe-
lung dieſer Krughufen mit dem unter dem herrſchaftlichen Pfluge befindlichen ehemaligen Klow-
ſchen Bauerhufen erzwingen zu wollen, angefangen.

Da der Andreas John nebſt ſeiner Mutter,
mit welcher er noch in ungetheilten Gütern lebet,
ohnſtreitige Erben ihres verſtorbenen reſpective
Vaters und Ehemanns, folglich ſie auch alles
daßjenige, was der Chriſtian John in an. 1763
mit dem verſtorbenen Herrn von Schenckendorf,
wegen der quaeſt. Krughufen coram commiſſione
Camerae verabredet und geſchloſſen hat, zu präſti-
ren ſchuldig und verbunden ſind; ſo muß ich der
Einſicht eines künftigen erleuchteten Herrn Urthel-
faſſers lediglich anheimſtellen, in wie weit, den

Rechten

Rechten nach, die Einwendungen des Appellanten, wodurch er sich von der von seinem Vater übernommenen Schuldigkeit loszuhalftern suchet, wenn auch gleich ein und anderes bei den gehaltenen Untersuchungen zu seinem Faveur ausgemittelt worden wäre, statt finden könnte. –

In dem Fach, worin ich mich befinde, muß ich mich nur blos auf das, was durch die adhibirte Wirthschaftsverständige in actis ausgemittelt worden, einschränken, und solches nach ächten in der Erfahrung gegründeten Wirthschaftsgründen zu beurtheilen suchen.

Sowohl in prima als secunda Instantia, sind Wirthschaftsverständige zugezogen, und dieselben theils über die Frage, ob des Johns in Besitz habende Krughufen schlechter, als die übrige Schönowsche Bauerhufen, wären, theils aber auch, ob der John von diesen Hufen ohne seinen Ruin die darauf haftende Dienste und Abgaben zu leisten im Stande sey, vernommen worden.

Wären diese verschiedene Wirthschaftsverständige in ihren abgegebenen Meinungen übereinstimmend, so würde es mir leicht gefallen seyn, das von mir geforderte Gutachten mit Zuverläßigkeit abzustatten.

Da aber in den meisten Stücken dasjenige, was von der einen Seite bejahet worden, von den andern verneinet wird, und ich mich doch, bei der mir in gegenwärtiger Sache ermangelnden eigenen Local-Kenntniß, lediglich auf dieser Leute

Au-

Angaben verlaſſen muß, ſo leuchtet von ſelbſt ein,
daß mir das viele widerſprechende, ſo in den
Ausſagen der abhibirten Wirthſchaftsverſtändigen
angetroffen wird, in Beſtimmung eines ſichern
und feſten Satzes viele Mühe und Schwierigkeiten verurſachet habe.

Beides die in prima und ſecunda Inſtantia ab-
hibirte Sachverſtändige haben ihre Angaben eidlich erhärtet, und es iſt daher in ihren Perſonen
nichts anzutreffen geweſen, warum die Ausſage
des einen der Angabe des andern vorgezogen werden könne.

Nur blos das, was in ihren von einander
abweichenden Anzeigungen mehr oder weniger
wahrſcheinlich und vernünftigen Wirthſchaftsſätzen
angemeſſen befunden worden, habe ich hierunter
zur Richtſchnur annehmen müſſen.

So viel demnächſt den erſten Punkt, ob die
beide Krughufen, über deren ſchlechten Zuſtand
der Appellant klaget, wirklich geringer, als die
übrige Schönowſche Bauerhufen, ſind, anbe-
trift; ſo hat der in Appellatorio verordnete Commiſſarius, um in der Sache recht genau zu verfahren, hierunter den Weg gewählt, daß er nicht
allein die quaeſt. Krughufen, ſondern auch der
beiden Bauern Tobias Zillmann und Martin
Zillmann Hufen und Ländereien, ſowohl nach
der Ausſaat, als auch nach dem Ertrage, durch
vereidigte Sachverſtändige bonitiren laſſen.

Ueber den verſchiedenen Ertrag dieſer mit einander in Vergleichung geſetzten Hufen hat es auch

in

in Aĉtis Appellationis fol. 576. eine Tabelle beigefüget, woraus sich ergiebt, daß der abgeschätzte
Ausbruch aus des Tobias Zillmann Lande sich
nach einem dreijährigen Durchschnitt jährlich auf
91 Scheffel 7 Metzen Roggen und 67 Scheffel
4⅔ Metzen Gerste, und bei des Martin Zillmann
Hufen auf 91' Scheffel 12 Metzen Roggen und 72
Scheffel 22⅔ Metze Gerste, von den Krughufen
des Johns aber nur auf 70 Scheffel 1¼ Metze
Roggen und 51 Scheffel 11½ Metze Gerste be-
laufe.

Nach dieser Balance scheint es klar zu seyn,
daß des Johns Krughufen in ihrem Ertrage weit
schlechter, als die übrigen Hufen der Schönowschen Bauern, sind.

Es ist aber zu bemerken, daß Commissarius
zu dem Maaßstabe, nach welchem er den Zustand
der Johnschen Hufen beurtheilen wollen, gerade
diejenigen Bauerhufen, welche vorzüglich in gutem Stande sind, gewählt hat, wie solches von
ihm nicht allein fol. 39. selber angemerket worden, und es besonders in der letzten Stelle ausdrücklich heißet:

daß alle diese Stücke sich in dem Düngungs-
zustande befinden, deren sie fähig sind.

Dieses Verfahren scheint mir, wenn ich es sagen darf, nicht richtig zu seyn, indem bei dergleichen Ausgleichungen und Ausmittelungen des
angegebenen schlechtern Zustandes der Johnschen
Hufen nicht diejenige Bauerhufen, die sich in dem
besten

beſten Zuſtande, ſondern vielmehr ſolche, welche,
wo nicht zu der ſchlechteſten, doch zu der Mittel-
Claſſe zu zählen ſind, zur Richtſchnur genommen
werden müſſen.

Da in dem Dorfe Schönow teſt. act. excl. des
Johns, 14 Bauerhöfe, welche nicht allein eine
gleich ſtarke Ausſaat haben, ſondern auch gleiche
Dienſte thun, vorhanden ſind, ſo hat es dem bemeldeten Herrn Commiſſarius nicht an Gelegenheit gefehlt, hierunter eine andre Wahl zu treffen, und, anſtatt der Tobias und Martin Zillmannſchen Hufen zwei von den zur Mittelclaſſe
gehörigen Bauerhufen bonitiren zu laſſen.

Wie viel, auch bei gleicher Ackergüte, ein
wohlgemiſtetes Land vor ein mageres und in
ſchlechter Düngung befindliches voraus habe, iſt
ſchon einem jeden Wirthſchaftserfahrnen von ſelbſt
bekannt, und es iſt daher die Güte der Johnſchen
Krughufen, die ſich, wie bei der Bonitirung ſelber allenthalben hervorgegangen iſt, nur in geringer Düngung befinden, nach dem Maaßſtabe
der in dem beſten Düngungſtande ſtehenden Tobias und Martin Zillmannſchen Hufen zu beurtheilen.

Dieſer Umſtand verurſacht es, daß ich die bei
der letztern Commißion geſchehene Bonitirung nicht
zum Grunde meines ökonomiſchen Gutachtens legen kann, weil daraus wohl, daß die Johnſchen
Hufen nach ihrem gegenwärtigen Zuſtande im Ertrage nicht ſo gut, als die Tobias und Martin
Zillmannſchen wären, erhellen würde, keineswe-

ges

aber, ob dieselben im ganzen Dorfe unter allen Bauerhufen die schlechtesten wären, als worauf es doch eigentlich ankommt, zu ersehen ist.

Weit richtiger und zuverläßiger scheint mir die Vol. II. fol. 23. seq. befindliche Aussage der in prima Instantia abhibirten und vereidigten Wirthschaftsverständigen zu seyn; zumal dieselbe in vielen Stücken mit des Johns eigenen Geständniß übereinstimmet, und dasjenige, worüber sich der John eigentlich beschwöret, auf eine vernünftige und auch bei der in Appellatorio gehaltenen Commißion wahr befundene Art nachweiset.

Denn auf die an sie geschehene Frage: ob des Johns Krughufen wirklich schlechter, als die übrigen Bauerhufen in dem Dorfe Schönow wären? haben sich diese Wirthschaftsverständige, der ehemalige Verwalter Kraß und Schönowsche Gerichtsmann George Herbach, folgendergestalt vernehmen laßen:

Es wären hier in dem Dorfe überhaupt 14 Bauren, und jeder Bauer besäße zwei Hufen Landes; die Hufen lägen alle durcheinander, und träfe einem jeden manchmal gutes, auch schlechtes Land, denn gleich könnte nicht alles seyn, die Bauern thäten einer wie der andre Dienste, und keiner nicht mehr auch nicht weniger; was nun die Johnschen Hufen anbetreffe, so lägen solche in zwei Feldern, als in dem Mühlendamm-Felde, und Scherenschen Felde, im besten Schlage, und hätte er

darin

„warin eben solche gute Stücke, als von denen übrigen Bauern nur haben könnte, in dem dritten Felde aber, das 9 Stücken Feld genannt, könnte der John zwar Winterung, gleich denen andern Bauern, aussäen; allein an Sommerung fehlten ihm in diesem Felde wohl 3 Scheffel, dazu aber gehörten die Brandtweinsmorgen, wovon einer gute Gerste tragen könnte, wenn er nur gehörig gedünget würde, und auf diesen Morgen fielen 3 Scheffel Gersten Aussaat, mithin könnten sie auch die Sommeraussaat in diesem Felde nicht geringer, als in den andern beiden Feldern, angeben.

Der Appellant John hat ebenfalls bei seiner Vernehmung in dem fol. 14. in Appellatorio gehaltenen Instructionstermin ausdrücklich zugestanden,

daß er in den beiden andern Feldern mit dem übrigen Baueracker ziemlich gleich sey, in dem sogenannten 9 Stücken Felde aber mit ihnen nicht gleich viel Gerstenland habe.

Wenn nun die Wirthschaftsverständige in der ersten Instanz solches ebenfalls zugegeben, dagegen aber nachgewiesen, daß er auf der einen Brandtweinsmorge 3 Scheffel Gerstenaussaat habe, und folglich ihm dadurch die sonst fehlende Gerstenaussaat völlig vergütiget sey; so hat sich auch bei der in Appellatorio veranlaßten Bonitirung fol. 49. b. befunden, daß er auf der einen Brandtweinsweinsmorge wirklich 2½ Scheffel Gerstenaussaat zum vierten Korn gerechnet, und juxta fol. 35. b. auf der andern Brändtweinsmorge annoch vier Metzen Gerstenaussaat zum dritten Korn habe, folglich ihm nur an der Angabe der Wirth-schaftsverständigen in prima Inſtantia 4 Metzen fehlten.

Dieser kleine Unterscheid, welcher ohnedem wahrscheinlicherweise nur blos den schlechten Dün-gungszustand der Johnschen Aecker zum Grunde haben wird, kann solchemnach das so gründliche Angeben dieser Sachverständigen nicht zweifelhaft machen, sondern es muß vielmehr solches als voll-kommen mit der Wahrheit übereinstimmend, an-gesehen werden.

Nur das einzige bemerke ich hiebei, daß der Appellant bei der Inſtruction des Appellatorii fol. 14. sich hauptsächlich mit darüber beschweret hat, wie von seinen Hufen zwei Stücke hinter der Furchen oder Heegewelden belegen wären, welche, wenn er sie in der Braache besäete, von den Schä-fern ausgehütet würden, und er, wegen der Ent-legenheit, solches zu vermeiden nicht im Stan-de sey.

Dieses ist nun allerdings ein Umstand, wel-cher Aufmerksamkeit verdienet, weil bei dem Er-trage seines Bauerhofes auch zugleich auf dasjeni-ge, was er an Erbsen, Wicken und Lein in die Braache säen kann, Rücksicht genommen worden ist, und die gemeine Erfahrung genugsam lehret, wie wenig die Schäfer dergleichen außer der Fur-

che

che oder Heergewelbe besäete Aecker zu respectiren
pflegen.

Ich finde aber nicht, daß bei der Bonitirung
in Appellatorio solches untersuchet, und die Wahrheit davon ausgemittelt worden.

In der Hauptsache selber kann zwar dieser Umstand, wenn er auch wirklich gegründet wäre,
nichts releviren, weil dadurch die Krughufen an
und vor sich nicht schlechter werden, sondern nur
dem Mißbrauch der Schäfer mehr ausgesetzt seyn
würden.

Inzwischen muß doch hierunter billig dem Appellanten von der appellatischen Herrschaft zu Hülfe gekommen, und die Schäfer, diese in der Braache besäete Stücke bei nahmhafter Strafe zu schonen, angehalten werden.

Dieses wäre denn auch, meines Erachtens,
der einzige Punkt, in welchem ein künftiger er-
leuchteter Urthelsfasser, zur Sicherheit des Johns,
etwas näheres reguliren und festsetzen könnte.

Aus diesen actenmäßigen Gründen ergiebt sich
von selbst, wie mit Bestande Rechtens nicht behauptet werden kann, daß die von dem Johu
in Besitz habende Krughufen schlechter, als die
von den andern Bauern des Dorfs Schönow be-
sessene, wären.

Und wenn solches auch wahr seyn solte, so
steht doch eines Theils dem Appellanten, wie ich
schon oben bemerkt habe, die freiwillige Annehmung dieser Krughufen von seinem Vater entgegen, und andern Theils wird wohl so leicht kein

Dorf

Dorf oder Landgut angetroffen werden, auf wel-
chem |die sämtliche Bauerhufen in einer solchen
vollkommenen Gleichheit, daß keine von der andern,
es sey in der Lage oder Bedüngung, etwas voraus haben solte, mit einander stünden.

Die fernere Erörterung dieser Sache würde
also nur lediglich

2) darauf ankommen:

ob die Krughufen von der Beschaffenheit
wären, daß es dem Appellanten, davon die
schuldige Dienste zu leisten, ohnmöglich
sey?

Wenn ich hiebei nothwendig in facto voraussetzen muß, daß der ganze Dienst der Schönowschen Bauern, folglich auch des Appellanten, blos
wöchentlich in 3 halbe Tage, oder einen ganzen
und einen halben Tag bestehe, so wird einem jeden Oeconomus, der von dem richtigen Verhältniß der Bauernahrungen und Dienste nur die geringste Begriffe hat, schon von selbst einleuchten,
daß es beinahe ohnmöglich sey, ein dergleichen so
sehr gemäßigtes Dienstquantum, auch in den
schlechtesten Gegenden, und bei den geringsten
Bauernahrungen, für übermäßig und ohnmöglich
zu halten.

Da inzwischen dieser allgemeine ökonomische
Satz, den Appellanten von dem Ungrunde seiner
Dienstverweigerung zu überzeugen, nicht hinläng-
lich seyn möchte, so werde ich mich schon in die
Erörterung desjenigen, was die acta sowohl pri-

mae

mae als secundae Inſtantiae hievon an die Hand
geben, näher einlaſſen müſſen.

Beides, die in prima et secunda Inſtantia adhibirte Sachverſtändige, ſind darüber eidlich vernommen worden. Da aber deren deshalb abgegebene Meinungen ganz verſchieden ausgefallen,
und die erſtern bei der Nahrung des Johnſchen
Bauerhofes einen Ueberſchuß an Einkünfte angegeben haben, die letztern aber deshalb ein Minus
finden wollen, ſo wird allerdings nach der an mir
ergangenen Requiſition E. Hochlöbl. Ordensregierung, über beides mein Superarbitrium nöthig
ſeyn.

Zufördersſt muß ich erinnern, daß von beiden
Arten der Wirthſchaftsverſtändigen, ſowohl in
prima als secunda Inſtantia, ein unrichtiges Prin-
cipium erwählt worden, wenn ſie die Zulänglichkeit des Johnſchen Bauerhofes zu den auf demſelben haftenden Dienſten nach den ſonſt bei den
Landgüthern gewöhnlichen Abſchätzungsſätzen und
Taxordnung beurtheilen wollen.

Die Erfahrung lehrt, daß ſolche auf die Bauernahrungen niemals anpaſſend ſind, und ſich,
wenn man blos dabei beſtehen, und nicht auf den
offenbaren Unterſcheid zwiſchen der Bewirthſchaf-
tung eines ganzen Landguths und bloßen Bauerhofes Rückſicht nehmen will, bei den letztern,
auch in den beſten Gegenden, allemal eine Unzulänglichkeit hervorthun wird.

Bei der Beurtheilung eines Bauern, ob er
die ihm obliegende Dienſte, ohne davon ſeinen
Unter-

Untergang und Verderben befürchten zu dürfen,
zu leisten im Stande sey, kann und muß nur lediglich auf die Zeit, die ihm, nach vollbrach-
ten herrschaftlichen Dienst, zur Besorgung seiner eigenen Nahrungs = und Wirthschaftsgeschäfte übrig bleibt, gesehen werden.

Ist diese ihm vom Herrndienst rorig bleiben-
de Zeit zur Bestreitung seiner eigener Wirthschafts-
und Nahrungsgeschäfte zureichend; so hat er sich
über den ihm auferlegten Dienst zu beschweren,
vielweniger darunter eine Ohnmöglichkeit vorzu-
schützen, keine gegründete Ursache.

Fehlt es aber an dieser zu seinen eigenen Nahrungsgeschäften erforderlichen Zeit, so verdient die
Sache alsdenn schon mehrere Aufmerksamkeit.

Ursprünglich sind unsere deutsche Bauern von
den Herrschaften unter der Bedingung, den herrschaftlichen Acker zu bestellen, und ar... re dazu gehörige Geschäfte zu übernehmen, ausgesetzt. Ihr
Lohn dafür besteht in dem Genuß der ihnen anvertrauten Nahrung.

Vernunft sowohl, als Billigkeit, erfordert
es, daß ihnen so viele Zeit zur Bewirthschaftung
derjenigen Nahrung, wovon sie ihren Lohn nehmen sollen, nöthig ist, frei gelassen werden
müsse.

Ist aber dieses geschehen, so können sie sich
nach ihrer ursprünglichen Schuldigkeit nicht beschweren, wenn der Grundherr verlanget, daß
sie die übrige Zeit in seinem Dienste zubringen
müssen.

N 3   Macht

Macht man von diesen an sich ganz richtigen, nicht allein in der Vernunft, sondern auch in der deutschen Geschichte, vollkommen gegründeten Satz, auf gegenwärtigen Fall eine Anwendung; so ist offenbar, daß die Schönowsche Bauern, folglich auch der Appellant John, zur Bestreitung ihrer Nahrungsgeschäfte wöchentlich 4¼ Tag frei behalten.

Daß diese zur völligen Bewirthschaftung zweier Hufen, zumal der herrschaftliche Dienst nur bloß mit Pferden verrichtet wird, und folglich die Bauern ihr Ochsengespann die ganze Woche hindurch vor sich frei behalten, hinlänglich seyn sollte, wird wohl von niemanden, der nur einigen Anspruch auf richtige Wirthschaftskenntnisse macht, bezweifelt werden können.

Da inzwischen die Sache in beiden Instanzen bereits auf eine nähere Bestimmung der Einnahme und Ausgaben dieses Johnschen Bauerhofes eingeleitet worden, und diese verschiedentlich ausgefallen ist; so muß ich schon, so irrelevant ich auch das hierunter vorgenommene finde, welche von diesen beiden sich einander widersprechende Meinungen der adhibirten Wirthschaftsverständiger den meisten Grund vor sich habe, mit wenigen bemerken.

Das Gutachten der in prima Instantia zugezogenen Sachverständigen ist in dem Vol. II. act. pa. Inst. fol. 25. aufgezeichnet, die von der in Instantia Appellat. hierüber vernommenen Neu-Lagowschen Schulzen und Gerichte abgegebene Meinun-

nungen aber befinden sich in den Appellations-
Akten fol. 58 seqq.

Nach dem erstern bleibt, nach Abzug aller
Wirthschaftsausgaben, für den John ein reiner
Ertrag von 1 Rthlr. 12 Gr. übrig; nach den
letztern hingegen fehlen ihm an den nöthigen Ausgaben 20 Rthlr. 8 pf.

Wider die Personen beiderseitiger Wirthschaftsverständigen thut sich in actis keine Bedenklichkeit
hervor, außer daß nicht geleugnet werden mag,
wie der in pr. Last. adhibirte Pächter Kratz, weil
er in den Dorfe Schönow das Luck'sche Antheil
einige Jahre gepachtet gehabt, und der ihm ad-
jungirte, 72jährige Schönow'sche Gerichtsmann
Herbach, die rechtliche Vermuthung einer ganz
genauen Kentniß des Schönow'schen Baueräckers
und Nahrungen vor sich haben.

Wenn man auch gleich den Neu-Lagow'schen
Schulzen und Gerichte, weil sie nahe Nachbaren
von Schönow sind, ebenfalls nicht alle Kentniß
von den dortigen Umständen absprechen kann, so
ist doch gewiß, daß man jenen, da der Kratz
viele Jahre in Schönow Wirthschaft getrieben,
und der Herbach darin gebohren und erzogen
worden, auch ein Alter von 72 Jahren erreicht,
darunter weit mehreres zutrauen muß, indem die
Nachrichten der Nachbaren nur gemeiniglich auf
den allgemeinen Zustand einzuschränken, und sich
nur selten auf das besondere zu erstrecken pflegen.

Hievon hat nicht der Umstand, daß die Neu-
Lagow'sche Gerichte das Angeben der ersten Sach-

N 4

ver-

verständigen wegen mancherlei den Schönowschen
Bauern zufließenden Nebenverdienste, fol. 59. b.
gänzlich geleugnet haben, da doch der Appellant
selber fol. 17. in act. Inst. appellat. diesen Neben-
verdienst ausdrücklich zugestehet, und sich dabei
des bedenklichen Ausdrucks, daß, wenn solches
nicht wäre, sie alle davon laufen müssen, bedienet, überzeuget.

Wenn nun schon hiedurch die Richtigkeit des
Gutachtens der Neu-Lagowschen Gerichte sehr
zweifelhaft gemacht wird; so ist auch gewiß, daß
in den übrigen Stücken, worin sie von dem in
der ersten Instanz vernommenen Kratz und Herbach abweichen, verschiedene der ländlichen Erfahrung zuwiderlaufende Sätze von ihnen angenommen worden sind.

Aus einer nähern Beleuchtung dieser beiden
verschiedenen von dem Johnschen Bauerhofe in
actis befindlichen Berechnungen wird sich solches
sehr leicht von selbst ergeben.

In Ansehung des Ertrages ist die Differenz
unter beiden nur wenig beträchtlich, vielmehr
hält sich die Angabe der von den Neu-Lagowschen
Gerichten bestimmten Einnahme an Roggen und
Gerste mit demjenigen, was der Kratz und Herbach in der ersten Instanz darüber angezeiget haben, ziemlich das Gleichgewichte, indem der Unterschied, wegen des Roggengewinnes, nur blos
in 3 Scheffel 6¼ Metze bestehet, dahingegen in der
Apellations-Instanz bei der Gerste 11 Scheffel
11½ Metze mehr angenommen worden ist.

Wenn

Wenn nun der merkliche Unterschied dieser beyden von den adhibirten Sachverständigen angegebenen gutachtlichen Meinungen bei so bewandten Umständen nicht in der Verschiedenheit der angenommenen Einnahme liegen kann, sondern ihr Grund in den festgesetzten nothwendigen Ausgaben aufgesucht werden muß, so veranlaßt mich dieses, dieselben etwas näher zu prüfen.

In dem c. l. in pr. Instantia formirten Anschlage von der Johnschen Bauernahrung ist angenommen worden, daß die zu seiner Nahrung gehörige 2 Pferde 3 Monat lang auf dem Grase unterhalten werden könnten, nachher aber der Zuwachs an Hafer, Erbsen und Wicken zu dem für sie benöthigten Futterkorn vollkommen hinreichend sey, weshalb weder bei dem Roggen noch bei der Gerste dieserhalb das geringste in Abzug gebracht worden.

Die in appellatorio vernommene Neu-Lagowsche Gerichte hingegen behaupten, daß die Schönowsche Bauern ihre Pferde nicht länger, als höchstens zwei Monate, auf der Weide ernähren könnten, die ganze übrige Zeit aber auf dem Stalle futtern müßten.

Aus diesem Grunde ist von ihnen, excl. der Erbsen und Wicken, von dem Roggen ein Quantum von 14 Scheffel, und auch eben so viel von der Gerste, folglich zusammen 28 Scheffel in Abzug gebracht worden.

Daß dieses den reinen Ertrag eines Bauerhofes schon gar sehr vermindern müsse, fällt von

N 5

selbst

selbst, in die Augen, und es kommt daher drauf
an, ob das von den Taranten in Apellatorio angenommene Futterkorn wirklich, nothwendig und
wahrscheinlich sey).

Zuförderst ist zu bemerken, daß auch in dem
schlechtesten Grasgegenden die Bauerpferde auf
dem Grase 3 Monat lang ihre Nahrung zu finden
pflegen.

Das in Appellatorio aufgenommene Boniti-
rungsprotocoll weiset mit mehrerm nach, daß ein
großer Theil des dortigen Ackers, sowohl im Roggen, als Gerstenfelde, im Ertrage zum 5ten Korn
geschätzet worden.

Daß die Feldweide in einem solchen ergiebigen
Acker nicht gänzlich schlecht seyn müsse, ergiebt
sich daraus von selbst; und es erhält dadurch die
Angabe der Sachverständigen in pr. Instant mehrere Wahrscheinlichkeit, als diejenige, die in
Instantia appellat. von den Neu-Lagowschen Gerichten darüber abgegeben worden.

Demnächst ist auch von der letztern, das Futterkorn für 2 Bauerpferde in 10 Monaten auf
43 Scheffel angenommen worden, welches täglich
beinahe 2$\frac{1}{4}$ Metze beträgt.

Daß die Bauerpferde in der Gegend von
Schönow nicht von der Art seyn können, mit übermäßigen Futterkorn versehen werden zu müssen,
ist schon von selbst einleuchtend.

Die Bauerpferde zu Schönow haben auch,
wegen des sehr geringen Herrndienstes, kein über-
mäßiges Futterkorn nöthig, indem sie, besonders

im

im Winter, die meiste Zeit müßig im Stall zu=
bringen müssen, es wäre denn, daß sie zu Neben=
verdiensten, welche aber das alsdenn nöthige meh=
rere Futterkorn von selbst bezahlen müssen, ge=
braucht würden.

Ueberdem besteht das für diese Pferde von den
Taxanten in appellat. bestimmten Futterkorn in
lauter schweren Getreidearten, da es doch bekannt
ist, daß die Pferde von diesen nur die Hälfte gegen
die leichte Futterungsmittel, besonders dem Ha=
fer, zu ihrer Unterhaltung nöthig haben.

Ob gleich in pr. Inst. eine Einnahme vor a
Scheffel ausgesäeten Lein à 6 Rthlr. und vor die
Viehzucht 12 Gr. angesetzt worden, der in Inst.
appellat. formirte Anschlag aber solches bloß zur
wirthschaftlichen Consumtion rechnet, so würde
doch dieses übergangen werden können, weil dage=
gen in dem von den Sachverständigen in appellat.
gebildeten Anschlage für die Abnutzung der Schaafe
6 Rthlr. 15 Gr. 8 Pf. mehr aufgeführt ist.

Der zweite Hauptartikel, woraus diese Diffe=
renz erwächset, besteht hauptsächlich in dem ver=
schiedentlich angegebenen Gesindelohn, indem in
dem ersten Anschlage nur blos 8 Gr. für einen
Knecht, und 4 Rthlr. für eine Magd, folglich
12 Rthlr. angenommen worden sind; der hier=
unter in appellatorio angefertigte Anschlag aber
21 Rthlr. festgesetzt.

Die Taxatores in pr. Inst. behaupten nach der
Erfahrung, daß bei dem geringen Dienst die meiste
Bauern zu Schönow gar kein fremdes Gesinde
hiel=

hielten, und sie dazu auch allenfalls nur schwache Personen nöthig hätten, worüber sich aber die Neu-Lagowsche Gerichte gar nicht herausgelassen, sondern schlechterdings auf das nöthige volle Lohn bestanden sind.

Wenn man hiebei die gemeine wirthschaftliche Erfahrung zu Hülfe nimmt, so wird man sehr leicht einsehen, daß die Schönowsche Bauern bei den überaus geringen Diensten, so ihnen oblie- gen, des sonst gewöhnlichen völligen Denstvolks auf keinerlei Art nöthig habe, sondern sie, sowohl den herrschaftlichen Dienst, als auch ihre eigene Nahrungsgeschäfte mit ihren Kindern ganz füglich bestreiten können, und allenfalls nur, wenn sie keine eigne zur Arbeit tüchtige Kinder hätten, blos halbwachsende Knechte und Mägde, die niemals das sonst gewöhnliche volle Lohn verlangen können, nöthig haben würden.

Denn zu dem herrschaftlichen Dienst, der bei Hause vorfällt, sind durch schwache und halbwach- sende Knechte zureichend, und bei den sogenann- ten Zech- oder auswärtigen Fuhren, kann es wohl niemals ein Bedenken haben, daß sich die Wirthe selber so viele Zeit, als dazu nöthig ist, ohne die geringste Versäumniß ihrer Nahrungsge- schäfte, abmüßigen könten.

Daß im übrigen die Neu-Lagowsche Gerichte dem Angeben, daß die Schönower Bauern zu man- cherlei Nebenverdiensten Gelegenheit hätten, ohne Grund und wider die Wahrheit widersprochen ha- ben, ist schon oben bemerkt worden.

Von

Von selbst gehet solchernnach aus allen diesen Umständen hervor, daß das Angeben der Sach-verständigen in pr. Inſtantia einen weit richtigern Grund, als derer, die in Lnſt. appellat, vernom-men worden, für ſich haben, und folglich alle Ursachen, warum dem Appellanten John in ſei-nen Anliegen gefuget werden könne, von selbst hinwegfallen, vielmehr derselbe zu der Zahl der widerseßlichen Unterthanen und straffälligen Que-rulanten gerechnet werden müſſe.

Eine Hochfürſtliche Ordensregierung hat zwar 3) in dem an mir erlaſſenen Anschreiben verlanget, daß ich zugleich praĉicable Vorschläge, wie diese Sache ohne wesentlichen Nachtheil der Dominial-wirthschaft zur Conservation des Bauer John ein-gerichtet werden könne, mittheilen möchte.

Bei dem offenbaren Unrecht, ſo der John wider ſich hat, und der beharrlichen Widerseß-lichkeit desselben, wird es sehr schwer fallen, hier-unter etwas anpaſſendes und für den John an-nehmliches in Vorschlag zu bringen.

Aus den Acten gehet allenthalben auf das deut-lichſte hervor, daß seine Absicht blos dahin gehet, die appellatische Herrschaft durch den verweigerten schuldigen Dienſt, ohne die sogenannten Klow-schen Hufen abzutreten, zu zwingen.

Daß der John, nachdem sein Vater die Krug-hufen freimüthig angenommen hat, an diese Klow-sche Hufen nicht das geringſte Recht habe, iſt sonnenklar.

Ein-

Ein übles und im allgemeinen sehr gefährli-
ches Beispiel würde es bei dem ganzen schon ohnedem zu unsern Zeiten zur Widersetzlichkeit geneigten Bauervolk geben, wenn man die Schönowsche Herrschaft hiezu vermögen wollte; zumahl
man voraussehen kann, daß sie sich niemals
entschliessen kann noch wird, zwei in voller Düngung stehende Hufen gegen andre, die sich durch
die Nachläßigkeit der Besitzer in einem schlechten Düngungsstande befinden, ohne die geringste Verbindlichkeit dazu über sich zu haben, zu ver-
wechseln.

Daß dem John durch ein Verboth an die
Schäfer, seine hinter der Furche liegende und in
der Braache besäete Stücke nicht zu behüten, zu
Hülfe gekommen werden müsse, habe ich bereits
bei dem zweiten Punkt bemerket.

Sonst kann man leicht voraussehen, daß die
verweigerte Dienste des Johns, ehe dieser Pro-
ceß zu Ende gehet, dergestalt aufschwellen werden, daß er dieselben nachher, ohne seinen offenbaren Untergang, nicht wird ersetzen können.

Es ergiebt sich ferner aus den Acten, daß
des Appellanten Vater dem verstorbenen Herrn
von Schenckendorf auf das versprochene Kaufgeld
für die ihm überlassene Krughufen annoch 20
Rthlr. in sächsischen ⅓teln schuldig geblieben ist.

Sollte nun die appellatische Herrschaft bewogen werden können; dem John, sowohl die rück-
ständige aufgeschwollene Dienste, als auch schuldige 20 Rthlr. Kaufgelder zu erlassen, und dieser

dage-

dagegen sich sofort zu dem schuldigen Dienst bequemen wollen; so würde, meines Erachtens, dieses der einzige Weg seyn, auf welchem dem Appellanten, ohne sonderliche Unterbrechung der Dominialwirthschaft, ob er es gleich nicht verdienet, einige zu seiner Erhaltung erforderliche Hülfe wiederfahren könnte.

§. 5.

Von dem in diesem ökonomischen Gutachten befindlichen zur gegenwärtigen Materie gehörigen Grundwahrheiten, besonders, daß bei Untersuchung der Unzulänglichkeit der Bauernahrungen auf den Unterscheid, ob solche von dem Bauer mit oder ohne Eigenthum besessen werde, Rücksicht zu nehmen sey.

In diesem Gutachten werden sich dem geneigten Leser hauptsächlich folgende Grundwahrheiten, die in dergleichen Fällen sehr brauchbar sind, und, wenn man nicht darunter auf einen Irrweg gerathen will, schlechterdings zur Richtschnur angenommen werden müssen, darstellen.

1) Zuförderst findet man darin den Unterscheid zwischen solchen Bauern, denen ihre Höfe und Nahrungen eigenthümlich zugehören, und andern, welche selbige nur zeitlebens besitzen, und auf ihre Nachkommen nicht vererben können, bemerkt.

Bei den erstern muß bei Annehmung und Untersuchung der Klage wegen Unzulänglichkeit ihrer Nahrungen weit mehrere Vorsicht, als bei dem letztern, gebraucht werden.

Das

Das Eigenthum setzt natürlicherweise bestimmte Verträge voraus; einleuchtend aber ist, daß diese nicht so schlechterdings zum Nachtheil der Grund, herrschaft, übergangen, sondern nur bei dem größesten Grade der Unmöglichkeit auf eine der, gleichen vorgeschützte Unzulänglichkeit Rücksicht genommen werden könne.

Bauergütern hingegen, auf welchen der Herr, schaft das Eigenthum vorbehalten worden, stehet dieser Umstand nicht im Wege, sondern es muß deren Zulänglichkeit, ohne dabei auf etwas an, ders, als nur allein hierauf, zu sehen, auf das genaueste geprüfet und untersucht werden.

Die Vernunft giebt es von selbst an die Hand, daß, wenn ein Gutsbesitzer von einem Bauer, dem er ein dergleichen Bauergut auf zeitlebens zum Besitz übergeben hat, die darauf angelegte Dienste mit Recht fordern will, dasselbe sich auch in dem Zustande, daß solche, ohne of, fenbaren Untergang des Bauern, davon abgelei, stet werden können, befinden müsse.

§. 6.

Daß ein Bauer, dessen Väter und Vorgänger bei den in Besitz habenden Hofe gut zurecht gekom, men sind, eine starke rechtliche Vermuthung, daß die Klage entweder eine Chikane sey, oder die Unzulänglichkeit, wenn sie wirklich gegründet seyn sollte, von der schlechten Bewirthschaf, tung des Klägers herrühre, wider sich habe.

Demnächst ist aus diesem ökonomischen Gut, achten

2)

2) Der Satz zu entnehmen, daß, wenn die
Väter, oder auch andre vorherige Besitzer, bei
dergleichen Bauernahrungen gut zurechte gekom=
men, und die darauf haftende Dienste richtig und
ohnweigerlich abgeleistet haben, ihre Nachfolger
aber eine Ohnmöglichkeit solcher Dienstleistungen
vorschützen wollen, die letztern eine sehr starke Rechts=
vermuthung, daß solches entweder auf eine bloße
Chikane hinauslaufe, oder von der schlechten
Wirthschaftsführung der Nachfolger herrühre,
wider sich haben.

Bei solchen Nahrungen, wovon das Eigen=
thum dem Bauer selber zuständig ist, sollten bil=
lig dergleichen Klagen von den Gerichten niemals
angenommen werden, weil keine Herrschaft die
schlechte Wirthschaft eines Bauern zu übertragen,
zugemuthet werden kann; es wäre denn, daß sich
im Ganzen Umstände, welche eine dergleichen
Veränderung und Dienstverminderung vorzuneh=
men nöthig machten, vorhanden wären.

Und auch alsdenn würde dem Grundherrn alle=
mal frei bleiben, ob er, wenn sich zu einer der=
gleichen Bauernahrung ein Käufer, der die dar=
auf haftende Dienste ohnweigerlich übernehmen
wollte, auf den Verkauf derselben dringen will.

Ein solcher Umstand, der dieses veranlassen
könnte, ist jederzeit als ein ohngefährer Zufall
(casus fortuitus) anzusehen.

Daß aber dieser nur blos einem solchen Bauer,
als den Eigenthümer, treffe, lehren schon die
allgemeinen Rechte von selbst.

Ein Bauer, der seine Nahrung nur blos auf zeitlebens besitzt, kann zwar mit einer solchen Klage nicht schlechterdings zurückgewiesen werden, sondern es ist eine Untersuchung ihrer vorgegebenen Unzulänglichkeit, und die Ursachen, woraus sie entstanden, zu verwilligen nöthig.

Inzwischen muß doch der Herrschaft, wenn die Ursache davon hauptsächlich auf dessen schlechten Wirthschaft beruhet, ihn den anvertrauten Hof wieder abzunehmen, und solchen mit einem tüchtigern zu besetzen, unbenommen bleiben.

§. 7.

Warum ein Bauer deshalb, weil seine Nahrung schlechter, als die von den andern in Besitz habenden, ist, noch keine Minderung der Dienste zu fordern, berechtiget werde.

Ferner ist es 3) ein darin befindlicher und mit mehrerm ausgeführter Satz, daß, wenn ein Bauer den Grund von der Unzulänglichkeit seiner in Besitz habenden Nahrung nur blos darauf gründet, daß solche schlechter, als die übrigen im Dorfe befindliche, auf welchen gleiche Dienste haften, sey, solches noch nicht vor zureichend, ihm einen Erlaß in seinen Diensten zuzubilligen, angesehen werden könne.

Die Mannigfaltigkeit der Ackerstücke, die man fast in einem jeden Dorfe antrift, machen es beinahe unmöglich, daß die Bauernahrungen sich auf
eine

eine arithmetische Art einander vollkommen gleich seyn können.

Bald wird solches durch die verschiedene Lage dieser Grundstücke, bald aber auch durch eine andre Ursache, gehindert.

Will man hiebei auf eine Gleichheit der Nahrungen und Dienste sehen, so kann nur bloß ein geometrischer Maaßstab dabei zum Grunde genommen werden.

Wenn sich auch wirklich befinden sollte, daß ein Bauer vor den andern eine schlechtere Nahrung besäße, und dennoch davon eine gleiche Dienstlast tragen müßte, so würde dieser Unterscheid allein ihn, eine Minderung in den Diensten zu verlangen, nicht berechtigen, so lange nicht offenbar dargethan worden ist, daß seine Nahrung an und für sich selber zur Ableistung der darauf gelegten Dienste unzulänglich sey.

Die bessere Beschaffenheit der Nahrung seines Nachbaren giebt einem Bauer kein Recht, die vorgeschützte Unzulänglichkeit seines Bauerhofes, in Ansehung der davon abzuleistenden Dienste, darauf zu gründen, sondern er muß solches denselben nach der Billigkeit gönnen, so lange nur noch nicht ausgemittelt worden, daß dieser Unterscheid die Ursache sey, warum er, die ihm obliegende Dienste zu verrichten, nicht im Stande ist.

D 2 §. 8.

§. 8.

Daß inzwischen, wenn eine dergleichen Unterſuchung und Vergleichung des Klägers Bauernahrung mit den Nahrungen der übrigen im Dorfe
befindlichen Bauern nöthig befunden wird, ſolche
nicht mit den beſten, ſondern vielmehr nur den
ſchlechteſten, oder wenigſtens mit den zur
Mittelclaſſe gehörigen, geſchehen
müſſe.

4) Sollte inzwiſchen der Richter finden, daß
eine Unterſuchung, ob ein dergleichen klagender
Bauer vor die andere, in Anſehung ſeiner Nahrung, prägraviret und ſchlechter, als die übrigen, ſey, nöthig wäre, ſo müſſen bei einer ſolchen Unterſuchung nicht die beſte und in der meh-
reſten Düngung ſtehende Aecker der übrigen Bauern,
ſondern vielmehr, wo nicht die ſchlechteſte, doch
wenigſtens die zur Mittelclaſſe gehörige zum Maaßſtabe angenommen werden.

Nichts iſt natürlicher, als dieſes, weil ein
Bauer, der mit andern gleiche Dienſte thun muß,
nicht die beſteſte Nahrung unter den übrigen verlangen kann, ſondern zufrieden ſeyn muß, wenn
ſeine Nahrung nur nicht geringer, als die ſchlechteſte von den übrigen iſt.

In dem mit eingerückten ökonomiſchen Gutachten iſt mit mehrerm bemerket worden, daß es
hierunter bei der in Appellatorio angeſtellten Unterſuchung gar ſehr verſehen worden, und daher
auch auf deren Ausfall in dieſem Stücke keine
Rückſicht genommen werden könne.

Die-

Dieses mag allen denjenigen, die dergleichen
Aufträge überkommen, zur Warnung dienen,
in dergleichen Vorfällen behutsamer zu verfahren,
und nur blos die zur mitleren Classe gehörigen
Baueräcker, um die Ländereien des klagenden
Bauer damit in Vergleichung zu stellen, zu wählen.

§. 9.

Daß bei Untersuchung einer vorgegebenen un-
zulänglichen Nahrung nur blos auf die innere
Güte der sämtlichen Baueräckers, nicht aber auf
deffen gegenwärtigen Düngungszustand,
Rücksicht genommen werden
könne.

5) Auch kann, bei dergleichen auf Vergleichung der übrigen Bauernrahrungen abzielenden
Untersuchungen nur blos auf die innere Güte des
Ackers, nicht aber auf deffen verschiedenen Dün-
gungszustand, Rücksicht genommen werden.

Der erstere alleine ist etwas wesentliches, die
letztere aber blos zufällig, und hanget lediglich
von der schlechten oder guten Wirthschaft des Bauern selber ab.

Aus diesem Grunde muß auch die Aussaat der
übrigen Bauernahrungen, mit welchen die von
dem Kläger in Besitz habende in Vergleichung
gesetzt werden soll, beurtheilet und bestimmet werden.

Denn allen Wirthschaftserfahrnen ist zur Gnüge
bekannt, daß ein in seiner Oberfläche sowohl, als

O 3   auch

auch innern Güte, gleiches Ackerfeld, welches in voller Düngung stehet, weit mehrere Einsaat, als ein schlecht gedüngtes, erfordert und annimmt.

Bei den über Unzulänglichkeit ihrer Nahrungen klagenden Bauern wird man gemeiniglich wahrnehmen, daß die wahre Ursache von ihrer wenigern Aussaat und Einschnitt lediglich auf eine vernachläßigte Bedingung ihrer Aecker beruhe. Höchst ungerecht aber würde es seyn, wenn die Herrschaft darunter leiden; und die Schuld eines solchen schlecht wirthschaftenden Bauern durch Annehmung geringerer Dienste übertragen helfen sollte.

§. 10.

In wie weit ein Richter in einem andern dergleichen Fall auf die Lage der Aecker, wenn solche dem Hütungsschaden dadurch vor andern ausgesetzt werden, zu sehen habe.

6) Oefters bestehet die angegebene Prägravation eines über schlechte Nahrung klagenden Bauern gegen seine übrigen Nachbaren, nur hauptsächlich in der Verschiedenheit der Lage seiner Ackerstücke, und daß solche besonders dem Hütungsschaden mehr, als andre, ausgesetzt sind, wovon der Fall in dem mit eingerückten ökonomischen Gutachten ebenfalls mit vorkommt, und welches fast das einzige ist, so von dem künftigen Urtelsfasser in eine nähere Erwägung gezogen werden könnte.

Es

Es ist zwar solches an und vor sich nichts we=
sentliches, und kann daher auch keinen Grund,
um seine Nahrung für schlechter, als die den an=
dern Bauern zugehörigen, anzunehmen, abgeben.

Inzwischen hat doch in dergleichen Fällen der
Richter dafür Sorge zu tragen, daß ein solcher
Kläger gegen die ihm vorzüglich androhende Hü=
tungsgefahr in Sicherheit gesetzt werde.

Auch diesen Fall findet man in dem mehrer=
wähnten ökonomischen Gutachten bemerket.

Der Schönowsche Bauer John, beklaget sich
hauptsächlich darüber, daß ein Theil seiner Aecker,
welche, wenn er den andern Bauern, in Anse=
hung der in der Braache zu säenden Früchte, gleich=
kommen soll, damit bestellt werden müßten, außer
der Hegungsfahre belegen wären, es aber be=
kannt sey, wie wenig solche von den herrschaftli=
chen Schäfereien verschonet zu werden pflegten.

Wenn nun diese Lage von einem Theil seiner
Aecker von Seiten der Herrschaft nicht in Abrede
gestellet werden können, das gewöhnliche Verfah=
ren der Schäfer hierunter aber allgemein bekannt
ist, so ist nöthig gewesen, in dem abgestatteten
Gutachten dahin anzutragen, den Herrschaften
des Dorfes Schönow aufzugeben, diese Grund=
stücke des Klägers, in der Braache, gänzlich ver=
schonen zu lassen.

Auch dieses ist in der Vernuft und selbst reden=
den Billigkeit gegründet.

O 4   Denn

Denn wenn des klagenden Bauern Grundstücke in Ansehung der darauf haftenden Dienste für
zulänglich erkannt werden sollen, so muß ihm auch
billig ein ungehinderter Gebrauch davon verstattet werden.

§. 11.

Die sonst bei Abschätzung ganzer Landgüther gewöhnliche Taxordnungen und Sätze sind bei Untersuchung der Bauernahrungen nicht
anwendlich.

7) Bei den Untersuchungen, die wegen Zulänglichkeit, oder Unzulänglichkeit einer Bauernahrung, in Ansehung der darauf haftenden Dienste, veranlasset worden, können die sonst bei ganzen Landgüthern gewöhnliche Abschätzungssätze und
Taxordnungen nicht zur Richtschnur genommen
werden.

Denn gewiß und der Erfahrung gemäß ist
es, daß die Bewirthschaftungen eines Landguthes
und Bauerhofes von ganz verschiedener Natur
und Beschaffenheit sind.

Einem Bauer kommen in dem Betriebe seiner
Nahrung verschiedene kleine Vortheile zu statten,
wovon der Besitzer eines Landguthes keinen Gebrauch machen kann.

Wollte man diese außer Augen setzen, so würden die Bauernahrungen auch in den besten Gegenden unzulänglich werden.

§. 12.

§. 12.

Dieses ergiebet sich aus der ursprünglichen Ver=
fassung der deutschen Bauernahrungen, wel=
che näher bemerket wird, ganz klar.

Wenn man auf den ursprünglichen Zustand un=
serer deutschen Bauern, welche anfänglich aus
lauter Knechten bestanden, ihre Schuldigkeiten
aber auf ihre Nachfolger, der mit denselben vor=
gegangenen persönlichen Veränderungen ohner=
achtet, fortgepflanzet haben, zurückgehet, so wird
solches von selbst einleuchtend werden.

Unsere alte Vorfahren theilten unter ihre
Knechte, die sie nicht zu ihren Hausarbeiten
brauchten, einen Theil ihrer Aecker unter der
Bedingung aus, daß sie sich und ihre Familien,
anstatt der sonst im herrschaftlichen Hause genos=
senen Kost und Unterhaltung, nähren, davon aber
dem Grundherrn theils gewisse von ihm aufgelegte
Dienste, theils aber auch bestimmte Abgaben,
leisten sollte.

Diese Dienste und Abgaben mußten allerdings
dergestalt eingerichtet werden, daß die ausgesetzte
Knechte davon einen zureichenden Unterhalt für
sich und die ihrigen zu erwarten hatten.

Dieses aber konnte nicht geschehen, wenn nicht
solchen ausgesetzten Knechten die gehörige Zeit,
die ihnen anvertraute Aecker gehörig bestellen zu
können, gelassen worden.

Denn diese waren, und bleiben auch noch jetzt,
der Lohn, wovor die Dienste verrichtet werden
müßten.

Die

Die Vernunft selber giebt es, daß Lohn und Dienste in einem richtigen Verhältniß miteinander stehen müssen, und daß sich diese ohne dasselbe nicht denken lassen.

Es kommt solchemnach bei der Beurtheilung der Zulänglichkeit, oder Unzulänglichkeit der Bauernahrungen nicht auf mehrere, oder wenigere Einkünfte, sondern blos auf die Zeit, die dem Bauer zur Betreibung seiner eigenen Nahrungsgeschäfte übrig bleibet, an.

Ist diese dazu hinreichend, so kann er sich auch niemal, mit übermäßigen Diensten beladen zu seyn, mit Recht beschweren.

§. 13.

In dergleichen Untersuchungssachen sind die aus den Eingebohrnen des Dorfs gewählte Zeugen weit sicherer und zuverläßiger, als die aus der Nachbarschaft dazu berufene.

8) Kommt es bei dergleichen Untersuchungen auf Zeugen und Zeugnisse an, so sind die in dem Dorfe Eingebohrne allemal weit sicherer, als die Feldnachbaren.

Die letztern besitzen nur gemeiniglich von der Verfassung der Einwohner eines benachbarten Dorfes eine allgemeine Kenntniß; die eingebohrne Zeugen aber sind auch von allen einzeln Fällen und Umständen unterrichtet.

Das mitgetheilte ökonomische Gutachten hat diesen Unterscheid, da in dem Fall, worüber solches

ches abgeſtattet worden, beiderlei Arten von Zeugen abhibiret waren, ganz beſonders bemerket,
und die Urſachen davon erkläret.

Von ſelbſt verſtehet ſich inzwiſchen, daß den
eingebohrnen Zeugen keine Verwandſchaft mit den
Partheien, oder andre Verbindlichkeit gegen dieſelben, entgegen ſtehen müſſe.

§. 14.

**In einem Dorfe, wo der Ertrag des Ackers zum
vierten, auch fünften Korn angeſchlagen wird,
ſtehet zu vermuthen, daß die Bauerpferde ganz
füglich 3 Monate auf der Ackerweide unterhalten werden können.**

9) Auf einem Dorfe, wo der Ertrag des
Ackers theils zum vierten, und auch zum fünften
Korn in Anſchlag gebracht werden kann, ſtehet zu
vermuthen, daß die Bauerpferde ganz füglich 3
Monate auf der dortigen Ackerweide unterhalten
werden können.

Auch dieſes iſt ein Satz, deſſen Wahrheit aus
dem mitgetheilten ökonomiſchen Gutachten hervor
gehet.

Daß ein fetter und in ſeiner Güte vorzüglicher
Acker natürlicherweiſe mehreres und auch nahrhafteres Gras, als ein magerer und ſchlechter,
bringe, wird wohl von niemanden geleugnet
werden.

Wenn nun ein Feld, welches zum vierten, und
auch zum Theil fünften Korn in Anſchlag zu brin-

gen

gen ist, schon zu den vorzüglich guten, und in der besten Düngung stehenden gezählet werden muß, so ergiebt sich hieraus von selbst, daß an einem solchen Orte kein Mangel an Ackerweide vorhanden seyn könne.

Daß aber solche auch auf 3 Monat, in so ferne solches nicht durch eine widrige Witterung verhindert wird, ganz füglich hinreichend sey, läßt sich nach ökonomischen Sätzen sehr leicht berechnen.

Die Braachweide wird gewöhnlicherweise mit Anfange des Junius aufgethan, und kann, wenn es nicht durch Unordnungen verhindert wird, bis zur eintretenden Erndte des Wintergetreides, welche an den meisten Orten gegen die Mitte des Julius eintritt, gegenhalten.

Solte auch die Braachweide bei einer ungewöhnlichen dürren Witterung bis dahin nicht zureichend seyn wollen, so ist in den Königl. Preuß. Landen ein jeder Bauer schon vorhin in den ihm zu solchem Endzweck frei gegebenen Worden oder Achterhöfen eine verhältnißmäßige Menge von Klee anzubauen verpflichtet, womit er diese Lücke ganz bequem ausfüllen, und, auch bei fehlenden Grase, seine Pferde und übriges Zugvieh mit nahrhafter grünen Futterung reichlich versorgen kann.

Unterläßet er dieses, so ist es seine eigene Schuld, und er folglich nicht befugt zu verlangen, daß ihm wegen des nicht völlig zureichenden Ackergrases auf mehrere Zeit Futterkorn für die Pferde

de zugestanden, und dadurch seine Wirthschafts-
ausgabe ohne Noth erhöhet werde.

In der Erndte des Wintergetreides, welche
auch bei gutem und trocknen Wetter wenigstens
eine Zeit von 14 Tagen zu nähren pfleget, werden die Pferde eines Bauern, da ihnen gemeiniglich das erste Gras hinter der Rede gewidmet zu
seyn pfleget, binnen dieser Zeit wohl niemal an
Weide Noth leiden können.

Und auch 14, oder wenigstens 8 Tage nach
der Erndte werden noch immer, wenn nur eine
richtige Hutordnung beobachtet, und nicht alles
Vieh, wie es leider an den meisten Orten zu geschehen pflegt, durcheinander gejaget wird, die
Ackerpferde genugsames nothdürftiges Gras in der
Winterstoppel behalten.

Alsdenn gehen schon wieder die Stoppeln des
Sommergetreides an, und es können solche, wenn
dabei eine gleiche Ordnung wahrgenommen wird,
ebenfalls auf 3 bis 4 Wochen als ein zulängliches
Unterhaltungsmittel für die Bauerpferde angenommen werden.

Rechnet man diese verschiedene Zeiten, in welchen genugsames Gras für die Ackerpferde der
Bauern, nach dem natürlichen Lauf, in dergleichen Feldern vorhanden zu seyn pfleget, zusammen, so wird wohl an den dazu bestimmten 3 Monaten nur selten etwas abgehen; zumal das unvermuthet davon abgehende, wie in dem vorstehenden bemerket worden, durch den allenthalben

ver-

verordneten, und auch sehr leicht möglich zu ma=
chenden Kleeanbau ersetzt werden kann.

§. 15.

**Daß ein Bauer, deſſen Geſpanndienſte nur we=
nig und geringe ſind, auch weniger Futter=
Korn für ſeine Pferde gebrauche.**

10) Daß alle, beſonders aber auch die Acker=
pferde der Bauern, nach dem Verhältniß der von
ihnen zu verrichtenden Arbeiten mehr, oder we=
niger Futterkorn nöthig haben, iſt eine Wahrheit,
die von ſelbſt in die Augen fällt.

Bei Unterſuchung der Zulänglichkeit der Bau=
ernahrungen muß daher ebenfalls auf die Menge
und Beſchaffenheit der dem Bauer obliegenden
herrſchaftlichen Dienſte Rüſicht genommen wer=
den.

Die Pferde eines Bauern, der wöchentlich nur
zwei oder wohl gar wie in dem Johnſchen Fall,
1½ Tag, zu Hofe dienen darf, braucht für ſeine
Pferde weit weniger Futter, als ein anderer, der
wöchentlich 4 Tage, oder wohl gar die ganze
Woche, in dem herrſchaftlichen Dienſt zubringen
muß.

Sehr unrichtig handelt daher ein Commiſſa=
rius, dem eine dergleichen Unterſuchung wegen
Zulänglichkeit einer Bauernahrung aufgetragen
worden, wenn er dieſen Unterſcheid gänzlich außer
Augen ſetzet, und überall ein und eben daſſelbe
Futtermaaß annimmt.

§. 16.

§. 16.

Ein Bauer, deſſen Dienſtlaſt geringer iſt, kann ſich auch mit ſchwächern Geſinde behelfen, und dadurch an Lohn und Koſt erſparen.

11) Ein Bauer, der nur wenige Hofedienſte in Anſehung ſeines Geſpannes über ſich hat, folglich einen Theil derſelben, ſo lange er nur nicht durch Alter, oder Schwachheit daran verhindert wird, zu beſorgen im Stande iſt, kann ſich mit weit ſchwächern Geſinde, als andre, die ſich unter einer ſchwerern Dienſtlaſt befinden, und ſich folglich dazu nicht abmüßigen können, behelfen.

Nach dem in dem beigefügten ökonomiſchen Gutachten bemerkten Fall darf der über die Unzulänglichkeit ſeiner Nahrung klagende Bauer wöchentlich nur ein und einen halben Tag mit ſeinem Geſpann zu Hofe dienen.

Die ſchwere Arbeiten, wohin beſonders das Verfahren des Getreides und andere auswärtige Fuhren, ingleichen die Anfuhre ſtarken Bauholzes, nicht weniger das Einfahren des Getreides zu rechnen ſind, machen gemeiniglich unter allen Hofedienſten den geringſten Theil aus, dahingegen die meiſten von den andern in Geſchäften beſtehen, die auch von einem halbwachſenden Burſchen beſtritten werden können.

Ein Bauerwirth, der wöchentlich nur 1½ Tag mit ſeinem Geſpann zu Hofe zu dienen ſchuldig iſt, folglich ſchon vorhin in jeder Woche zu ſeinen

eige-

eigenen Nahrungsgeschäften 4½ Tag frei behält,
kann diese vorfallende schwere Arbeiten sehr leicht,
und ohne die geringste Versäumniß seiner Arbeiten, selber übernehmen.

Daß aber, wenn dieses möglich ist, ein halb-
wachsender Bursche in Lohn und Brodt weit wohlfeiler, als ein starker und völlig ausgewachsener
Knecht falle, ist schon vorhin jedermann bekannt.

Billig muß daher auch in Fällen, wo dergleichen sehr geringe Hofedienste vorhanden sind, bei
Bestimmung der Wirthschaftsausgaben von dieser
Art hierauf gesehen werden, wenn man nicht recht
geflissentlich eine Bauernahrung, die es an und
vor sich nicht ist, unzulänglich machen will.

Man ersiehet hieraus, wie behutsam man in
Anwendung der sonst allgemeinen Abschätzungssätze zu verfahren habe, und daß es dabei weit
mehrere Ausnahmen, als bei der Würdigung ganzer Landgüter, gebe.

§. 17.

**Die Nebenverdienste der Bauern müssen bei der-
gleichen Gelegenheiten ebenfalls in Rücksicht
genommen werden.**

12) Endlich giebt es auch fast an allen Orten verschiedene Nebenverdienste, wodurch sich ein
Bauer, wenn auch gleich seine Nahrung an und
für sich selber nicht zureichend seyn wollte, gar
sehr helfen, und in einem nahrungsvollen Zustande erhalten kann.

Mit

Mir sind verschiedene dienstbare Bauergemei-
nen bekannt, die von ihrem Ackerwerk kaum das
benöthigte Brodt- und Futterkorn gewinnen, und
sich dennoch, wegen der wichtigen Nebenverdienste, wozu sie Gelegenheit haben, in einem vollkommenen guten Nahrungsstande befinden.

Auch dieses muß bei dergleichen Untersuchungen nicht außer Augen gesetzt werden.

Es scheint zwar diese Art der Erhaltung des
Bauern mehr auf des Bauern eigenen Industrie
zu beruhen, als daß durch die innere Beschaffenheit der Bauernahrung dazu etwas beigetragen
würde.

Inzwischen ist doch gemeiniglich der gelinde
und geringe Hofedienst die Hauptursache davon.

Ein Bauer, der täglich mit seinem Gespann
zu Hofe dienen muß, wird von dergleichen Nebenverdiensten nur selten einen Vortheil ziehen
können, dahingegen diejenige, die wöchentlich
nur zwei Tage zum Herrndienst verpflichtet sind,
annoch genugsame Zeit, um sich dieser Vortheile
gehörig zu Nutze zu machen, behalten.

Nur erst vor kurzem habe ich in dem siebenten=
ten Bande der Berliner Beiträge zur landwirthschaftswissenschaft, diesen wichtigen Punkt näher zu erörtern und abzuhandeln Gelegenheit gehabt, weshalb ich mich denn auch darauf lediglich
bezogen haben will.

* Oecon. Schr. Zweiter Band.   P   §. 18.

§. 18.

Beſchluß dieſer Abhandlung.

Daß die vorgetragene Sätze insgeſamt zur
Aufflärung desjenigen, was bei Unterſuchung
der Zulänglichfeit einer Bauernahrung zu wiſſen
nöthig iſt, ſehr viel beitragen, wird ein jeder,
der in dergleichen Wirthſchaftsſachen fein Frembd-
ling iſt, ſchon von ſelber einſehen.

Ich hoffe daher nichts überflüßiges unternommen zu haben, wenn ich ſolche, durch Mittheilung des beigefügten Gutachtens, worin ſelbige
insgeſamt zuſammengefloſſen ſind, näher entwickelt und befannt gemacht habe.

V.

Entwurf

zu einer

Instruction für einen Wirthschafts-
Inspector, imgleichen einen Rechnungs-
Schreiber, nach dem Muster der auf den
Gräflich von Podowilschen Güthern
ertheilten.

I.

Instruction
für
den Wirthschafts-Inspector.

§. 1.

Ursachen, die den Verfasser, in Mittheilung der Gräflichen Podowilsschen, Gusowschen Instructionen fortzufahren, bewogen haben.

Wie nützlich es sey, und wie sehr es gute Ordnung unterhalten helfe, wenn ein Landwirth nicht allein seine Wirthschaftsbedienten, sondern auch sämtlichen in seinem Brod und Lohn stehenden Dienstboten, einen schriftlichen Aufsatz von ihren Pflichten zustellet, und ihnen dadurch alle Entschuldigungen einer darunter gemeiniglich vorgeschützten Unwissenheit benimmt, ist bereits in dem ersten Bande dieser Blätter S. 329. bemerkt worden.

Daß man aber dergleichen schriftliche Instructionen und Unterricht nur an den wenigsten Orten antrift, ist ebenfalls bekannt.

Um so nöthiger ist es daher, diejenigen Beispiele, die hierunter von besonders aufmerksamen

und

und Ordnungliebenden Guthseigenthümern gegeben worden sind, gehörig zu benutzen.

Das seltene Muster, so der verstorbene Geheime Etats- und Cabinetsminister, Graf von
Podowils, auf seinen in der Mittelmark gelegenen Gusowschen Güthern, hierunter hinterlas-
sen hat, habe ich bereits c. l. S. 33. seqq. um-
ständlich bemerket; auch schon damals den Vorsatz, die von diesem großen Wirth für seine Wirthschaftsbediente und Dienstboten aufgesetzte Instructionen, so wie sie mir von demselben annoch
bei seinem Leben mitgetheilt worden, den von diesen Blättern ans Licht tretenden Bänden nach
und nach mit einzurücken, und sie dadurch mehr
bekannt zu machen, geäußert.

Mit der Instruction, die erwähnter Minister
für seinen Gusowschen Gerichtsverwalter oder Justitiarius entworfen, habe ich bereits in dem ersten Bande den Anfang gemacht.

Der Beifall, den dieses mein Unternehmen
gefunden, ist mir ein genugsamer Bewegungs-
grund, dem geehrten Publikum auch in dem gegenwärtigen Bande eine von diesen Instructionen
vorzulegen.

Da nach dem Justitiarius oder Gerichtsverwalter der Wirthschaftsinspector sonder Zweifel in
einer jeden Wirthschaft die wichtigste und ansehn-
lichste Person ist, so habe ich auch die von dem
verstorbenen Herrn Grafen für denselben entworfene Vorschrift seiner Pflichten für gegenwärtigen
Band gewählet.

§. 2.

§. 2.

**Warum er der Instruction für den Wirthschafts=
inspector auch zugleich die für den Rech=
nungsschreiber beizufügen für nö=
thig erachtet.**

Anfänglich war nur, mich in diesem Bande
blos darauf einzuschränken, mein Vorsatz.

Nachdem ich aber die übrige von mehrerwähn=
ten Herrn Grafen für seine Wirthschaftsbediente
entworfene Instructionen beiläufig nachgesehen,
so habe gefunden, daß die Pflichten des Wirth=
schaftsinspectors und Rechnungsschreibers derge=
stalt miteinander verwebet sind, daß die eine nicht
wohl ohne die andre verstanden, und deutlich ge=
macht werden können.

Der Rechnungsschreiber ist gleichsam als der
Adjudant des Wirthschaftsinspectors anzusehen,
und es kommen daher in der Instruction des er=
stern viele Pflichten vor, die bereits dem letztern
eingeschärft worden, wobei es sich von selbst ver=
stehet, daß dem Rechnungsschreiber diese Pflich=
ten nur blos unter der Direction und Oberauf=
sicht des Wirthschaftsinspectors übertragen wor=
den sind.

Dieses hat mich denn bewogen, die Instruction
für den Rechnungsschreiber, um alle Undeutlich=
keit und Mißverstand zu vermeiden, sofort mit bei=
zufügen.

Bei beiden werde ich mich inzwischen, wie
bereits in dem ersten Bande in Ansehung der In=

struction

struction für den Gerichtsverwalter geschehen ist,
angelegen seyn lassen, durch verschiedene nöthige
Anmerkungen den Inhalt dieser Instructionen
auch auf kleinere Wirthschaften anwendlich zu
machen.

§. 3.

Von den allgemeinen Pflichten des Wirthschafts-
inspectors, besonders, daß er sich gegen die Unterthanen leutselig betragen, und auch die
Unterbedienten dazu anhalten solle.

§. 1. der Instruction. Das Vertrauen, welches ich in des Actuarii *) und Wirthschaftsinspectors N. N. redlicher Gesinnung, Treue, Fleiß
und

*) Der Titel Actuarius ist sonst nur auf den Königlichen
Aemtern gewöhnlich.
Daselbst giebt es bekanntermaßen einen Justiz- und
Wirthschafts- Actuarium. Der erstere wird in den
vorfallenden Justizsachen gebraucht, und ist ein Unter-
gebener des Justizbeamten; die Geschäfte des zweiten
aber schränken sich nur blos auf Wirthschaftssachen
ein, und ihm lieget besonders die Führung der Wirthschaftsrechnungen ob, weshalb er auch lediglich von
dem Wirthschaftsbeamten in seinen Verrichtungen abhanget.
Von diesem letztern scheinet der Herr Graf diesen
Titel entlehnet, und seinem Wirthschaftsinspector bei-
gelegt zu haben.
Ich muß aber aufrichtig gestehen, daß mir diese
Benennung hier nicht auf eine anpassende Art angebracht zu seyn scheinet.
Der Titel von Wirthschaftsinspector ist an und für
sich weit ehrender, als der von Actuarius; indem der
erstere

und Eifer für meinen Dienst setze, hat mich bewo,
gen, denselben die Aufsicht über die Wirthschaft
auf meinen Gütern N. N., und aller dazu ge,
hörigen Bedienten, Dienstboten und Unterthanen
zu übertragen. Wie ich nun zu diesem Ende sel,
bige dahin angewiesen, ihm in allen Stücken,
was er ihnen in meinen Geschäften befehlen wird,
zu gehorsamen, so lebe auch der guten Zuversicht,
er werde sich gegen einen jeden derselben freund,
lich und liebreich bezeigen, so viel möglich mit Gü,
te zu Beobachtung ihrer Schuldigkeit und Pflicht
anhalten, insonderheit durch ein leutseliges Be,
tragen gegen die Unterthanen, seinen Untergebe,
nen ein gutes Beispiel geben, wie sie sich gegen
selbige zu verhalten, und nicht verstatten, daß diese
durch vorgemeldete Wirthschaftsbediente zum Unfug
übel tractiret und mitgenommen werden b).

P 5   §. 4.

erstere die Stelle des Wirthschaftsbeamten vertritt;
der letztere aber nur blos einen seiner Untergebenen zu,
kommen kann.

Mit weit mehrerm Recht hätte dem Rechnungsschreib,
ber, wie sich aus dessen Instruction von selbst ergeben
wird, dieser Titel beigeleget werden können.

Da aber solches Kleinigkeiten sind, und es billig
von einer jeden Obrigkeit, was für einen Namen sie
ihren Bedienten beilegen will, abhanget, die ertheilte
Justructionen auch dergestalt deutlich abgefasset sind,
daß ein jeder daraus seine Pflichten vollkommen ent,
nehmen kann, so will ich mich dabei nicht weiter auf,
halten.

b) Diese Anmahnung drucket den milden und sanften
Charactere des seligen Herrn Grafen, den er in sei,

nem

§. 4.

**Soll auf Gottesfurcht und fleißiges Kirchengehen
bei den Wirthschaftsbedienten, auch tägliche
Betstunden halten.**

§. 2. der Instruction. Da auch alle mensch=
liche Bemühungen umsonst, wenn der Höchste
nicht

nem Leben bei allen Begebenheiten von sich spüren
lassen, auf das lebhafteste aus, und man kann mit
Wahrheit sagen, daß er sich dadurch selber auf das
vollkommenste geschildert hat.

Das Mißhandeln der Dienstboten und Unterthanen
so man nicht selten von ungestümen Wirthschaftsbe=
dienten auf Gütern, wo die Herrschaft öfters ab=
wesend ist, wahrnimmt, ist allerdings verwerflich
und nicht zu dulden, weil daraus viele Unordnungen,
und in großen Gemeinen wohl gar allerhand Meute=
reien und aufrührische Factionen entstehen können.

Inzwischen muß doch auch ein Mann, der für das
Ganze der Wirthschaft verantwortlich seyn soll, in
den Stand gesetzet seyn, daß er Ernst und Liebe mit
einander verbinden kann.

Denn daß sich das gemeine Bauervolk nicht blos
durch Güte regieren lasse, sondern auch öfters bei seiner
Führung einen werkthätigen Ernst haben wolle, ist
den Obrigkeiten selber zur Gnüge bekannt.

Wenigstens muß doch einem solchen Wirthschaftsin=
spector, von welchem überall eine Beobachtung guter
Ordnung gefordert wird, derjenige Theil der Gerichts=
barkeit, der unter dem Namen von Dienstzwang
bekannt ist, und selbst den Zeitpächtern nicht verschrän=
ket werden kann, frei gegeben werden.

Wollte man ihm auch diesen nicht verstatten, so wür=
de der größeste Theil seiner Befehle und Anordnungen
frucht=

nicht seinen Seegen dazu giebt, und wir hiernächst
von dem Thun und Lassen derjenigen, denen uns
die göttliche Vorsehung vorgesetzt hat, eines Tages Rechenschaft geben müssen; so ist mein ernst-
licher Wille, und binde es ihm auf sein Gewissen,
daß er ein gottseliges Leben, unter denen, die
ihm untergeben sind, einzuführen, sich bemühe,
sie anhalte, die Kirche und den Tisch des Herrn
fleißig zu besuchen, ihnen hierunter mit gutem
Beispiel vorgehe, keine Laster und Aergernisse dul-
de, insonderheit das verderbliche Würfel- und
Chartenspiel nicht gestatte, das gotteslästerliche
Fluchen und Schwören ihnen nachdrücklich verweise, und wenn solches nichts verfängt, sie des-
wegen bestrafe c), diejenigen, welche ein frommes

fruchtlos bleiben. Nur der Mißbrauch davon, nicht
aber der rechte Gebrauch, muß eingeschränket werden.

c) Dieses möchte wohl nicht nach dem Geschmack der
heutigen Welt seyn, sondern von den meisten für bi-
gott oder pedantisch angesehen werden.

Inzwischen ist gewiß, daß die Religion, wenn man
auch sonst auf ihre Hauptwirkungen keine Rücksicht
nehmen will, das sicherste Mittel ist, den gemeinen
Mann in Ordnung zu halten, und sie bei ihm als eine
Triebfeder zum thätigen Gehorsam zu gebrauchen.

Bei aufgeklärten Personen kann öfters eine gesunde
Philosophie die Stelle der Religion vertreten, und sie
äußerlich sittsam und folgsam machen.

Bei dem gemeinen Mann aber kann und wird die
Philosophie, die demselben nicht einmal dem Namen
nach bekannt ist, diese Wirkungen niemals hervorbringen,
son-

mes und stilles Leben führen, allen andern vor-
ziehe, und ihnen mehr vertraue, weil man den
sichern Schluß machen kann, daß, wer Gott fürch-
tet, auch seiner Herrschaft treu, hold und gehorsam sey. Er muß auch täglich Morgens und
Abends das Gesinde zusammen kommen, einen

Gesang

sondern der Mangel der Religion allen Lastern, besonders aber dem Ungehorsam und Betrügereien,
Thor und Thür öfnen.

Ich mag wenigstens keinen Wirthschaftsbedienten,
er mag sonst geschickt seyn, wie er will, der keine Religion hat, oder ein Verächter derselben ist, in meinen Diensten haben, indem ich alle Augenblick, daß
derselbe, da er von keinen andern, als weltlichen
Strafen, etwas weiß, mich durch verheimlichte Untreue betrügen werde, befürchten muß.

Daß sich der Wirthschafts-Inspector als das Ober-
haupt der Wirthschaftgesellschaft dem wirklichen Ausbruch verderblicher Laster, wohin besonders das in der
Instruction erwähnte Würfel- und Kartenspiel gehöret, widersetze, ist, weil solches zu allerhand Untreue
Anlaß giebt, allerdings gut und nöthig.

Den Wirthschafts-Inspector aber zu einem Prediger der Moral machen zu wollen, gehet zu weit, und
könnte ihm leicht allerlei Verdruß, der sein ganzes Ansehen schwächte, zuwege bringen.

Die Besserung der Herzen, und Anmahnung zu den
Religionsübungen muß billig dem Geistlichen des Orts
überlassen werden. So viel aber kann geschehen, daß
der Wirthschaftsinspector über seine Untergebene eine Art von Conduiten-Liste führe, und solche dem
Gutsherrn von Zeit zu Zeit vorlege, damit dieser
nach Gefallen eine Veränderung treffen, und die darunter befindliche reudige Schaafe ausmerzen könne.

Gesang singen, und ihnen durch einen der Schreiber ein Gebet, und ein Capitel aus der Bibel
vorlesen lassen, auch mit denen Schreibern gegenwärtig seyn, diejenigen von dem Gesinde, welche ohne erhebliche Ursachen wegbleiben, muß er
mit einer proportionirlichen Geldbuße, zum Besten der Armencasse, bestrafen d).

§. 5.

d) Ich bin zwar kein Feind von Hausandachten, sondern glaube vielmehr, daß sie zur Erbauung und Ordnung des Gesindes sehr viel beitragen können.

Inzwischen muß doch dabei aller Zwang verbannet
seyn, und es von;des Gesindes und jedermanns freien
Willen abhangen, ob er solchen beiwohnen wolle,
oder nicht.

Ein gezwungener Gottesdienst kann nach den Begrif-
fen, die wir uns von der Religion zu machen haben,
dem höchsten Wesen ohnmöglich angenehm seyn.

Die Veranstaltung solcher Hausandachten sind nur
blos dazu nützlich, damit diejenigen, die sich in der Gottesfurcht üben wollen, dazu eine bequeme Gelegenheit
finden mögen.

Zu den in dieser Instruction verordneten Strafen
für diejenigen, die diesen Betstunden nicht beiwohnen,
finden daher bei mir keinen Beifall.

Ueberhaupt können dergleichen angeordnete Betstunden, denen das Gesinde schlechterdings beiwohnen muß,
sehr leicht zu allerhand Unordnungen und geflissent-
lichen Nachläßigkeiten, ohne im Geistlichen den geringsten Nutzen zu stiften, Anlaß geben.

Die Morgenbetstunden sind weder im Winter, noch
im Sommer, aus dieser Ursache rathsam.

Will eine Grundherrschaft dem Gesinde, sich durch
öffentliches Singen, Beten und Bibellesen zu erbauen

Au-

§. 5.

**Pflicht des Wirthschaftsinspectors, sich die Grän-
zen der Güther und alle dazu gehörige Pertinenz-
stücke bekannt zu machen, und, daß dabei
der Herrschaft nichts vergeben werde,
Sorge zu tragen.**

§. 3. der Instruction. Muß er sich nicht
allein die Gränzen meiner Güther N.N., sondern

Anlaß geben, als welches vor eine christliche Obrigkeit
allerdings sehr löblich ist, so sind die Winterabende,
nachdem das Gesinde abgegessen hat, am bequemsten
dazu, und alsdenn kann auch von einem jeden mit
Recht gefordert werden, daß er sich nicht eher, als
bis die angestellte Andacht vorbei ist, entferne, sondern derselben mit beiwohne.

Ueberhaupt stiften dergleichen Hausandachten, so gut
und löblich sie auch an und vor sich selber sind, öfters
mehr Schaden, als Nutzen, indem dadurch viele zu
schändlichen Heuchlern gemacht werden, die gemeiniglich in ihrem Betragen gefährlicher, als offenbare Las-
terhafte, auch selbst im theologischen Verstande, sind.

Mir ist ein Beispiel bekannt, wo ein redlicher und
gottesfürchtiger Guthsbesitzer aus der besten Meinung
nicht allein des Sonntags, sondern auch in der Woche,
täglich Morgens und Abends dergleichen Betstunden
hielte, welchen nicht allein das Hofgesinde, sondern
auch der größeste Theil der Gemeine, weil sie sich dadurch dem Grundherrn gefällig zu machen und seine
Gunst zu erwerben glaubten, sehr fleißig beiwohnte.

So lange er lebte, bewürkte er auch durch dieses
Mittel einen ziemlichen außerordentlichen ehrbaren
Wandel, sowohl bei seinen Hausgenossen, als den
sämtlichen Einwohnern.

Nach

dern auch aller dazu gehörigen Pertinenzien an
Aeckern, Wiesen, Holzungen, Seen, Teiche,
Rohrhorsten, Dienste und Prästanda der Unterthanen, Gewohnheiten, Observanzen und aller
übrigen Gerechtsame wohl bekannt machen, und
fleißig Acht haben, daß mir nichts davon vergeben werde, oder sich jemand etwas zur Unfug an-
messe e).

§. 6.

Nach seinem Tode aber zogen diese Heuchler mit
einmal ihre Larve ab, und es hat wohl niemals eine
Gemeine gegeben, die ruchloser, als diese, gewesen
wäre.

Ein dergleichen Beispiel kann einem jeden, der
durch solche Hausandachten eine moralische Beßrung
bei seinen Unterthanen zu bewirken glaubt, zur Warnung dienen, daß er darunter mit möglichster Behutsamkeit verfahren und besonders allen Zwang dabei
zu vermeiden suche.

e) Daß alle diese Kenntnisse einem Wirthschaftsinspector,
welcher das Beste des Guthsherrn in allen Stücken beobachten und dessen Schaden und Nachtheil auf die mög-
lichste Art abwenden soll, höchst unentbehrlich sind,
ist einleuchtend.

Woher aber soll ein Mann, dem die zur Bewirthschaftung anvertrauten Güter vorhin noch nicht bekant
gewesen sind, die dazu nöthige Nachrichten erlangen?
Denn gemeiniglich pflegen dergleichen Wirthschaftsin-
spectores aus der Fremde und einer entfernten Gegend, blos wegen des guten Rufs ihrer Treue und
Geschicklichkeit, dazu gewählet zu werden.

Diesen aber ist gemeiniglich auf den Gütern, wo sie
angestellet werden, alles neu, fremde und unbekannt.
Bei dieser unverschuldeten Unwissenheit ist es ihnen
öfters

§. 6.

Daß der Wirthschaftsinspector des Morgens der erste, auf dem Abend aber der letzte zu Bette seyn müsse.

§. 4. der Inſtruction. Er muß des Morgens der erſte auf ſeyn, und ſo bald er angezogen und Betſtunde gehalten, ſowohl im Hauſe, als denen Höfen und Ställen alles viſitiren, und nachſehen, ob es in guter Ordnung. Er gehet nicht eher zu Bette, bis alles Geſinde ſchlafen gegangen, und ſiehet

öfters, hierunter mancherlei zum Nachtheil der Grund- herrſchaft zu begebende Fehltritte zu vermeiden, ohn- möglich.

Meines Erachtens iſt daher nöthig, daß ein Guthsei- genthümer, der von einem ſolchen Mann in dieſen Fällen eine Verantwortung fordert, denſelben vorher von den Gerechtſamen ſeiner Güther, oder Guthes, auf das genaueſte unterrichten müſſe.

Nichts kann hiezu mehr beitragen, als eine genaue von den Güthern aufgenommene Vermeſſungscharte.

Dieſer aber muß auch zugleich ein genaues Ver- zeichniß von allen Anſprüchen, ſie mögen gegründet oder ungegründet ſeyn, ſo die Nachbaren an ein oder anderes Grundſtück zu machen intendiren, beigefügt werden, damit der neue Wirthſchafts-Inſpector, worauf er ſeine Aufmerkſamkeit hauptſächlich zu rich- ten und den Fortgang der nachbarlichen Beeinträch- tigungen zu verhindern habe, wiſſen möge.

Daß er ſich bei zweifelhaften Fällen darunter des Beiraths der Aelteſten im Dorfe, um in allem deſto ſicherer zu gehen, bedienen müſſe, verſtehet ſich von ſelbſt.

siehet zu, ob das Feuer auch irgend wo Schaden verursachen könne ¹).

§. 7.

f) Es ist dieses zwar eine sehr schwere, dennoch aber für einen Mann, der für alles verantwortlich bleiben soll, höchst nöthige Lection.

Von selbst aber folgt hieraus, daß zu einem solchen Amt keine schwächliche Personen, oder alte Greise, die von Natur mehrerer Ruhe nöthig haben, sondern Leute von einem muntern und lebhaften Wesen, auch dauerhaften Gesundheit, die noch in ihren besten Jahren stehen, gewählet werden müssen.

Die Regel, daß der Wirthschafts-Inspector auf dem ganzen Hofe der erste auf und der letzte zu Bette seyn müsse, ist hauptsächlich deshalb nothwendig, weil gemeiniglich in den Morgen- und Abendstunden von dem treulosen Gesinde die meiste Betrügereien und Durchstechereien vorgenommen zu werden pflegen, er aber solche, wenn er alsdenn noch schläft, zu verhüten nicht im Stande ist.

Auf den Gusowschen Gütern hat zwar ein Wirthschafts-Inspector verschiedene Wirthschaftsschreiber und andre Untergebene, die solches unmittelbar besorgen müssen, unter sich.

Allein, wer weiß nicht, wie leicht sich auch diese zum frühen Zubettegehen und langen Schlafen gewöhnen, wenn sie wissen, daß solches von ihrem Vorgesetzten ebenfalls geschiehet, und an Orten, wo dergleichen Untergebene nicht vorhanden sind, sondern der Wirthschafts-Inspector, wie in den meisten kleinern Wirthschaften gewöhnlich ist, alles allein beobachten und besorgen muß, ist das frühe Aufstehen und späte Zubettegehen um so nothwendiger.

Um inzwischen dieses Amt nicht gar zu sehr in eine Sclaverei zu verwandeln, so muß ein solcher Wirth-

§. 7.

Von der Autorität, worin sich ein Wirthschafts=
Inspector bei seinen Untergebenen und Dienstbo=
ten zu setzen und auch darin zu erhal=
ten hat.

§. 5. der Instruction. Die Wirthschaftsbe=
diente und Dienstboten muß er zu Erfüllung ih=
rer Pflicht und der ihnen aufgetragenen Arbeit
fleißig erhalten, und sich zu diesem Ende ihre Be=
stallungen, worinnen ihre vornehmste Verrichtun=
gen verzeichnet, wohl bekannt machen; insonder=
heit hat er solches in Ansehung der Schreiber, För=
ster, Gärtner, Unterschreiber, Brauer und Haus=
hälterinn, zu thun; er muß sich bei ihnen in ge=
hörige Autorität zu setzen und beizubehalten su=
chen,

schafts = Inspector, besonders das frühe Aufstehen nicht
schlechterdings zur Gewohnheit machen, sondern bis=
weilen etwas länger schlafen, indem dadurch die Un=
tergebene sowohl, als auch das Gesinde, in beständiger
Furcht, von ihm überraschet zu werden, erhalten
werden.

Des Abends aber bleibt es allemahl nothwendig,
daß er der letzte zu Bette sey, weil sonst von dem noch
wachenden Gesinde vieler Unfug und Unheil angerichtet
werden kann.

Die in der Instruction ihm auferlegte Aufsicht über
die Feuerstätten ist bereits dem Rechnungsschreiber be=
sonders aufgetragen, und es versiehet sich daher von
selbst, daß dem Wirthschaftsinspector deshalb nur blos
die Superrevision, um in einer so gefährlichen Sache
desto sicherer zu gehen, obliege.

chen, und sich zu diesem Ende mit keinem gemein
machen g).

§. 8.

g) Ein großer Fehler ist es freilich, wenn sich ein solcher
Wirthschafts-Inspector, der die Person seines Prin-
cipalen vorstellen, und in dessen Namen alle nöthige
Befehle erth..len soll, mit seinen Untergegebenen all-
zugemein macht, und dadurch das ihm gebührende
Ansehen verlieret.
Inzwischen hält doch solches bei beständiger Abwesenheit des Gutsherrn öfters schwerer, als man glaubet.
Sich mit diesen Leuten alles Umgangs schlechterdings zu entschlagen, gehet auf dem Lande, wo sonst
keine Gelegenheit zu einem andern Umgange vorhanden
ist, nicht wohl an, zumahl man von einem noch lebhaften Mann, daß er schlechterdings als ein Einsied-
ler leben soll, nicht verlangen kann. Gemeiniglich
aber sind die Untergebene mit dem bestellten Wirthschafts-Inspector von gleichem Schroot und Korn,
und es wird daher der öftere Umgang mit demselben von ihnen sehr oft genißbraucht, und in eine
Art von schädlicher Familiarität verwandelt.
An Orten, wo die Herrschaft entweder beständig,
oder doch öfters, gegenwärtig ist, thut daher die letztere sehr wohl, wenn sie denselben, wo nicht beständig
doch wenigstens öfters, mit an ihrem Tische speisen
lässet, und selber gegen ihm eine gewisse persönliche
Achtung bezeiget.
Dieses würde ihn, sowohl bei seinen Untergebenen,
als auch bei den sämtlichen Unterthanen, am sichersten, in dem gehörigen Ansehen zu erhalten, im Stande seyn.
Solches war zwar bei dem seligen Grafen auf dem
Gusowschen Güthern theils wegen seiner öftern Abwesenheit, theils aber auch wegen seiner häuslichen Verfassung, nicht wohl möglich, zumahl überdem das
gräf-

§. 8.

Von der Haltung eines genauen Diarium über Einnahme und Ausgabe.

§. 6. der Instruction. Alle Einnahme und Ausgabe, sowohl an Gelde, als Naturalien verbleibet ihm, und er führet darüber ein richtiges Diari-

gräfliche Wohnhaus zu Gusow von dem dortigen Wirthschaftshofe zu entfernt lieget, die Gegenwart des Wirthschafts-Inspectors auf demselben aber in den Mittagsstunden, um Unordnungen zu vermeiden, fast am allernothwendigsten ist.

Inzwischen werden doch alle Güterbesitzer, die einen dergleichen Wirthschafter zu halten genöthiget sind, und denen die vorbemerkte Hindernisse nicht entgegen stehen, wohlthun, wenn sie denselben mit an ihren Tisch nehmen, und ihm dadurch das gehörige Ansehen verschaffen, zumahl sie davon noch überdem den Vortheil haben, daß sie sich mit ihm bei dieser Gelegenheit über alles, was in der Wirthschaft vorgefallen ist, und nicht immer in die gewöhnliche Rechnungen mit eingeführt werden kann, freundlich bereden, und deshalb auf eine gute Art die nöthige Erinnerungen thun können.

Der sicherste Weg, sich bei seinen Untergebenen in die gehörige Autorität, ohne Poltern und Ungestüm, zu setzen, bestehet im übrigen darin, daß der Befehlende die letztern, daß er sein Amt vollkommen verstehe und in demselben durch Erfahrung geübet sey, zu überzeugen im Stande ist.

Das gründliche Wissen und Verstehen einer Sache ziehet eine willige Folgsamkeit und Gehorsam der Untergebenen von selbst nach sich.

Die Untergebenen bei den vorfallenden Geschäften mit zu Rathe zu ziehen, ist eine Schuldigkeit, und

er

Diarium, in welchem er, ehe er etwas einnimmt
oder ausgiebt, solches jederzeit, und ohne daß er
jemals einen Augenblick aufschiebet, es mag vorfallen, was nur immer wolle, einschreibet. Mit
einer gleichmäßigen Accuratesse muß er die Schulden in das Schuldbuch eintragen, und sich diese
Mühe nicht verdrießen lassen, wenn gleich die
Schuld den folgenden Tag sollte bezahlt werden.
Er muß auch nicht an ungewisse Leute creditiren,
und alle Vierteljahr die Schulden beitreiben. Was
die Unterthanen schuldig bleiben, schreibt er ihnen
in ihre Bücher; die Belâge muß er an einem besondern Ort sorgfältig aufheben, und sie, wenn
er sie wegleget, numeriren. Wenn er Getreide
auf dem Boden, oder von demselben herunter-
misset, notirt er es in seiner Schreibetafel, trâ-
get solches aber hiernâchst ohne Aufschub in das
Diarium; den Zuwachs und Abgang des Viehes
muß er sich durch die darüber gesetzte Personen,
sogleich anzeigen lassen, damit er es eintrage, und
die es unterlassen, hat er davor gebührend zu bestrafen [h]).

Q 3   §. 9.

er kann sich dadurch sehr oft gegen alle Verantwortung
sicher stellen.

Niemals aber muß er eine Unwissenheit in demjenigen,
was er befiehlet und anordnet, von sich verspüren
lassen; indem dieses eine ohnfehlbare geheime Verach-
tung und Schwächung seines ganzen Ansehens nach
sich ziehet.

h) Dieser ganze Artickel ist hauptsächlich auf die Richtigkeit der Wirthschaftsrechnungen gerichtet.

Die

§. 9.

Warum er, nachdem er das Diarium geschlossen, an demselben Tage weiter nichts einnehmen, noch ausgeben müsse.

§. 7. der Instruction. Des Abends, nachdem er die Tagelöhner ausgezahlt, schließet er das

Die dem Wirthschafts-Inspector nach dieser Instruction obliegende Geschäfte bestehen lediglich in der Verwaltung der Casse und des Kornbodens.

. Alles übrige stehet zwar ebenfalls unter seiner Direction und allgemeinen Aufsicht, dergestalt, daß er, wenn etwas unrichtiges darin geschiehet, dem Gutsherrn deshalb verantwortlich bleibt; Casse und Kornboden aber kommen niemals aus seinen Händen, sondern sie müssen unter seiner alleinigen Verwaltung bleiben.

Nimmt man gegenwärtige Instruction nach dieser Einschränkung in Betracht, so wird sich finden, daß die Geschäfte des Wirthschaftsinspectors nicht so überhäuft sind, als es wohl manchem, der diese Instruction liefert, scheinen wird.

Außer der Casse und dem Kornboden, hat er zu allen andern Geschäften genugsame Untergebene und Werkzeuge, die solche besorgen müssen. ,

Nur diese darf er gehörig beobachten, daß sie seine gemachte Anordnungen in allen Stücken auf das genaueste befolgen.

Zur Führung der Rechnung, welche von der Casse und dem Getreideboden nicht wohl getrennet werden kann, ist ihm der Rechnungsschreiber ebenfalls zur Hand gegeben.

Der Wirthschaftsinspector muß nur blos durch ein genaues Diarium, worin er alle Einnahmen und Ausgaben einträgt, den Grund dazu legen; alles übrige aber, das Diarium, ziehet den Latus, und stellet es dem Rechnungsschreiber zu, damit er die Einnahme und Ausgabe in die Special-Rechnung eintragen könne. Nachdem er das Diarium geschlossen, muß er nichts mehr einnehmen, noch ausgeben, sondern solches zu desto mehrerer Richtigkeit bis den andern Tag verschieben i).

Q 4   §. 10.

aber, so zur Ausfertigung und Ausarbeitung der Rechnung erforderlich ist, der Rechnungsschreiber besorgen.

Dieser trägt die von den Wirthschafts-Inspector in dem Diario täglich verzeichnende Einnahme und Ausgabe in sein Manuale und nachher in die Specialrechnungen ein; wodurch er über das Diarium eine Art von Controlle führet.

Alle monatliche und jährliche Rechnungen müssen blos von dem Rechnungsschreiber angefertiget, von dem Wirthschafts-Inspector aber, ob sie auch mit seinem Diario übereinstimmen, nachgesehen und untersucht werden.

Auf den wichtigen Gusowschen Gütern ist dieses eine eben so nothwendige, als nützliche Einrichtung, bei welcher die Rechnungen nicht so leicht in Unordnungen gerathen und Unterschleife dabei vorfallen können.

Daß aber auf keinen Gütern, deren Ertrag die Haltung mehrerer Wirthschaftsbedienten nicht verstattet, diese Einrichtung anwendlich sey, wird schon ein jeder von selbst bemerken.

In solchen Fällen ist daher dem Wirthschafter die Führung der Rechnung zwar alleine zu überlassen, dennoch aber darauf, daß er, über Einnahme und Ausgabe ein genaues Diarium führe, sorgfältig zu halten, weil solches zur Richtigkeit der Rechnung sehr viel beiträgt.

i) Dieses wird zwar manchem übertrieben, und eine gar zu große Genauigkeit zu seyn scheinen, zumahl

auf

§. 10.

Von dem wöchentlich zu überzählenden Caſſenbeſtande.

§. 8. der Inſtruction. Wenigſtens alle Wo‑
che ziehet er die Balance von Einnahe und Aus‑
gabe, zählet das vorräthige Geld über, und ſiehet
zu, ob der Beſtand, ſo wirklich in Caſſe iſt, mit
der von der Rechnung übereinſtimmt. Iſt hier‑
unter wider Verhoffen ein Verſtoß, ſo muß er
ſich bemühen, ausfündig zu machen, woher er rühre,
und ihn ſogleich redreſſiren k)

§. 11.

auf ſo großen und weitläuftigen Gütern noch ſehr
leicht ſpäte des Abends Einnahmen oder Ausgaben
vorfallen können, und es nicht immer ſchicklich iſt,
diejenigen, die Geld zahlen oder empfangen ſollen,
damit bis auf den folgenden Morgen zu verweiſen.

Inzwiſchen bleibt doch ſolches bei der dort eingeführ‑
ten Rechnungsführung deshalb nothwendig, weil ſonſt
der Rechnungsſchreiber, welcher das Diarium in ſein
Manuale eintragen muß, dadurch irre werden, und
ſolches, daß das Diarium und Manuale nicht über‑
einſtimmen, verurſachen kann.

k) Die in dieſem §. enthaltene Anordnung iſt dergeſtalt
nützlich, daß ſie billig, bei allen, auch ſelbſt den öffent‑
lichen Caſſen, nachgeahmt zu werden verdient.

Man nimmt gemeiniglich ein, und giebt auch wie‑
derum aus, ohne ſich um den wirklichen Caſſenbeſtand
eher zu bekümmern, bis Rechnung abgeleget, und
der Caſſenbeſtand entweder vorgezeiget, oder ausge‑
händiget werden ſoll.

Findet ſich nun, daß die geführte Rechnung mit
dem wirklich vorhandenen Geldvorrath nicht überein‑
ſtimmet,

§. 11.

Von dem monathlichen Extract, so ihm von dem Rechnungsschreiber vorgelegt werden muß, und was er dabey zu thun habe.

§. 9. der Instruction. Den letzten Tag eines jeden Monats schließet er ebenfalls das Diarium, und der Rechnungsschreiber stellet ihm einen Extract von der Einnahme und Ausgabe an Gelde nach der Specialrechnung zu, und wenn dieser mit jener nicht übereinstimmet, so muß er nachforschen, wo der Fehler steckt, und ihn abhelfen [1]).

Q 5 §. 12.

stimmet, so geräth auch der ehrlichste Rendant dadurch nicht selten in die größte Verlegenheit, weil er sich nicht mehr erinnern kann, worin der Verstoß lieget.

Unzählige Defecte entstehen auf diese Art, und setzen die Cassen in Unordnung.

Wird aber das Geld wenigstens alle acht Tage einmahl übergezählet, und es ereignet sich dabei ein dergleichen Mangel der Übereinstimmung des Cassenbestandes mit der Rechnung, so ist es weit eher möglich, die Ursachen davon zu entdecken, und den Fehler zu verbessern.

1) Wenn dasjenige, was in dem nächstvorstehenden §. vorgeschrieben worden ist, und der Rechnungsschreiber das Diarium in sein Manuale und die specielle Rechnungen mit der erforderlichen Accuratesse einträgt; so kann ein dergleichen Fehler nicht leicht entstehen.

Hätte sich etwa ein Error calculi bei dem Eintragen des Diarii in die specielle Rechnungen mit eingeschlichen,

§. 12.

In welchen Münzsorten die Einnahme von ihm geschehen müsse.

§. 10. der Instruction. Er muß, so viel es thunlich, nichts wie gutes und Edictmäßiges Geld annehmen, insonderheit aber muß er die Pächter anhalten, in dergleichen, ihrem Contract gemäß, die Pacht zur gesetzten Zeit abzutragen. Die Unterthanen müssen ebenfalls ihre Zinsen in gangbarer Münze bezahlen m). Sollte es sich aber

chen, so wird sich solcher allemahl bei näherer Nach-sehung des Diarii und der speciellen Rechnungen ganz füglich entdecken lassen, und überhaupt kann, wie be-kannt, ein bloßer Error calculi weder dem Rechnungs-führer, noch auch dem Eigenthümer, nachtheilig wer-den, sondern es ist derselbe, wenn er entdecket wor-den, nachdem er ein Plus oder Minus verursachet hat, sofort zu vergütigen.

m) Die Pächter müssen zwar in Contractmäßigen Münz-sorten zu zahlen angehalten werden, wenn auch gleich ihre Einnahme nicht darin bestünde. In Ansehung der Unterthanen aber kann zu jetzigen Zeiten bei dem Ueberfluß an Scheidemünze wohl nicht mit aller Stren-ge, daß sie ihre Abgaben in Courant entrichten sollen, gedrungen werden.

Der gemeine Mann nimmt bekantermaßen bei dem Verkauf seiner Producten fast nichts, als $\frac{1}{8}$tel Stücke und andre Scheidemünze, ein

Will nun eine Herrschaft darauf bestehen, daß sie demohnerachtet ihre baare Abgaben in Courant bezah-len sollen, so wird dadurch den Juden und andern Wucherern zu einem übermäßigen Agiotiren eine er-wünschte

aber fügen, daß er, von Fremden heruntergesetz-
tes Geld vor voll anzunehmen gezwungen wäre,
um sich nicht Kunden zu verschlagen, oder einen
vortheilhaften Handel rückgängig zu machen; so
muß er sich bemühen, solches auf den Frankfurter
Messen wieder los zu werden n).

§. 13.

**Von den Ueberschicken der vorräthigen Gelder,
sobald 100 Rthlr. beisammen
sind.**

§. 11. der Instruction. Sobald eine Summe
von 100 Rthlr. in Casse übrig ist, so muß er mir
selbige zustellen, und, wenn ich in Berlin bin,
mit

wünschte Gelegenheit gegeben und der Bauer unver-
merkt entkräftet werden.

Aus dieser Ursache ist denn auch selbst den Königl.
Cassen, die Landesabgaben in Scheidemünze anzunehmen, nachgegeben worden.

Ueberhaupt ist dasjenige, was der Unterthan an
baarem Gelde geben muß, als ein Theil der Früchte,
die er sonst der Herrschaft in natura entrichten müssen,
anzusehen. Wenn nun der Bauer für seine Früchte
selber nur bloße Scheidemünze einnimmt, so können
auch billig seine Abgaben in keinen andern Münzsorten gefordert werden.

n) Aus dieser Anordnung ersiehet man, daß diese Instruction zu der Zeit, da noch die vielen abgesetzten
und geringhaltigen Münzsorten im Gange waren, entworfen worden sey.

In unsern Tagen wird dieses nicht mehr anwendlich
seyn, da wir einen allgemeinen sichern Münzfuß haben, und die fremde Münzsorten von schlechten Gehalt
nicht weiter ins Land gebracht werden dürfen.

mit dem heraufgefandten Wagen oder fonſt gele-
gentlich überſchicken °).

§. 14.

Von Uebergebung der monatlichen Special-
rechnungen.

§. 12. der Inſtruction. Er überſchicket, oder
übergiebt mir auch nach Ablauf eines jeden Monats die Specialrechnung, und muß forgen, daß
der Rechnungsſchreiber ſelbige beſtändig in Ordnung hat.

§. 15.

o) Auch dieſe Verfügung iſt von vielem Nutzen, und
kann der Herrſchaft gewiſſermaßen zur Caution, die
ohnedem ein dergleichen Wirthſchafter, wohl nur ſelten zu beſtellen, ſo wenig willens, als im Stande iſt,
dienen.

Dergleichen Leuten große Summen in den Händen
zu laſſen, iſt niemals rathſam, weil ſolches zu allerhand unerlaubten Nebenverkehren ſehr leicht Gelegenheit geben kann.

Inzwiſchen iſt doch auch nöthig, daß der Wirthſchafter jederzeit ſo viel Geld, als zur Beſtreitung der täglich vorfallenden Wirthſchaftsnothdurften erfordert
wird, zurückbehalte.

Auf den Guſowſchen Gütern, wo faſt ſtündlich Einnahmen vorfallen, kann zwar die Caſſe ohne Bedenken
bis auf den letzten Pfennig ausgeleeret und den Gutsherrn eingehändiget werden.

Solches gehet aber auf kleinen Gütern, wo die Einnahme nur ſparfam iſt, nicht an, ſondern daſelbſt muß
der Wirthſchafter billig ſo viel Geld, als von Zeit zu
Zeit zu den Wirthſchaftsausgaben gebraucht wird,
in der Caſſe behalten.

Am

§. 1§.

Von den jährlichen Rechnungen, und daß dabey
sowohl der Bodenbestand übermessen, als auch
der Viehstand überzählet werden
müsse.

§. 13. der Instruction. Die Jahresrech-
nungen schließet er jederzeit mit Ende des Junii
ab, und muß er alsdenn das vorräthige Getreide
ummessen p), damit er den richtigen Bestand ansetzen

Am besten thut ein Gutsherr, wenn er hierunter
etwas gewisses bestimmt; indem er sowohl als auch
der Wirthschafter dabei am sichersten führet, und der
letztere niemals, wenn es an den benöthigten Wirths-
schaftsnothdurften ermangelt, daß es ihm hiezu an
dem benöthigten Gelde gefehlet habe, sich entschuldi-
gen kann.

p) Die Ummessung des Getreides ist zu einer richtigen
Wirthschaftsrechnung allemal höchst nothwendig, indem bei diesem Punkt, besonders alsdenn, wenn nicht
ein gewisses Abgangsquantum festgesetzt ist, die meiste
Unordnungen und Unterschleife vorzufallen pflegen,
wovon bei dem nächstfolgenden §. ein mehreres zu erinnern Gelegenheit vorfallen wird.

Nichts ist für einen Landwirth unangenehmer, als
wenn er, nach der ihm davon abgelegten Rechnung
einen starken Bodenbestand zu haben glaubet, bei dem
intendirten Verkauf desselben aber öfters wahrnehmen
muß, daß nicht die Hälfte davon vorhanden ist, und
folglich seine darauf gemachte Rechnung in einem irri-
gen Wahn beruht.

Diese unangenehme Lage vermeidet ein Eigenthümer,
wenn der Wirthschafter bei dem Jahresschluß den Ge-
treidebestand nicht nach der Anzeige der darüber geführten Rechnungen, sondern nach seinem wirklichen
Befund, anzuführen verbunden ist.

fetzen könne; zu diesem Ende muß er ebenfalls
alles Vieh überzählen q).

§. 16.

Das Meſſen des Getreides auf und von dem Bo=
den geſchiehet nach kahlen Maaß, wie viel frem=
den Käufern an Uebermaaß zuzubilligen, und
daß das Futterkorn mit dem Hexel gemenget
werden müſſe.

§. 14. der Inſtruction. Er miſſet auf und
von dem Boden mit einem geſtrichenen Scheffel,
um allen Zank und Streit, ſowohl mit denen
Dreſchern, als Käufern abzuhelfen r). Es iſt
dieſes

---

q) Die Ueberzählung des Viehes bei einem jeden Jahres=
ſchluß iſt ebenfalls eine ſehr geſchickte und zur Sicher=
heit des Eigenthümers gereichende Verfügung.

Es iſt nicht ohne Beiſpiel, daß diejenigen, ſo die
verſchiedene Arten des Viehes unter ihrer Warte und
Pflegung haben, öfters den Abgang deſſelben, weil ſie
ſich, die Urſachen davon zu verantworten, nicht ge=
trauen, gänzlich verheimlichen und verſchweigen.

Wird nun bei Anfertigung der jährlichen Rechnun=
gen der Angabe dieſer Leute ſchlechterdings getrauet,
ſo können natürlicherweiſe daraus nichts, als Unrich=
tigkeiten entſtehen.

Dieſe Unrichtigkeiten werden aber, bei der verord=
neten jährlichen Ueberzählung des Viehſtandes gänzlich
vermieden, und der Eigenthümer von dem wahren Zu=
ſtande ſeines Viehes auf das vollkommenſte über=
zeuget.

r) Dieſes iſt allerdings der ſicherſte und zuverläßigſte
Weg, um wegen der Bodenrechnung gute Ordnung
zu erhalten.

Da

dieſes auch die richtigſte Rechnung, nur muß er, wenn er einen Handel ſchließet, den Käufer davon benachrichtigen, und, wenn ſonſt der Handel vortheilhaft, ihnen auf den Wiſpel ½ oder 1 Scheffel zugeben *). Er hat ſolches auch in Anſehung des Getreides zur Wirthſchaft zu obſerviren. Dasjenige, was zur Mühle ſowohl zum Mehl, als Malz geſchicket wird, muß er vorher wie-

Da inzwiſchen der Wirthſchaftsinſpector ſowohl das Auf- als Abmeſſen des Getreides in ſeiner Gewalt hat, ſo iſt dieſes noch nicht genug, hierunter allen Unterſchleifen vorzubeugen.

Denn auch bei dem kahlen Streichen des Scheffels hat man verſchiedene unvermerkte Mittel, die Maſſe des in dem Scheffel befindlichen Getreides zu vermehren, oder zu vermindern.

Am ſicherſten iſt es daher allemahl, demjenigen, der die Berechnung des auf den Boden befindlichen Getreides hat, einen gewiſſen Bodenabgang, der bei dem Eintrocknen des Getreides und dem Mäuſefraß unvermeidlich iſt, zu verſtatten.

In den meiſten Wirthſchaften pflegt man ſolches für jeden Wiſpel à 24 Scheffel auf 1 Scheffel feſtzuſetzen.

Erwählet man aber dieſes Mittel, ſo muß dem Wirthſchafter die Streichung des Getreideſcheffels in der Scheune nicht frei gegeben, ſondern ſolche einem andern Unterbedienten aufgetragen werden, weil, wie ſchon vorhin bemerkt worden, ſonſt bei dem Aufmeſſen verſchiedene Vortheile, die zu Unterſchleifen Gelegenheit geben können, übrig bleiben.

*) Bei allem Getreide, welches in einer gewiſſen Summe und mehrern Anzahl verkauft wird, iſt ſchon vorhin

wiegen, und hiernächst, wenn es wieder zurück kommt, zurückwiegen t); das Pferdefutter muß er in seiner Gegenwart vor den Knechten mit Hexel vermengen laffen u).

§. 17.

hin gewöhnlich, daß auf jeden Wispel 25 Scheffel kahles Maaß gerechnet zu werden pflegen.

Bei dem Verkauf, der einzeln und Scheffelweise geschieht, verlanget ebenfalls ein jeder Käufer einen Kamm auf einem jeden Scheffel, der auch die meiste Zeit wenigstens eine halbe Metze zu betragen pfleget.

Der vorhin bemeldete Aufsatz der Zugabe bei dem zu verkaufenden Getreide ist solchemnach der allenthalben gewöhnlichen Obfervanz vollkommen gemäß.

t) Zu wünschen wäre es, daß eine dergleichen Mühleneinrichtung an allen Orten angetroffen würde, weil alsdenn den gewöhnlichen Betrügereien der Müller nicht allein weit sicherer vorgebeuget, sondern auch überhaupt wegen des zur Wirthschaft benöthigten Getreides eine weit sichere Ordnung getroffen werden könnte.

In den kleinen Wirthschaften von einzeln Gütern findet man aber diese Veranstaltung nur sehr selten, und man kann daher auch von den Wirthschaftern keine so genaue Berechnung hierüber fordern.

u) Zur Verhütung der Betrügereien, die gewöhnlicherweise von den Pferdeknechten begangen zu werden pflegen, ist dieses eine sehr vernünftige Vorkehrung, indem sie dadurch von der Verkürzung des Pferdefutters offenbar abgehalten werden.

Am nöthigsten ist sie, wenn die Pferde eine unvermischte Getreidesorte zu ihrem Futter bekommen.

Bei den Mengefutter ist solches weit weniger zu befürchten, weil alsdenn die darunter begangenen Ver-
untreu-

§. 17.

Bestimmte Stunden, in welchen er den Wirthschaftsbedienten und Unterthanen das benöthigte
Getreide von dem Boden geben
muß.

§. 15. der Instruction. Denen Wirthschaftsbedienten und hiesigen Einwohnern, sie mögen
seyn wer sie wollen, giebt er kein Getreide, als
in denen Stunden von 2 bis 3 Uhr Nachmittags x).

§. 18.

untreuungen theils weit leichter entdecket werden, theils
aber auch sich nicht so bald Liebhaber, um den untreuen Knechten daßelbe abzunehmen, finden.

Am allernöthigsten ist die Vermengung des zum Futterkorn bestimmten Getreides mit dem Herel alsdenn,
wenn die Knechte auf Reisen verschickt werden, weil sie
bei dieser Gelegenheit nur gar zu gerne einen Theil
des Futterkorns zu verkaufen, und sich dafür in den
Wirthshäusern einen guten Tag zu pflegen, gewohnt
sind.

x) Auch diese Einrichtung trägt zur guten Ordnung viel
bei, und ist besonders bei einem Mann, der weit-
läuftige Güter zu verwalten hat, nothwendig.

Da derselbe fast allenthalben gegenwärtig seyn
und seine Aufmerksamkeit auf eine vielfältige Art vertheilen muß, so ist auch nöthig, daß seinen Geschäften gewiße Stunden, in welchen er solche zu verrichten
hat, bestimmet werden müßen.

Die Zeit von 1 bis 3 Uhr des Nachmittags schicket sich
am besten dazu, weil alsdenn von ihm zu vermuthen
stehet, daß er zu dieser Tageszeit noch zu Hause seyn
und sich nicht mit der Beobachtung der äußern Feldarbeiten abgegeben haben werde.

§. 18.

Von der Verwahrung der Boden und Scheun-
schlüssel, der richtigen Ablieferung des Achterkorns, und Beobachtung des Scheundrescher
bei dem Auftragen des Getreides auf
den Boden.

§. 16. der Instruction. Da er vor die Richtigkeit des Kornbodens stehen muß, so wird er sich von
selbst bescheiden, daß er ohne dringende Noth keinem andern den Schlüssel anvertraue y); auch
muß er sich die Schlüssel von denen Scheunen alle
Abend geben lassen, und wohl Acht haben, daß
die Drescher rein dreschen, keine Unterschleife machen, und von jedem Wispel, insonderheit
des Sommergetreides, einen Scheffel Achterkorn

y) Die Ursachen dieser Verfügung haben schon darin
ihren genugsamen Grund, weil, wie bereits oben
gedacht worden, die Verantwortung und Vertre-
tung des Kornbodens lediglich dem Wirthschaftsinspector obliegt.

Da inzwischen sich Vorfälle ereignen können, wo die
Gegenwart des Wirthschaftsinspectors bei den Auf-
und Abmessen des Getreides ohnmöglich fällt; so kann
ihm freilich die Erlaubniß, auch einem andern seiner
Wirthschaftsbedienten dazu zu bestellen, nicht gänzlich
verschränket werden.

Aus der beigefügten Instruction für den Rechnungsschreiber wird sich von selbst ergeben, daß besonders auf
denselben in dergleichen Fällen Rücksicht genommen
worden sey, und in der That schickt er sich auch am besten dazu, weil er als Rechnungsführer für die Richtigkeit der Rechnungen zugleich mit stehen muß.

korn liefern ²). Mit dem Aufmessen des Tages
muß er frühe anfangen, und während, daß das
Getreide nach dem Boden getragen wird, jemand
dabei anstellen ³).

§. 19.

z) Dieses ist auch eigentlich eine Besorgung, die dem
Rechnungsschreiber oblieget, und worüber der Wirths-
schaftsinspector nur eigentlich die Oberaufsicht hat,
wie sich solches unten aus des erstern Instruction mit
mehrern ergeben wird.

Um inzwischen dasjenige, was unter diesem Scheffel,
den Scheundrescher von jedem Wispel Getreide an
Achterkorn zu liefern, schuldig sind, verstanden werde,
dem geneigten Leser einen nähern Unterricht zu geben,
so ist in den meisten Wirthschaften eingeführt, daß, da
sonst die Scheundrescher von demjenigen Getreide, so
aufgemessen wird und auf den Boden kommt, einen
gewissen Antheil erhalten, ihnen von diesem Achterkorn kein dergleichen Antheil gebühret, sondern sie
solches, ohne davon etwas wegnehmen zu dürfen, frei
auf den Boden gewähren müssen.

Die Scheundrescher pflegen, weil sie nichts davon
zu erwarten haben, dieses Achterkorn gemeiniglich
dergestalt zuzubereiten, daß es fast zu keinem Wirth-
schaftsgebrauch tauglich, sondern ein bloßer Jux ist.

Sie haben daher hierunter einer besondern Aufsicht
nöthig, und eben deshalb ist dem Wirthschaftsinspector, daß taugliches Ackerkorn geliefert werden möge,
die Obervorsorge aufgetragen worden, die besondere
Aufsicht darüber aber lieget, wie sich unten mit mehrern ergeben wird, dem Rechnungsschreiber ob.

a) Die Ränke der Scheundrescher, den Eigenthümer
auf alle mögliche Art zu hintergehen, pflegen sich auch
bei dem Abtragen des Getreides auf den Boden, besonders alsdenn zu äußern, wenn die Scheunen von
demselben etwas entfernt sind, und folglich der in der
Scheune

§. 19.
Von der auf dem Kornboden zu beobachtenden Ordnung.

§. 17. der Instruction. Er muß auf dem Getreideboden alles in guter Ordnung und räumlich
halten, die Scheffel, Schüppen, Fegen, Säcke an
ihren gehörigen Ort setzen, die Lucken und Luftlöcher
wohl verwahren, und sowohl gegen die diebische
Leute, als den Tauben und Sperlingen, fest machen
lassen b). Er muß Acht haben, das Getreide wohl

zu

Scheune beim Aufmessen befindliche Wirthschafter sie
von dort aus nicht genugsam beobachten kann.

Ein zweiter Aufseher, der sie sowohl unterweges bei
dem Abtragen, als auch auf dem Boden bei dem
Ausschütten unter einer genauen Aufsicht halte, ist da,
her allerdings nöthig.

In der Gusowschen und andern dergleichen großen
Wirthschaften fällt dieses nicht schwer, weil daselbst, auß-
ser dem Wirthschaftsinspector, genugsame Unterbedienten, die hierzu gebraucht werden können, vorhanden sind.

In kleinen Wirthschaften, deren die meiste sind, pfleget man sich hiezu des Gärtners zu bedienen, und es
ist auch solches sehr vernünftig, weil das mehreste Dreschen und Aufmessen im Winter vorfällt, der Gärtner
aber alsdenn in seinen gewöhnlichen Geschäften wenig
oder nichts zu thun hat, sondern die meiste Zeit müßig
zubringet.

b) Man kann einen Wirthschafter nicht besser, als an
der Ordnung, die er auf dem Getreideboden hält,
kennen lernen.

Findet man seine auf demselben gemachte Anstalten
unordentlich, so kann man sichern Staat machen, daß
er sich auch in seinen übrigen Geschäften auf gleiche

Art

zu separiren, und so viel möglich, Roggen und
Weitzen, Gerste und Hafer, nicht bei einander zu

schüt-

Art beweisen werde; zumal er den Schüttboden ganz
besonders zu vertreten, und folglich für gute Ordnung
auf demselben zu sorgen, doppelte Ursache hat.

Dasjenige, was zu dieser guten Ordnung gehöret,
kommt hauptsächlich auf folgende 3 Punkte an.

1) Einmal muß das Getreide niemals zu hoch geschüttet werden, weil es sonst, besonders in den
heißen Sommertagen, sich sehr leicht erhitzt, und
zur Erzeugung der schädlichen Kornwürmer Gelegenheit giebt.

Weitzen, Roggen, Erbsen, und überhaupt alle
Früchte, die viele öhligte und miehligte Theile bei
sich führen, müssen nicht leicht über einen Fuß hoch
übereinander geschüttet, und dabei dennoch des
Sommers alle Woche zweimal, des Winters aber
einmal, gerühret und umgeschüppet werden.

2) Demnächst müssen die Getreidehaufen, so oft
etwas dazu kommt, oder weggenommen wird, mit aller Genauigkeit gezeichnet werden, damit der Wirthschafter wissen könne, ob etwas Unrechtes dabei vorgefallen sey.

Denn die Kornboden mögen noch so wohl mit festen Schlössern und Thüren versehen seyn, so wird
es doch den diebischen Knechten nur selten fehl-
schlagen, sich einen andern Weg zu den Getreidehaufen zu verschaffen, und darin vielen Schaden
zu thun.

Da solches gemeiniglich zu nächtlicher Zeit zu geschehen pfleget, so sind auch dergleichen Diebe, die
verrückte Zeichen der Kornhaufen so genau wieder
nachzumachen, nicht im Stande; und es ist daher dieses ein sicheres Mittel, den Wirthschafter,

das

schütten, imgleichen muß er daßjenige, was zur
Saat genommen wird, an einen besondern Ort
brin-

daß auf den Boden Unrichtigkeiten vorgefallen sind,
um deshalb Nachsuchung thun zu können, zu benachrichtigen.

3) Endlich muß man es bei denjenigen Boden, die
über die Ställe angebracht sind, nicht blos bei dem
Zeichen der Getreidehaufen bewenden lassen, sondern
auch von Zeit zu Zeit den Boden, ob nicht hie und da
Löcher durch denselben gebohret sind, untersuchen.

Eine sehr gewöhnliche Erfindung der diebischen
Knechte, und auch wohl andern untreuen Gesindes
ist es, daß sie von dem Stall hinauf einige Löcher
durch den Boden bohren, durch welche das oben liegende Getreide von selbst herabrinnet, so denn
durch Vorhaltung eines Sackes aufgefangen, und
von ihnen, ihren diebischen Absichten gemäß, angewendet wird.

Das listige Gesinde pflegt diese Löcher nach geschehener That durch einen eingeschlagenen Pflock
wiederum zu verkeilen und sie dadurch unmerklich
zu machen, wie sie denn auch, wenn der Bohrer
nicht groß gewesen ist, wiederum von selbst ver-
quillen.

Der Wirthschafter muß daher bei einer dergleichen
Untersuchung seines Bodens sehr genau verfahren.
Denn wenn den diebischen Knechten hierunter nicht
bei Zeiten Einhalt geschiehet, so bohren sie immer
von neuen wieder frische Löcher, und verursachen dadurch zuletzt einen sehr ansehnlichen Bodenabgang.

Auch kann einem aufmerksamen Wirthschafter,
der seine Getreidehaufen fleißig und täglich nachsie-
bet, ein dergleichen Frevel sofort nach geschehener
That nicht leicht verborgen bleiben, indem an dem
Orte, wo der Boden durchbohret worden, in dem
Getrei-

bringen, und alles, insonderheit im Sommer,
öfters umschüppen lassen c).

N 4 §. 20.

Getreide durch die herunter geronnenen Körner
natürlicherweise eine Grube oder Vertiefung ent-
stehet.

c) Dieses ist eine Vorsicht, die einem Wirthschafter,
wenn man sowohl zum Verkauf, als auch zur Saat,
reines und unvermischtes Getreide behalten will, nie
genug eingeschärft werden kann.

Besonders ist dieselbe alsdenn genau zu beobachten,
wenn zwei Boden übereinander angebracht sind, indem
es nur selten verhütet werden kann, daß nicht durch
die Ritzen von dem oben liegenden auf das unten liegende verschiedene Körner durchfallen, und dadurch
dieses verunreiniget und wenigstens zur Saat untauglich gemacht wird

Niemals muß man daher auf dem ersten Boden Weitzen schütten, und über demselben auf dem zweiten
Roggen bringen. Nichts ist gewisser, als daß man
alsdenn in dem folgenden Frühjahr seinen ausgesäeten
Weizen mit einer Menge von Roggen vermischet sehen
wird.

Eben dieses findet auch bei dem Hafer und Gerste
statt.

Ueberhaupt muß das Wintergetreide auf einem Boden, und hinwiederum das Saamengetreide auf einem
andern beisammen gebracht, bei zwei übereinander angebrachten Boden aber das Sommergetreide allemal
auf den obersten, das Wintergetreide hingegen auf den
untersten Boden gebracht werden.

Denn, wenn gleich das Wintergetreide mit einigen
Körnern vom Sommergetreide vermischet werden sollte,
so gehet doch das letztere mit dem erstern nicht zugleich fort, sondern verlieret sich im Winter von selbst.

Wer

§. 20.

Von einem beständig zu haltenden Vorrath von
altem Malz, ingleichen dem Quellmaaß, so der
Brauer bei dem Malzmachen liefern
muß.

§. 18. der Instruction. Da das alte Malz
das frische sehr übertrift, so muß er jederzeit bedacht seyn, eine gute Quantität davon in Vorrath
zu rechter Zeit machen zu lassen d), den Brauer
muß er anhalten, von 1 Wispel groß Gersten-
malz

Werden aber die Arten des Wintergetreides, oder
des Sommergetreides mit einander vermenget, so ist
auch auf dem Felde ein vermischtes Getreide unvermeidlich.

d) Dieses ist allerdings eine nöthige Vorsicht, und es
würde deren Unterlassung auf Gütern, wo genugsame
eigene Gerste zuwächst, billig als ein großer Fehler
angesehen werden müssen.

Denn daß das frische Malz weit weniger und schlechter Bier, als das alte, giebet, ist allen denen, die von
diesem Wirthschaftsgeschäfte einige Erfahrung haben,
zur Gnüge bekannt.

Es muß aber, wenn gutes Malz gemacht werden
soll, schon bei der Erndte davor gesorget werden, daß
dazu Gerste, die trocken und ohnbeschädigt eingekom-
men, dazu bestimmet werde.

In nassen Erndten, wo auch diese Getreideart sehr
oft dem Auswachsen ausgesetzt ist, ist daher diejenige,
von der man, daß sie durch die Nässe keinen Schaden
gelitten hat, versichert seyn kann, in eine besondere
Scheune zu fahren, um sie nachher zu dem Malzmachen mit desto mehrerer Zuverläßigkeit bestimmen zu
können.

Das

malz 4 Scheffel, und von der kleinen 3 Scheffel Uebermaaß zu liefern, wie es in hiesiger Gegend üblich ist e).

§. 21.

Warum der Wirthschaftsinspector bei dem Einmiſchen des Biers mit gegenwärtig seyn müsse, und was er sonst bei dem Brauergeschäfte zu beobachten hat.

§. 19. der Instruction. Er muß jederzeit gegenwärtig seyn, wenn der Brauer das Malz in den Meischbottig schüttet, und Acht haben, daß er nichts davon zurückhalte, auch nicht mehr Waſ-

R 5 ser,

Das verflossene 1785ste Jahr hat durch die darin vorgefallene außerordentlich naſſe Erndte die Nothwendigkeit dieser Regel genugsam gelehret.

e) Dieser Ueberschuß bei dem Gersten-Malzmachen, welcher sonst unter dem Namen von Quellmaaß bekannt ist, muß von allen Brauern und Malzmachern den Eigenthümern gewährt werden.

Man ersiehet hieraus, daß bei dem Malzmachen, wenn solches auch auf den Verkauf geschiehet, kein Schaden sey.

Es muß aber die Gerste, von welcher dieses Quellmaaß verlanget wird, vollkommen rein seyn, und aus lauter tauglichen Körnern bestehen. Denn wenn ein großer Theil davon allerhand Gesäme, Hedrichskarten, nebst tauben und unreifgebliebenen Körnern in sich fasset, so wird solches Quellmaaß von dem Brauer unrechtmäßigerweise gefordert.

Vielmehr träget es sich bei einer dergleichen unreinen Gerste sehr oft zu, daß das Scheffelmaaß des davon verfertigten Malzes eher geringer wird, als daß es zunehmen sollte.

fer, als die zu liefernde Anzahl Tonnen erfordern, aufgieße[f]). Er wird gleichfalls während dem Brauen öfters in das Brauhaus gehen, um allen Unterschleifen vorzubeugen. Insonderheit muß er beim Fassen seyn, und die Tonnen zählen. Den Convent läßt er ebenfalls in seiner Gegenwart auf die dazu vorhandene und tarirte Fässer abziehen, und bleibt im Brauhause, bis derselbe abgeholet ist. Diejenigen Fässer aber, welche nach den festgesetzten Stunden übrig bleiben, werden heraus auf dem Hofe gesetzt; wenn nöthigere Geschäfte vorfallen, welche ihn anderwärts hinrufen, so muß er den Rechnungsschreiber an seiner Statt im Brauhause anstellen. Den Schlüssel zum Braukeller muß er bei sich behalten, und wenn Bier abgeholet wird, selbst in den Keller gehen, oder wenn es seine Geschäfte nicht verstatten,

f) Bei dergleichen starken Brauereien, als die Gusowsche, ist sehr viel daran gelegen, daß gutes, genugsam starkes und schmackhaftes Bier gebrauet werde; indem sonst, wie die Besorgniß davon aus dem nächstfolgenden §. erhellet, die Unterthanen sehr leicht, sich durch allerhand unerlaubte Unterschleife nach einem fremden Bier umzusehen, verleitet werden.

Ein Bier aber, welches nicht die gehörige Menge von Malz bekommt, und dem noch überdem mehr Wasser, als nöthig ist, gegeben wird, kann niemals tauglich werden.

Sehr wohlbedächtig verordnet daher die gegenwärtige Instruction, daß der Wirthschafts-Inspector bei diesen beiden Braugeschäften, weil darauf die ganze Güte des Bieres beruht, selber mit gegenwärtig seyn müsse.

ten, einen der Wirthſchaftsbedienten dahin ſchü
cken ꜱ).

Uebrigens muß er Sorge tragen, daß dem
Brauer die nöthigen Leute, ſowohl beim Malz,
machen als Brauen, gegeben werden.

§. 22.

**Was er zur Verhütung des einzuſchleppenden
fremden Biers und Brandweins zu beſorgen
habe.**

§. 20. der Inſtruction. Da öfters, durch
gewinnſüchtige Leute fremdes Bier und Brandt,
wein hereingebracht wird; ſo muß er ganz beſon,
ders

ꜱ) In der That würde es dem Wirthſchafts,Inſpector
in ſeinen übrigen wichtigern Geſchäften gar zu ſehr di,
ſtrahiren, wenn man dasjenige, was hievon in der
Inſtruction bemerkt worden, dahin ausdeuten wollte,
daß er bei allen dieſen Braugeſchäften beſtändig ſelber
mit gegenwärtig ſeyn, und auch dasjenige, was bei
dem Verſchleuß des Biers und des Covents vorfällt,
ſelber mit abwarten ſollte.
Aus der beigefügten Inſtruction des Rechnungsſchrei,
bers wird mit mehrern erhellen, daß ſolches alles eine
ihm beſonders obliegende Pflicht ſey.
Der Wirthſchafts,Inſpector behält alſo nur dabei
die Direction und Oberaufſicht davon über ſich, und
er darf nur bei den nöthigſten Fällen, wo die meiſte
Unterſchleife geſchehen können; mit gegenwärtig ſeyn.
In kleinern Wirthſchaften, wo der Wirthſchafter
allein iſt, und keine mehrere Unterbediente hat, behält
er billig auch die ſpecielle Aufſicht der ganzen Brauerei
über ſich, und er kann ſolche daſelbſt um ſo füglicher
beſtreiten, als er von den übrigen Geſchäften weit we,
niger überhäuft iſt.

ders vigiliren, solches zu.entdecken, und auf Mittel bedacht seyn, diesen unerlaubten Practiquen
vorzubeugen h).

§. 23.

**Von der täglichen Bestellung der Arbeiten auf den
künftigen Tag.**

§. 21; der Instruction. Alle Abend im Winter, wenn die Schreiber wieder nach Hause gekommen, muß er sich von ihnen berichten lassen,
was

h) Dieses kann wohl auf keine andre Art geschehen, als
daß er die Krüge, in welchen das herrschaftliche Bier
verschenket wird, von Zeit zu Zeit revidire, das daselbst vorhandene Bier koste, und auf solche Art, ob
ein Unterschleif vorgehe, auszumitteln suche.

Da aber die Krüger nicht so thöricht seyn werden,
ihm anderes Bier, als sie aus dem herrschaftlichen
Brauhause erhalten haben, vorzusetzen, so wird dieses
Mittel wohl immer von schlechter Wirkung seyn.

Auch geschiehet das Einbringen des fremden Bieres nicht sowohl in den öffentlichen Krügen, als vielmehr bei Privatwirthen, welche davon ihren Vortheil
haben.

Der sicherste Weg wird daher darin bestehen, daß
man den Krügern für die Entdeckung derjenigen, die
fremdes Bier einführen, eine verhältnißmäßige Be-
lohnung aussetzet, indem sie ihres eigenen Interesse
wegen, dazu um so bereitwilliger seyn werden.

Die Belohnungen, so die Krüger für dergleichen Ent-
deckungen erhalten, können von den Strafen, so die
Uebertreter eines solchen verbotenen Biereinbringens
erlegen müssen, ganz füglich, ohne daß der herrschaftlichen Braucasse deshalb etwas abgehen darf, genommen werden.

was ausgerichtet worden, und hiernächst die Arbeit des folgenden Tages überlegen, sie in dem
dazu verfertigten Buche aufzeichnen, und dem
Voigt befehlen, die benöthigte Dienste zu bestellen;
im Sommer wird diese Arbeit auf dem Felde deter-
miniret, und hernach ins Buch geschrieben i).

§. 24.

i) Dieses sind Regeln, die schon vorhin ein jeder Grundherr, wenn er auch selbst wirthschaftet, zu beobachten,
gewohnt ist, und ohne welche keine Wirthschaft ordentlich betrieben werden kann.

Bei Gütern, wie die Gusowschen, bei welchen mehrere, und zum Theil abgelegene Vorwerker vorhanden,
ist der Beirath der Wirthschaftsschreiber um so mehr
nöthig, als derjenige, der die Hauptdirection führet,
sonst nicht wissen kann, wie weit die vorigen Arbeiten
gekommen sind, und was daher auf den künftigen Tag
anzuordnen, nöthig sey.

Da aber in der Wirthschaft viele Arbeiten vorfallen,
die nicht bei allem Wetter, es mag regnen oder trocken seyn, mit gleichem Nutzen vollführet werden können, so ist nöthig, daß bei der täglichen Anordnung
der für den künftigen Tag bestimmten Geschäfte auch
hierauf Rücksicht genommen, und jederzeit eine doppelte Disposition von demjenigen, was theils bei reg-
nigten und theils trockenen Wetter, zu unternehmen
sey, gemacht werde.

Soll dieses erst des andern Tages, bei einer eingefallenen Wetterveränderung, geschehen, so ist ganz natürlich,
daß dadurch, besonders bei den Bauerdiensten, viele
Zeit unnöthigerweise verlohren gehet; welches vermieden werden kann, wenn den Abend vorher, was bei
trocknen, und, hingegen bei nassen Wetter geschehen
soll, bestellet, solches auch den auf den Dienst bestimmten Arbeitsleuten bekannt gemacht worden.

§. 24.

Fleißige Besuchung der Arbeitsleute, und genaue Aufsicht auch über die Hauswirthschaft.

§. 22. der Instruction. An allen Orten, wo gearbeitet wird, muß er sich selbst täglich hinbeverfügen und die Arbeit ansehen, auch sich hiernächst, noch denselben Abend, das Journal vom Rechnungsschreiber geben lassen, um nachsehen zu können, ob alles darin richtig aufgezeichnet, und die extraordinaire Straf = und andere Dienste aufgeführet sind k); auf die Hauswirthschaft muß er nicht

k) Daß der Wirthschafts = Inspector auf so großen Gütern bei allen Arbeiten beständig mit gegenwärtig seyn könne, ist an und vor sich ohnmöglich, auch deshalb nicht nöthig, weil sonst, mehrere Wirthschaftsbedienten zu halten, überflüssig seyn würde.

Die Geschäfte sind auch zu vielfältig, daß er, um bei allen gegenwärtig zu seyn, seine Zeit nicht genugsam vertheilen kann.

Nur blos bei den Hauptarbeiten muß er sich von Zeit zu Zeit zeigen, und seine Aufmerksamkeit hauptsächlich dahin richten, ob dasjenige, was von ihm angeordnet worden, richtig und tauglich vollbracht sey.

Für den Fleiß der Arbeiter bleiben die bei einem jeden Geschäfte angestellte Wirthschaftsschreiber und andre Unterbediente verantwortlich.

Auch in kleinern Wirthschaften, wo der Wirthschafter nur alleine ist, und keine mehrere Nebengehülfen hat, muß doch wenigstens ein Voigt oder Meier, um die Arbeiter zu beobachten, und sie zum gehörigen Fleiß anzuhalten, bestellet werden, weil der Wirthschafter selber, wegen der übrigen in der Oekonomie vor=

nicht weniger ein wachsames Auge haben, und einem jeden anhalten, von früh Morgens bis zum späten Abend dasjenige, was ihm zukommt, zu verrichten [1].

§. 25.

vorfallenden Verrichtungen nicht immerfort bei ihnen bleiben kann.

Mit einem Wort, die große, und kleine Wirthschaften erfordern hierunter eine gleiche Einrichtung, nur mit dem Unterscheide, daß die dem Wirthschafter zur Seite gestellte Gehülfen in den erstern einen höhern Titel, als in den letztern führen.

Oefters aber gehen die Arbeiten unter der Aufsicht eines geschickten Ackervoigts oder Meiers weit besser, als unter den Händen eines sich brüstenden Wirthschafts-schreibers, von statten.

Die erstern greifen gemeiniglich die Arbeiten selber mit an, und geben dadurch dem Dienstvolk ein gutes Beispiel, dahingegen die letztern nur bloße müßige Zuschauer dabei abzugeben pflegen.

[1] Die Hauswirthschaft ist ebenfalls bei der allgemeinen Wirthschaftsführung ein Hauptartickel, der, bei Abwesenheit der Herrschaft, nicht ohne die gehörige Aufsicht bleiben kann.

Durch deren Vernachlässigung kann öfters mehr Schaden geschehen, als durch die äußere Geschäfte und deren richtigen Besorgung gewonnen wird.

Mit Recht ist daher dem Wirthschafts-Inspector auch hierüber die erforderliche Beobachtung aufgebunden worden.

Soll aber solches mit Nutzen geschehen, so ist nöthig, daß auch der Wirthschafts-Inspector von dergleichen Hauswirthschaftsgeschäften die erforderliche Begriffe und Kentnisse besitze. Er siehet sonst diese Sachen als die Kuh das neue Thor an, und verur-

sachet

§. 25.

Das Dienstregister muß er fleißig nachsehen, und solches mit den Dienstbüchern der Bauern gegen einander halten.

§. 23. der Instruction. Das Dienstregister muß er ebenfalls fleißig nachsehen, und wenn des Sonntags denen Unterthanen die Dienste angeschrieben werden, ihre Bücher mit dem Dienstregister gegen einander halten und examiniren, ob sie mit einander stimmen m).

§. 26.

sachet öfters durch ungeschickte Befehle mancherlei Unordnungen darin.

In solchen großen Wirthschaften wird, nebst dem Wirthschafts=Inspector, wohl immer eine geschickte Haushälterin vorausgesetzt, und er thut daher wohl, mit derselben alles reiflich zu überlegen, und unter deren Beirath das nöthige anzuordnen.

m) Die Haltung des Dienstregisters ist ebenfalls ein, eigentliches Geschäfte des Rechnungsschreibers, wie sich unten aus dessen Instruction mit mehrerm ergeben wird.

Dem Wirthschafts=Inspector lieget nur bloß, solches beständig nachzusehen und zu revidiren, ob.

Sonst ist nicht zu leugnen, daß ein dergleichen Dienstregister auf Gütern, wo es viele dienstbare Unterthanen giebet, nicht allein höchst nothwendig, sondern auch an dessen Richtigkeit sehr viel gelegen ist.

Denn da bei einer zahlreichen Gemeine von den dienstbaren Unterthanen die Dienste nicht immer auf einmal gebraucht werden können, sondern solche öfters nur einzeln verrichtet werden müssen, so sind die Unterthanen gar sehr geneigt, darüber mancherlei Streitigkeiten zu erregen, und verschiedene von den rückständig

§. 26.

**Von einem, in Anſehung der Hausfrauen, anzu-
fertigenden Verzeichniß.**

§. 24. der Inſtruction. Er muß jederzeit
den Sontag vor Johannis und leßten Weihnachts-
tag durch die Schreiber eine Viſitation der Hausfrauen anſtellen, und ein richtiges Verzeichniß davon anfertigen laſſen, damit keine mit dem gewöhnlichen Wochendienſte überſehen werde. Bei der
erſten Viſitation übergiebt er mir ein pflichtmäßi-
ges Verzeichniß 1) derjenigen alten Frauen, die
zum Dienen auſſer Stande ſind; 2) von denen,
ſo junger Frauen-Arbeit gethan, wegen Unvermö-
genheit aber in die Claſſe der alten zu verſetzen,
und endlich 3) von denen jungen Frauens, wobei
zu merken, wie viel das Jahr dazu gekommen ᵃ).

§. 27.

ſtändig gebliebenen wohl gar ins Verneinen zu
ziehen.

Werden aber dergleichen ordentliche Dienſtregiſter
gehalten, und den Unterthanen die geleiſtete Dienſte
in die ihnen deshalb zugeſtellte Bücher eingetragen, ſo
wird dadurch dieſem allen von ſelbſt vorgebeuget.

ᵃ) Um dieſes für einen jeden verſtändlich zu machen, iſt
zu bemerken, daß nach der in den Brandenburgiſchen
Marken eingeführten Obſervanz, auch die Hausfrauen
oder Inlieger bei den angeſeſſenen Unterthanen der
Herrſchaft wöchentlich gewiſſe Dienſte leiſten müſſen.
Auf ſolchen großen und volkreichen Gütern, wie die
Guſowſchen ſind, betragen dieſe Dienſte ſchon etwas
anſehnliches, und helfen die andre Dienſte dadurch gar
ſehr erſparen, weil ſie gemeiniglich zu den Garten-

§. 27.

Daß keine Unterthanen auf Dienstgeld zu setzen,
dennoch aber diejenige, die schlechte Nahrungen
besitzen, in den Diensten auf mancherlei Art
zu schonen sind.

§. 25. der Instruction. Da es bei N. N.

an Diensten fehlet, so muß er Niemand, die Hand=
werker ausgenommen, welche keine Nahrung ha=
ben, auf Dienstgeld setzen; weil aber einiger Un=
terthanen Nahrung schlecht, und dieselben, ohn=
erachtet ihres Fleißes und guter Wirthschaft zu=
rückkommen, so muß er ihnen durch Austheilung
leich=

arbeiten, die besonders in Gusow sehr häufig sind,
gebraucht zu werden pflegen.

Inzwischen sind sehr alte und unvermögende Haus=
weiber von diesen Diensten ausgenommen, und es
können solche nur blos von denen, die noch berührig
sind, und genugsame Kräfte zum Arbeiten haben, ge=
fordert werden.

In großen Gemeinen kann es nicht fehlen, daß jähr=
lich viele aus vorbemerkten Ursachen aus der Zahl der
dienstbaren Hausweiber herausgehen, hingegen aber
auch wiederum andre hineintreten, folglich dabei be=
ständige Veränderungen vorfallen.

Die Erfahrung lehrt, daß diese Hausweiber sich ge=
meiniglich wider die Wahrheit zur Arbeit untüchtig
anzugeben, und sich auch die neu hinzugetretene auf
mancherlei Art, damit sie der Herrschaft verborgen
bleiben mögen, zu verheimlichen suchen pflegen.

Besonders wird sehr oft von den Wirthen, die der=
gleichen Inliegerweiber haben, daß sie bei ihnen, als
anderes gewöhnliches Dienstvolk, in Brod und Lohn
stünden, wider die Wahrheit vorgegeben.

Be=

leichter Dienste, und Verschonung mit weiten
Fuhren, zu helfen bedacht seyn °).

§. 28.

Bei den vielen Unterschleifen und Vertauschungen,
die von diesen Weibern begangen zu werden pflegen,
ist es daher wohl nöthig gewesen, dem Wirthschafts-
Inspector die in der Instruction vorgeschriebene Ordnung besonders einzuschärfen.

o) Aus diesem §. thut sich die gute Denkungsart des sel.
Herrn Grafen ganz offenbar hervor.

Er will zwar auf einer Seite alle Verkürzung der
ihm schuldigen Dienste, wie es auch billig ist, vermieden, dagegen aber auch denjenigen, die schwache und
schlechte Nahrungen haben, durch Erleichterung der
Dienste geholfen wissen.

In so weit es ohne Nachtheil der übrigen dienstbaren Unterthanen geschehen kann, verdienet solches allerdings vieles Lob und Beifall.

Wenn aber ausdrücklich bemerket worden, daß der
Wirthschafts-Inspector die mit schlechten Nahrungen
versehene Unterthanen, besonders mit schweren Diensten
und weiten Fuhren verschonen solle, so scheint solches
hauptsächlich den übrigen Dienstbauern zur Last zu
fallen, weil sie alsdenn bei den schweren Diensten und
weiten Fuhren, auch bei gemessenen Diensten, so viel
öfter an die Reihe kommen würden.

Will eine Herrschaft einige ihrer Unterthanen durch
Erleichterung der Dienste unter die Arme greifen, und
sie dadurch zu erhalten suchen, so müssen darunter die
andern, mit denen jene gleiche Schuldigkeiten über
sich haben, darunter nicht leiden, sondern von der
Herrschaft solche Verfügung getroffen werden, daß demohnerachtet die Reihe der schweren Arbeiten und weiten Fuhren nicht öfter, als vorhin geschehen ist, an sie
kommt.

§. 28.

Wie, in Ansehung der jährlich zu verkaufenden, oder um den dritten Haufen zu machenden Wiesen verfahren werden solle.

§. 26. der Instruction. Da jederzeit diejenige Wiesen, welche vor Geld, oder zum dritten Haufen zu verlassen, den ersten des Monats Junius der Gemeine durch einen öffentlichen Anschlag bekannt gemacht werden sollen; so muß er sie bei Zeiten besehen, und mit denen Schreibern überlegen, welche zu verkaufen, oder zum dritten Haufen zu machen, mir hierauf davon berichten, und dem Justitiario hiernächst das Verzeichniß davon zustellen P). Obberührten Unterthanen, deren Nahrung

Wenn daher ein Grundherr einen Theil seiner Unterthanen auf eine dergleichen Art erleichtern will, so muß er die schweren Dienste und weiten Fuhren, mit welchen er dieselben verschonet wissen will, von seinem eigenen Gespann verrichten lassen.

Ich zweifle auch nicht, daß die Absichten des sel. Herrn Grafen bei der besondern Gerechtigkeitsliebe, die er besaß, und in allen seinen Handlungen bezeiget hat, nur blos dahin gegangen sind.

p) Der bei den wichtigen Gusowschen Gütern befindliche Wiesewachs ist viel zu groß, als daß er von dem herrschaftlichen Vieh gänzlich consumiret werden könnte.

Eine sehr vernünftige Einrichtung ist es selchemnach, daß der Ueberfluß davon den Unterthanen überlassen wird.

Zugleich aber verdienet auch die dabei eingeführte Ordnung, den überflüßigen Wiesenwuchs zuförderst gemeinschaftlich mit den Wirthschaftsschreibern besehen

rung, ohne ihr Verschulden schlecht, kann er bei
dieser Gelegenheit helfen, und ihnen unter denen
zu verkaufenden, oder um den dritten Haufen zu
verlassenden Wiesen, die Wahl lassen q).

§. 29.

**Nöthige Gegenwart des Wirthschafts = Inspectors
bei der Verpachtung und Zumessung des
Lein= Hanf= und Rübelandes.**

§. 27. der Instruction. Bei der Verpach=
tung des Lein= Hanf= und Rübelandes, muß er
sowohl im Frühjahr, wenn es ausgethan wird,
als im Herbst, da nachgesehen wird, wie viel ein
jeder gehabt, gegenwärtig seyn, und alles accu=
rat verzeichnen. Ein gleiches hat er bei Ausmes=
sung des Landes für die Deputanten in Acht zu
nehmen r).

S 3   §. 30.

hen und abschätzen, demnächst aber öffentlich feil bieten
zu lassen.

An allen Orten, wo überflüßiger Heuschlag vorhanden ist, sollte billig diese Einrichtung zum Muster genommen, und dabei auf gleiche Art verfahren werden.

q) Wie sehr dem sel. Herrn Grafen die Aufhelfung und
Erhaltung seiner schwachen Unterthanen am Herzen
gelegen habe, ist aus dieser Stelle der Instruction
abermals ganz deutlich zu entnehmen.

Zu wünschen wäre, daß mehrere Herrschaften diesem
löblichen Beispiel folgen, und die Wahrheit, daß von
der Erhaltung ihrer Unterthanen ihre eigene Erhaltung
abhange, mehr eingesehen werden möchte.

r) Die Verpachtung der Lein= Hanf= und Rübeländer
ist auf den Gusowschen Gütern ein Artickel von Wich=
tigkeit,

§. 30.

Von Beobachtung der Krüger, Bäcker und Schlächter, und den ihnen zu setzenden Taxen.

§. 28. der Inſtruction. Den Krügern, Bäckern und Schlächtern, ſetzet er monatlich die Taxe; der Preis des Biers und Brandtweins wird nach denen Königl. Verordnungen feſtgeſetzt, und den von Brod und Fleiſch proportionirt er nach der Berliniſchen Taxe. Er muß auch fleißig vigiliren, daß ſie richtig Gewicht und Maaß geben, und das Bier und Brandtwein nicht verfälſchen, und hat er ſolches des Jahres wenigſtens 2 bis 3 mal

tigkeit, indem nach den Anſchlägen, die ich von dieſen Gütern in Händen habe, und mir von dem ſel. Herrn Grafen ſelber communiciret worden ſind, jährlich an die 8 bis 900 Reichsthaler davor eingenommen werden.

Der volkreiche Zuſtand dieſer Güter, und daß unter denſelben viele Einwohner ſind, die keine eigene Grundſtücke beſitzen, macht ſolches möglich.

Inzwiſchen erfordert doch auch die Verpachtung dieſer Länder, wegen der Menge der dabei zuſammenkommenden Pächter eine genaue Aufſicht und Ordnung, weil ſonſt einer dem andern ſehr leicht zu nahe kommt, ſolches aber nichts, als unnütze Zänckereien, verurſacht.

Sehr wohl iſt es daher gethan, wenn dem Wirthſchafts-Inſpector ausdrücklich aufgegeben worden, daß er bei der Ausmeſſung und Vertheilung dieſer Ländereien ſelber mit gegenwärtig ſeyn und ein genaues Verzeichniß darüber halten müſſe.

mal zu unterſuchen, und diejenigen, ſo dagegen
handeln, davor gehörig ſtrafen zu laſſen �).

S 4 §. 31.

ᵉ) Daß dieſes mit zu einer guten Policei gehöre, ſiehet
ein jeder von ſelbſt ein.

Da nun ohne dieſelbe keine richtige Ordnung im
Dorfe beobachtet werden kann, ſo iſt es allerdings nöthig geweſen, dem Wirthſchafts-Inſpector, der in
Abweſenheit der Herrſchaft deren Perſon vorſtellet,
dieſes alles ſpecialiter aufzutragen.

Sonſt aber thut derſelbe ſehr wohl, wenn er bei den
wegen Richtigkeit des Gewichts und Maaßes angeſtellten Unterſuchungen den verordneten Gerichtsverwalter
mit zu Hülfe nimmt, damit von dieſem, wenn etwas
unrichtiges vorgefallen ſeyn ſollte, darüber ſogleich ein
Protocoll aufgenommen, und die nöthige Beſtrafung
reguliret werden kann.

Bäcker und Schlächter trift man in unſern Gegenden auf den Dörfern nur ſehr ſelten an, und es werden daher die Wirthſchafter an andern Orten mit deren Unterſuchung wohl niemals beſchäftiget werden
können.

Krüger aber giebt es, ſie mögen herrſchaftliches oder
Stadtbier zu verſchenken haben, allenthalben, und
daher wird auch die Revidirung ihres Maaßes und
Bieres durchgehends ein Geſchäft der Wirthſchafter,
in Abweſenheit des Grundherrn, bleiben.

Au den meiſten Orten überläßt man die Unterſuchungen des Bieres und Maaßes den gewöhnlichen
Schulzen und Gerichten des Dorfes, und dieſe ſind
auch, da ſie unter den vorgefallenen Verfälſchungen
ſelber leiden, ganz geſchickt dazu.

Hat aber die Herrſchaft die eigene Schankgerechtig-
keit, ſo thut ſie wohl, daß ſie ihre Wirthſchafter dieſen Unterſuchungen mit beiwohnen läſſet, weil, durch
unrichtiges Maaß und Verfälſchung des Biers, deſſen
Abſatz öfters gar ſehr geſchwächet wird.

§. 31.

Maaßregeln, die er bei dem Verkauf der Naturalien zu nehmen hat.

§. 29. der Instruction. Der Verkauf des Getreides, Viehes, Butter, Holzes, Heues und aller übrigen Naturalien, sie mögen Namen haben, wie sie wollen, verbleiben ihm; wenn er aber, in meiner Abwesenheit, über den Preis zweifelhaft ist, und es die Zeit nicht zuläßt, meine Willensmeinung darüber einzuholen, so kann er die Schreiber darüber zu Rathe ziehen t). Er muß die Käufer auf eine höfliche Art empfangen, und sie nicht aufhalten u).

§. 32.

t) Von selbst fällt in die Augen, daß dieses ein sehr wichtiges Geschäft des Wirthschafts-Inspectors sey, und ihm solches einen großen Theil seiner Zeit wegnehmen müßte, für die Herrschaft sein Betragen darunter auch nicht gleichgültig seyn kann, weil der mehrere oder wenigere Ertrag der Landgüter hauptsächlich auf einem guten oder schlechten Absatz der gewonnenen Producte beruhet.

Jn der Gegend, wo Gusow lieget, kann der Preis der zum Verkauf vorräthigen Wirthschaftserzeugungen wohl nur selten zweifelhaft werden, weil selbiger durch das nahe liegende Berlin schon von selber bestimmt wird.

Jn den entlegenen Provinzen kann ein Wirthschafter, in Abwesenheit des Grundherrn, darüber schon eher in Verlegenheit gerathen, weil es daselbst an der Menge der Käufer fehlet, und auch die Preise weit mehr gemäßiget werden müssen, wenn man nicht die Kauflustige abschrecken will.

u) Die hierunter vorgeschriebene Regeln sind höchst vernünftig, und ein ohnfehlbares Kennzeichen von den Er-

§. 32.

Was er, wegen Bestimmung des Preises für das zu verkaufende Getreide, zu beobachten habe.

§. 30. der Instruction. Den Preis des hier zu verkaufenden Getreides schläget er jede Woche des Donnerstags an, und setzt denselben 2 Gr. wohlfeiler, als das Getreide nach dem Intelli-

S 5 genz-

Erfahrungen, die der sel. Herr Graf in allen Wirth-schaftsdingen gehabt hat.

An einem Ort, wo keine freundliche Aufnahme ver-spührt wird, und eine bestimmte Entschliessung zu erhalten, schwer fällt, pflegen sich auswärtige Käu-fer nur selten lange aufzuhalten, sondern lieber an ei-nem andern Orte, wo sie dergleichen antreffen, die gesuchten Waaren etwas theurer zu bezahlen.

Auf einem Landguthe, wo mit Auswärtigen vieler Verkehr, es sey im Getreide- Vieh- oder Holzhan-del, ist ein freundliches Betragen gegen die Käufer eine Haupteigenschaft des Wirtschafters, wenn er seinen Prinzipal einen wesentlichen Nutzen stiften, und den baldigen Absatz seiner erzeugten Wirthschaftsproducten befördern will.

Ein jeder, der, seiner Abwesenheit wegen einen Wirth-schafter, dem er alles übergeben und überlassen muß, anzunehmen genöthigt ist, muß daher diese Eigenschaft bei seiner darunter zu treffenden Wahl niemals außer Augen setzen; wie denn überhaupt ein störrischer und mürrischer Mann zu einer dergleichen auf seine eigene Verantwortung gehenden Wirthschaftsführung nur sel-ten recht tauglich ist.

genzzettel in Berlin die vorige Woche zum höchsten gegolten x).

§. 33.
**Wie es mit den an die Handwerker zu verdin-
genden Arbeiten zu halten.**

§. 31. der Instruction. Alle Handel und
Verdinge mit Handwerksleuten schließet er, und
Die

---

x) Der hier bestimmte Preis des Getreides ist der Billigkeit vollkommen gemäß, und wird daher auch, die
Käufer zu deren Ankauf anzulocken, völlig im Stande
seyn.

Gusow lieget nur ohngefähr 8 Meilen von Berlin.
Wenn nun das Getreide daselbst 2 Ggr. wohlfeiler, als
es zu Berlen gilt, erkaufet werden kann, so wird solches noch immer mehr ausmachen, als das Fuhrlohn
bis Berlin beträgt, und folglich die Käufer nach dem
Berliner Preise noch immer einen Vortheil dabei
haben.

Nur frägt es sich, ob auch das in dieser Bruchgegend erzeugte Getreide von der Güte, die das von
der Höhe nach Berlin gebrachte an sich hat, seyn
möchte?

Zwischen dem auf der Höhe und in den Bruchgegenden gewonnenen Getreide wird wohl hierunter allemal ein merklicher Unterschied wahrgenommen werden,
der auch auf dem Gusowschen Gütern, wenn man sich
daselbst einen bequemen Absatz verschaffen will, nie
außer Augen gesetzet werden muß.

Eben solche Bewandniß hat es auch an den Orten,
wo natürlicherweise das Getreide mit vielen Zusätzen
vermischet ist.

Die Eigenthümer solcher Güter können für ihren Zuwachs niemals einen so hohen Preis, als diejenigen,
die

ſtellet die Conditiones, worüber er eins geworden, unſerm Secretario zu, damit er den Contract außfertige, welchen er nachgehends in das
hiezu angelegte Buch einträgt. Er muß auch bei
Schließung dieſer Contracte nachſchlagen, damit
er nichts über ſeinen Werth verdinge y).

§. 34.

**Von Beſorgung der nöthigen Reparaturen an den
Gebäuden, und daß genugſame Baumaterialien, beſonders Kalk, vorräthig
ſeyn mögen.**

§. 32. der Inſtruction. Nachdem ihm der
Schreiber N. N. die Reparaturen, ſo an Gebän-
den

die ein durchgehends reines Getreide gewinnen, verlangen, folglich auch nicht mit dieſen auf einen gleich
hohen Werth deſſelben beſtehen.

y) Bereits bei der in dem erſten Bande dieſer Blätter
enthaltenen Inſtruction des Gerichtsverwalters S. 384
ſeqq. iſt bemerkt worden, daß bei den mit den Hand-
werkern abzuſchließenden Contracten der Gerichtsverwalter und Wirthſchaftsinſpector mit einander concur-
riren müſſen, und ein jeder von ihnen das ſeinige dabei zu beſorgen habe.

Der letztere muß eigentlich die Bedingungen, unter
welchen dergleichen Contracte zu ſchließen ſind, feſtſe-
tzen, dabei alles auf eine zweckmäßige und wirthſchaft-
liche Art beſtimmen, und, wenn Bezahlung dafür gefordert wird, ob auch die verfertigte Arbeit tüchtig
Contractmäßig abgeliefert worden ſey, unterſuchen.

den vorzunehmen sind, angezeiget, muß er selbige, so bald als möglich, verfertigen ᶻ). Bau-
ma-

Dem Gerichtsverwalter lieget dabei nur lediglich ob,
daß er die Arbeiten, so die Handwerker und Profes-
sionisten zu verfertigen übernommen haben, nebst den
dabei gemachten Bedingungen mit der möglichsten
Genauigkeit beschreibe, den Lohn, der ihnen dabei
versprochen worden, gehörig bestimme, und endlich
die Zeit, binnen welcher sie sich, die übernommene
Arbeit zu verfertigen, anheischig gemacht haben, auf
eine deutliche Art festsetze.

Hieraus ergiebt sich von selbst, worin sowohl des
Gerichtsverwalters, als auch des Wirthschaftsinspectors Pflichten, die ein jeder bei dergleichen Contracten
zu beobachten hat, bestehen.

z) Die Untersuchung der nöthigen Reparaturen in den
Gebäuden scheinet zwar ebenfalls eine Sache zu seyn,
die der speciellen Aufsicht des Wirthschafts-Inspectors
anvertrauet seyn muß.

Es ist aber zu bemerken, daß der selige Herr Graf
dem einen von seinen Wirthschaftschreibern den ausdrücklichen Auftrag gethan hat, daß er sich die Unterhaltung und nöthige Reparatur aller Gebäude angelegen seyn lassen soll.

Zu welchem Ende in der für ihn ausgefertigten Instruction festgesetzt ist, daß er den letzten Sonnabend
des Februarius- und Augustmonats eine Specification, was an einem jeden Gebäude schadhaft, anfer-
tige, und solche dem Actuarius, oder Wirthschafts-
Inspector einhändige.

Hierauf beziehet sich nun der gegenwärtige §. in der
für den Wirthschafts-Inspector ertheilten Instruction, wenn demselben darin anbefohlen worden, daß
er die ihm von gedachtem Wirthschaftschreiber angezeigte

materialien, insonderheit Kalk, müssen immer in Vorrath seyn a).

§. 35.

Von Ansbesserung der Wirthschaftsgeräthe, dem von dem Schmidt nach dem Gewicht zurückzu- liefernden Eisen, und Bezahlung der Handwerksleute.

§. 33. der Instruction. Wenn Reparaturen von Wirthschaftsgeräthen vorfallen, so muß er sich die zu reparirende Sachen vorher zeigen las- sen, und hiernächst einen Zettel geben, daß es repa-

zeigte Reparaturen, sobald, als möglich, anfertigen zu lassen habe.

a) Auf dergleichen großen und weitläuftigen Güthern, als die Gusowschen sind, wird es niemals an nöthigen Reparaturen und Ausbesserungen der Gebäude feh- len.

Der hier verordnete beständige Vorrath von Bau- materialien, und besonders Kalk, ist daher ein Zeug- niß, die der selige Herr Graf auch in diesem Stück besessen hat.

Der Mangel von vorräthigen Baumaterialien hält nicht allein die nöthige Beschleunigung solcher Repa- raturen auf, sondern man kann auch dabei von erst frischangeschaften Materialien keine Dauerhaftigkeit erwarten.

Besonders ist von dem Kalk bekannt, daß derselbe weit besser bindet, wenn er schon einige Zeit vor sei- nem Verbrauch eingelöschet, und zubereitet wor- den ist.

reparirt werde q). Dem Schmidt wird das Eisen von ihm zugewogen, und wenn er es verar-
beitet hat, muß er es ihm zurückwiegen c).

. ˑ Die

b) Auch dieses ist eine sehr nöthige Vorsicht, weil sonst,
wenn die Ausbesserungen der Geräthschaften blos von
dem Gesinde abhangen, der Reparatur kein Ende ist,
und solches sehr oft ohne Noth geschiehet. ˑˑ .

Müssen aber die Stücke, die das Gesinde ausgebessert haben will, dem Wirthschafts-Inspector vorgezeiget werden; so ist derselbe, ob solches nothwendig
sey, oder nicht, gehörig zu beurtheilen, allemal im
Stande.

Auch wird sich dabei sehr oft, daß die öftere Ausbesserungen nur blos von der Nachläßigkeit des Gesindes, welches deshalb gehörig zu bestrafen ist, herrühre, hervorthun, und dadurch vors künftige die allzu-
häufige Reparaturen vermieden werden.

c) Daß die Schmiedearbeiten in allen Landwirthschaften sehr kostbar fallen, ist denen, die eigene Erfahrung davon haben, zur Gnüge bekannt.

Diese Kostbarkeit der Schmiedearbeit wird hauptsächlich von den Schmieden durch die Veruntreuung
des dazu gegebenen Eisens verursacht.

Nichts kann daher wohl vernünftiger, und der Natur der Sache anpassender seyn, als wenn der Schmidt
das ihm roh zugestellte Eisen nach dem Gewicht in
den von ihm verfertigten Stücken wieder zurück zu
liefern, angehalten wird.

Zu unsern Zeiten haben wir aber gewisse Arten von
Eisen, welches noch eine Menge von Schlacken bei sich
führt, und folglich unter der Verarbeitung an seinem
vorigen Gewichte vieles verlieret.

In

Die Handwerksleute muß er spätstens mit
Ausgang des Monats bezahlen d).

§. 36.

Von der jährlich zweimal vorzunehmenden Revision der sämtlichen Inventarien = Stücke.

§. 34. der Instruction. Den ersten Freitag
und Sonnabend im Monat Junius und December muß er das ganze Inventarium revidiren,
und ein jeder Wirthschaftsbedienter und Dienst-
bote, vor dasjenige, was ihm anvertrauet, und
in sein Lohnbuch verzeichnet worden, gut seyn.
Sollten einem oder anderm Stücke fehlen, so muß
er ihm nicht eher sein Lohn auszahlen, bis er selbige herbeigeschaft hat. Ein gleiches muß in Ansehung der Abziehenden beobachtet werden e). Er
muß

In diesem Fall ist es allerdings der Billigkeit gemäß, daß dem Schmidt bei der Ablieferung der Arbeit hierunter etwas verhältmäßiges zu gute gerechnet
werde.

d) Die Anordnung, daß die Handwerksleute wenigstens
alle Monate, wegen ihres zu fordern habenden Lohns,
richtig bezahlt werden müssen, ist ebenfalls sehr heilsam.

Die Erfahrung lehret, daß dergleichen Leute dadurch, daß sie ihre Befriedigung promt und richtig
erhalten, in künftigen Fällen, zur Beförderung ihrer
Arbeiten, woran sehr viel gelegen ist, desto williger
gemacht werden.

e) Die seltene Ordnung, die in der ganzen Gusowschen
Wirthschaft herrschet, ist hauptsächlich daraus zu ersehen,

muß auch, wenn neues Hausgeräthe, Geschirr⁊c.
angeschaft wird, es jemand überliefern, der davor gut sey, und es sowohl in seinem Lohnbuch,
als in dem Inventario aufzeichnen. Imgleichen
muß er das neu angeschafte Stück auf die eingeführte Art bezeichnen, damit man wisse, wohin
es gehöre f).

§. 37.

sehen, daß kein einziges Inventarienstück vorhanden
ist, welches nicht jemanden, um vor dessen Erhaltung
zu stehen, übergeben worden wäre.

Alles dasjenige, was in dem vorstehenden §. der Instruction enthalten, ist eine natürliche Folge davon.

Von selbst leuchtet ein, daß solches überaus auf-
merksames Gesinde und Dienstboten machen müsse,
weil sie dasjenige, was durch ihre Schuld und Nachläßigkeit verloren gegangen, wieder zu ersetzen, schuldig sind.

Es ist dieses eine Einrichtung, die an allen Orten
nachgeahmet zu werden verdienet, indem nicht zu
leugnen stehet, daß der Schaden, der von dem lieder-
lichen Gesinde in den ihnen anvertrauten Geräthschaften geschiehet, sehr oft von Wichtigkeit ist, und das
Dienstvolk, wenn nicht deren Ersatz von ihnen erfordert wird, dadurch noch immer in mehrere Nachläßigkeit verfällt, welches ihm nachher in seinen eigenen
Wirthschaften selber sehr nachtheilig werden kann.

Das Gesinde hat sich auch darüber um so weniger
zu beschweren Ursache, als es nur blos die durch ihre
Schuld verloren gegangene Dinge ersetzen darf; dahingegen dasjenige, was durch den Gebrauch zu Schan-
den gehet, wenn es dessen nöthige Ausbesserung zu gehöriger Zeit angezeiget, nicht zur Last geleget werden kann.

f) Bei der großen Menge der Utensilien und Geräthschaften ist, daß eine jede Art ihr besonderes Zeichen
habe,

289

§. 37.

Von Ausmittelung der in der Molkenpacht güste gebliebenen Kühe.

§. 35. der Instruction. Wenn das Pacht-
jahr der Molkenpächter zu Ende, und die Abrech-
nung der güsten Kühe geschiehet, so muß er sie
selbst nachsehen, und sowohl die Hirten, als
Mägde, befragen, ob sie vom Pachtjahre an
güste gewesen, oder nicht g).

§. 38.

habe, woran sie von andern unterschieden, und erkannt werden kann, allerdings nothwendig.

Es würde sonst sehr leicht eine schwer zu entwickeln-
de Verwirrung darunter vorgehen, und von dem Gesinde immer einer dem andern vorgreifen, oder ihm
den dabei begangenen Schaden zuschieben.

g) Am besten und sichersten ist wohl allemal diejenige
Einrichtung der Kuhrachten, wo auf die güste oder
altmelk gebliebenen Kühe gar keine Rücksicht genommen, sondern alle Stücken in der Kuhheerde auf einen gleichen Fuß, sie mögen frisch oder altmelk seyn,
vergeben werden.

Denn gewiß ist es, daß die Berechnung mit den
Kuhpächtern wegen der frisch- und altmelken Kühe immer sehr viele Verwirrung verursacht, wobei gemeiniglich die Herrschaft am meisten zurück zu kommen pfleget.

Man lasse lieber, um sich nicht in diese Verlegenheit gesetzt zu sehen, von der ganzen Pacht etwas ver-
hältnißmäßiges ab.

§. 38.

Von der Eintragung der Vieh-Recepte und anderer wider die Viehkrankheiten bewährter Mittel in ein besonders dazu bestimmtes Buch.

§. 36. der Instruction. Diejenigen Recepte, so mit gutem Nutzen bei dem Vieh gebraucht worden,

In meinen Wirthschaften, wo ich ebenfalls fast immer einen starken Kuhviehstand gehabt, habe ich es jederzeit auf einen solchen Fuß gehalten, und mich dabei sehr wohl, wenigstens ruhig, befunden.

Wenn sich inzwischen nicht alle Molkenpächter dazu verstehen wollen, und man doch dieser Leute bei einem starken Viehstande nicht wohl entbehren kann, so wird man auf sichere Mittel, wie die Anzahl der güste gebliebenen Kühe ausfündig gemacht werden könne, bedacht seyn müssen.

Den Hirten, oder die Mägde hierüber erst bei Ende des Pachtjahres zu befragen, scheint mir sehr unzuverlässig zn seyn, weil es ihnen alsdenn schwer fallen wird, mit Gewißheit anzuzeigen, welche Kuh gerindert habe, oder nicht.

Weit zweckmäßiger hiezu ist die Anordnung, daß des Sommers der Hirte, und im Winter diejenige Person, so die Aufsicht über den Stall hat, alle Abend, ob und welche Kuh gerindert habe, dem Wirthschafter anzeige, und von demselben solches sofort in ein dazu bestimmtes Register eingetragen werde.

Alsdenn kann er schon von selbst, ohne weitere Nachforschung, die Anzahl der güste gebliebenen Kühe wissen, und mit dem Pächter die Rechnung darüber anlegen.

Es

worden, wie auch andre Mittel und Beschreibungen, welche in die Wirthschaft eintragen, trägt
er in das dazu vorhandene Buch ein, und wenn
sie probirt worden, so merket er dabei an, wie
der Effect davon gewesen [h]).

§. 39.

Genaue Beobachtung der von der Herrschaft er-
lassenen Verordnungen.

§. 37. der Instruction.   Auf die von mir
emanirte Verordnungen muß er fleißig halten,

T 2   und

Es ist zwar wahr, daß nicht alle Kühe, die gerindert
haben, auch bestehen. Allein dieses ist nur ein seltener
Fall, der, wenn er von dem Molkenpächter vorgegeben
wird, nachher weit leichter, als wenn solches in Ansehung der ganzen Heerde geschehen soll, ausgemittelt
werden kann.

h) Da der Viehstand auf den dortigen Gütern von besonderer Wichtigkeit, folglich an dessen unbeschädigter.
Erhaltung sehr viel gelegen ist, so hat solches auch
wohl die Veranlassung zu diesem Artickel der Instruction gegeben.

Bekannt aber ist es, daß die Gesundheit des Viehes niemals besser und sicherer, als durch eine richtige
Futter- auch Hurordnung, auch fleißiges Tränken erhalten werden könne.

Zu wünschen wäre es daher wohl gewesen, wenn dem
Wirthschafts-Inspector, anstatt der Verweisung auf
die verschiedene Recepte, eine richtige Futterordnung
einzuführen, und besonders auf das fleißige Tränken,
vornemlich des Rindviehes genaue Aufsicht zu halten,
mitgegeben worden wäre.

Dergleichen Recepte, die sich sehr oft einander wi-
dersprechen, können allenfalls in einzeln Fällen gute
Dienste

unb biejenigen, so bagegen handeln, mit Zuzie=
hung des Justitiarii bestrafen, auch die neuen
Verordnungen in das dazu angelegte Buch ein=
tragen.

§. 40.

Die Bücher, worin die Instructionen und Con=
tracte enthalten, müssen den Wirthschaftsschrei=
bern, zu ihrer Belehrung, fleißig und öfters
vorgeleget werden.

§. 38. der Instruction. Er muß ebenfalls die
Bestallungen und Instructiones vor meine Be=
diente in das dazu angelegte Buch eintragen;
diese 3 Bücher, wie auch dasjenige, worin die
Contracte aufgezeichnet sind, muß er den Schrei=
bern, wenn sie es nöthig haben, vorzeigen, da=
mit sie sich darnach achten, und ihre Instructio=
nes gehörig erfüllen können.

§. 41.

Wie es wegen des Holz= und Ziegelverkaufs
zu halten.

§. 39. der Instruction. Wenn Holz verkauft
wird, so ertheilet er einen Zettel darüber, wel=
chen der Käufer dem Förster ablifert, dieser ihm
aber denselben am Ende der Woche zustellet, da
er ihm sowohl die verkauften, als in der Wirth=

schaft

Dienste thun. Bei allgemeinen Seuchen aber, denen
die dortige Bruchgegend vorzüglich ausgesetzt ist, blei=
ben sie die meiste Zeit fruchtlos, und eine vernünftige
Wartung des Viehes ist das sicherste Mittel, einem
solchen wütendem Uebel auszuweichen, oder es doch
wenigstens gar sehr zu mindern und weniger schädlich
zu machen.

schaft verbrauchten Klafter Holz in sein Rechnungs=
buch einschreibet. In Ansehung der Ziegel wird
es auf dieselbe Art gehalten i).

§. 42.

Von der Ueberzählung und Eintragung der neu geschlagnen Klafter.

§. 40. der Instruction. So bald eine Cavel
gehauen, muß er es mit Beihülfe der Schreiber
und Förster zählen, und die Anzahl der gehauenen
Klaftern in die Rechnung eintragen, nachdem er
vorher überschlagen, ob selbige mit dem ausgege=
benen Schlägerlohn und denen dazu verwandten
Diensten übereinstimmet k).

T 3 §. 43.

i) Eben so kostbar das Holz zu jetzigen Zeiten ist, eben so
viele Unterschleife und Verheimlichungen pflegen auch
dabei vorzufallen, und besonders die Forstbedienten
selber mancherlei unerlaubte Nebenvortheile davon zu
ziehen, beflissen zu seyn.

Höchst nothwendig ist es daher, alle mögliche Vor=
kehrungen zu machen, wodurch dieses vermieden wer=
den kann.

Wenn nach Inhalt des nächstfolgenden §. jederzeit
das frischgeschlagene Holz überzählet und eingetragen,
und nachher nichts, als worüber der Wirthschafts=
Inspector einen Zettel ertheilt hat, davon verabfolget
wird, so scheint es unmöglich zu seyn, daß bei diesem
Artickel demohnerachtet annoch Unrichtigkeiten vorge=
ben sollten.

Wenigstens ist diese Einrichtung von der Art, daß
dergleichen nicht so leicht davon zu befürchten stehet.

k) Man ersiehet aus dieser Einrichtung schon von selbst,
daß das bei den Gusowschen Güthern befindliche Holz
aus

§. 43.
Muß für die Verſchickung der Boten, damit ſolches nach der Reihe geſchehen möge, ſorgen.

§. 41. der Inſtruction. · Die Verſchickung der Boten beſorget er, und hält darüber ein rich-

aus ſogenanntem lebendigen Holz, welches nach der Zeit ſeines Wiederwuchſes in Caveln eingetheilet, und jährlich eine dergleichen Cavel abgetrieben wird, beſtehet.

Dergleichen Holz iſt öfters nutzbarer, als das Hohe, beſonders an Orten, wo es viele kleine Leute giebt, die das Holz kaufen müſſen.

Man hat aber verſchiedene Abnutzungsarten deſſelben, wozu auch beſonders diejenige gehöret, daß man dergleichen Caveln in verſchiedene kleine Theile ſetzet, und eine jede derſelben gleich auf dem Stamm durch öffentliche Feilbietung verloſet

Dieſe Benutzungsart führet für den Eigenthümer zwar viel Bequemliches bei ſich, weil er ſich um das Abräumen und Schlagerlohn weiter nicht bekümmern darf, dergleichen auf dem Stamm veräußerten Holzplane auch in kurzer Zeit von allem Holze frei ſind, welches, in Anſehung des Wiederwuchſes, allerdings vortheilhaft iſt.

In Gegenden aber, wo das Holz in hohen Preiſen ſtehet, wird der Werth deſſelben durch das eigene Klafterſchlagen weit höher herausgebracht, zumal, wenn ein Ueberfluß von Dienſtleuten, von welchen ſolches Klafterſchlagen, ohne dafür baares Geld ausgeben zu dürfen, geſchehen kann, vorhanden iſt.

Dieſes mag denn auch wohl die Urſache ſeyn, warum auf den Guſowſchen Güthern das daſelbſt befindliche Holz nicht auf dem Stamm, ſondern Klafterweiſe, verkauft wird.

Wie

richtiges Regiſter, damit es nach der Reihe
gehe ¹).

§. 44.
Von der Verſchließung des Hofes.

§. 41. der Inſtruction. Alle Abend läßt er,
des Winters am 9 Uhr, und im Sommer um 10
Uhr den Hof durch den Rechnungsſchreiber ver-
ſchlieſſen, und die Schlüſſel in ſeine Stube hängen.
Er muß auch öfters viſitiren, ob alles verſchloſ-
ſen und richtig iſt ᵐ).

T 4 §. 45.

Wie viel für baares Geld geſchlagen worden ſey,
iſt aus der Geldrechnung, bei der Ausgabe für geſchla-
genes Klafterholz, zu erſehen, und es kann daher daher ſo leicht keine Unrichtigkeit vorfallen. Weit eher
wäre ſolches bei den Klaftern, die von den Dienſtleuten
geſchlagen worden, zu befürchten.

Da aber die geſchehenen Dienſte jederzeit in ein or-
dentliches Regiſter eingetragen werden, und überdem
die Anzahl der Klaftern, ſo ein jeder Unterthan täglich zu ſchlagen ſchuldig, ſchon vorhin beſtimmt zu ſeyn
pfleget, ſo kann bei dieſer Ordnung auch hierunter
nichts Unrichtiges vorgehen.

l) Das Botenlaufen nach der Zeche, wie es genannt
zu werden pfleget, giebt an den Orten, wo ſolches eingeführt iſt, gemeiniglich zu vielen Klagen und Beſchwerden der Unterthanen Anlaß.

Sehr wohl iſt es daher gethan, daß die Vertheilung
des Botenlaufens, damit er dieſe Beſchwerden deſto
leichter vermeiden, und keinen darunter prägraviren
möge, dem Wirthſchafts-Inſpector ſelber aufgetragen
worden.

m) Dieſe gute Ordnung wird ſich von ſelbſt bei jedermann als löblich und heilſam rechtfertigen.

Zu

§. 45.

Von dem wöchentlich abzustattenden Wirths- schaftsbericht.

§.43. der Instruction. Wenn ich abwesend bin, stattet er mir alle Woche seinen Bericht von dem, was in der Wirthschaft vorgefallen, ab, und damit er selbige desto umständlicher einrichten könne, und nichts vergessen möge, so muß er sich, was vorfällt, in der Schreibtafel notiren. Auch hat er mir den Extract aus dem Journal jederzeit mitzuschicken.

§. 46.

Anschaffung guter Arzeneimittel gegen die gewöhn- liche Krankheiten.

§. 44. der Instruction. Er muß allerhand gute Medicin und gemeine Hausmittel gegen or-
di-

Zu beklagen ist nur, daß die Wirthschaftshöfe nicht an allen Orten dergestalt eingerichtet sind, daß sie auf eine sichere Art verschlossen werden können.

Findet man gleich auf vielen Pforten und Thorwege so giebt es doch, besonders in den Zwischenräumen der Gebäude, mancherlei Gelegenheit, wo Diebe und andre auf unrechten Wegen befindliche Personen einen freien Zugang zu demselben behalten.

Ein Landwirth also, der diese Gusowsche Ordnung bei sich einführen will, muß für allen Dingen dafür Sorge tragen, daß sein Hof an allen Orten recht fest- gemacht, und auch die geringsten Zugänge mit genug- sam hohen Mauern versehen werden.

Sonst kann ihm das Verschliessen der Thore und Pforten, wenn dabei auch noch so genau verfahren würde, nichts helfen.

dinaire Krankheiten anschaffen, und sich wegen
Gebrauchs derselben von dem Medico belehren
laffen n).

T 5   §. 47.

n) Diefer Artikel wird manchem unbedeutend und überflüßig vorkommen. Er ist es aber in der That nicht,
fondern verdient ebenfalls vielen Beifall, zumal er
von dem guten Herzen des fel. Herrn Grafen und fei-
ner allgemeinen Fürforge für feine Unterthanen zeuget.

Ungefunde Unterthanen und Dienstboten werden einem Guthsherrn nichts nütz, und er verliert, fo oft
ein Unterthan, der durch vernünftige Mittel noch
gerettet werden könnte, stirbet, einen Theil feines
Capitals.

Schon blos des eigenen Nutzens wegen muß daher
eine vernünftige Herrschaft für die Erhaltung der Ge-
fundheitsumstände ihrer Unterthanen Sorge tragen.

Da auf dem Lande nicht immer, einen kostbaren
Arzt dabei zu Rathe zu ziehen, möglich ist, fo ist es
eine Pflicht der Herrschaft folche Mittel, von deren
geleisteten Hülfe fie fchon bei andern Gelegenheiten
überzeuget worden ist, stets in Vorrath zu haben; und
hierauf zielet denn auch der gegenwärtige §. diefer Instruction ab.

Nur felten pflegen die Mannsperfonen auf dem Lande
befonders, wenn fie nicht felber kränklich, fondern von
dauerhafter Gefundheit find, fich recht dazu zu fchi-
cken, fondern vernünftige Frauensperfonen fich jederzeit weit beffer damit abzugeben wiffen.

Ich würde daher auch die Fürforge für die Kranken
lieber der Haushälterin, wenn folches eine vernünftige Perfon ist, als dem Wirthfchafts-Infpector, der
fchon ohnehin mit vielen Gefchäften überhäufet, und
nicht immer, wenn dergleichen Arzeneimittel gefordert
werden, anwefend feyn kann, auftragen.

Die

§. 47.

Vorforge für die unbeschädigte Aufbehaltung der ihm anvertrauten Briefschaften

§. 45. der Instruction. Alle ihm überlieferte Briefschaften, Bücher und andre Sachen, muß er in guter Ordnung halten, und dann und wann nachsehen, ob ihm nichts fehlet.

§. 48.

Die vor kurzem auf S. Königl. Majestät ausdrücklichen Befehl von dem Ober-Collegio Medico zu Berlin herausgegebene kurze Anleitung für die Wundärzte auf dem platten Lande, wie solche bei der Chur der innerlichen Krankheiten unter den Menschen verfahren sollen, wird denjenigen Obrigkeiten, denen es ein wahrer Ernst ist, für den Gesundheitszustand ihrer Unterthanen zu sorgen, von großem Nutzen seyn können.

Denn darin sind nicht allein die Kennzeichen der meisten auf dem Lande vorfallenden Krankheiten, sondern auch die dagegen diensame Mittel dergestalt deutlich angegeben, daß ein jeder, der nur einigermaßen einen gesunden Verstand hat, auch ohne sonst von der Arzneiwissenschaft Kenntnisse zu haben, einen sichern Gebrauch davon machen kann.

Der König selber hat durch diesen im ganzen Lande bekannt gemachten Aufsatz für die Gesundheit seiner geringsten Unterthanen zu sorgen gesucht. Unverantwortlich würde es daher für diejenigen Obrigkeiten seyn, wenn sie diesem großen Muster hierunter nicht gerne und willig folgen wollten.

§. 48.

Beobachtung der Wirthschaft auf dem Guthe Theeren, nebst einigen Anmerkungen wegen seines Gehalts und freien Kost.

§. 46. der Instruction. Nach N. N. muß er alle Jahr 1 oder 2 mal reisen, die dasige Wirth-schaft revidiren, und alles, was nöthig ist, an-ordnen, auch mit meinem dasigen Schreiber dar-über correspondiren °).

Da ich mich nun verspreche, der Actuarius und Inspector werde der ganzen Direction meiner hiesigen Wirthschaft auf die ihm anbefohlne Art mit allem Fleiß und Treue vorstehen, als das Hauptwerk und Augenmerk seiner Geschäfte anse-hen, und mit einem Worte, so viel an ihm lieget, meinen Schaden verhüten, und mein Interesse beförbern; so soll er jährlich zum Gehalt ꝛc. freie

Kost

°) Ich habe bereits bei Gelegenheit der in dem ersten Bande dieser Blätter mit eingerückten Gusowschen In-struction für den dortigen Gerichtsverwalter bemerket, daß der sel. Herr Graf, außer den Gusowschen und in Hinterpommern gelegenen Güthern, annoch in der Neumark das Guth Theeren besessen hat, wie sich denn auch bis anjetzt dessen hinterlassener einziger Herr Sohn, der Herr Landrath Graf vonPodewills in dem Besitz dieser sämtlichen Güther befindet. Dieses Guth Theeren ist den Gusowschen Güthern am nächsten belegen, und es ist daher dasselbe darunter gemeinet, wenn dem Gusowschen Wirthschafts-In-spector die Oberdirection über die dortige Wirthschaft zu führen, ebenfalls mit aufgetragen worden.

Koſt P), und wenn er in meinen Geſchäften ver-
ſchicket wird, täglich 8 gr. Diäten haben.

II.
Inſtruction
für
den Rechnungsſchreiber.

§. 49.
Von der Inſtruction für den Rechnungsſchreiber,
und was hier, deren Einrückung nothwendig gemacht hat.

Bereits §. 2. habe ich die Urſachen, warum ich
die für den Rechnungsſchreiber angefertigte In-
ſtru-

p) Das Gehalt des Wirthſchafts-Inſpectors in der von
deſſen Inſtruction mitgetheilten Abſchrift mit einzurücken, und ſolches dadurch näher bekannt zu machen,
iſt dem ſel. Herrn Grafen nicht gefällig geweſen. Auch
hat ſolches von ihm, weil es als ein Domeſtical-Ge-
heimniß anzuſehen iſt, nicht wohl verlanget werden
können.

Inzwiſchen kann man nach ſeiner bekannten Gerech-
tigkeit und Billigkeit überzeugt ſeyn, daß ſolches, ſowohl nach der Wichtigkeit der Güter, als auch der
Menge der Geſchäfte, eingerichtet, und dabei die allgemeine Regel, daß Dienſte und Lohn mit einander in
einem richtigen Verhältniß ſtehen müſſen, gehörig beobachtet ſeyn werde.

Da hier keines Deputats, ſondern nur blos der
freien Koſt, gedacht wird, ſo läſſet ſich daraus faſt
faſt ſchließen, daß der damals beſtellte Wirthſchafts-
In-

ſtruction der für den Wirthſchafts = Inſpector ent=
worfenen beizufügen für nöthig befinde, ange=
zeiget.

Die ganze dortige Geſellſchaft der Wirthſchafts=
bedienten beſtehet aus einen Wirthſchafts = Inſpec=
tor, Rechnungsſchreiber, und zwei Wirthſchafts=
ſchreibern, die Förſter, Gärtner, Brauer und
Haushälterin ausgenommen.

Der Rechnungs = und die Wirthſchaftsſchreiber
ſind zwar ebenfalls dem Wirthſchafts = Inſpector
ſubordiniret, und ſie hangen insgeſammt von ſei=
nen Befehlen und Verfügungen ab.

Inzwiſchen iſt doch der erſtere dem Wirth=
ſchafts = Inſpector wegen der Geſchäfte, ſo er ſel=
ber nicht alle zu gleicher Zeit gehörig beſorgen kann,
beſonders zur Hand gegeben worden, und dieſes
iſt auch der Grund, warum ich die für beide ent=
worfene Inſtructionen, weil eine aus der andern
erklärt werden muß, nicht füglich von einander
habe trennen können.

Ich

Inſpector, für welchen gegenwärtige Inſtruction aus=
gefertiget worden, unverheirathet geweſen ſeyn müſſe.

Dieſes könte zur Erörterung der Frage, ob ein ver=
heiratheter, oder unverheiratheter Wirthſchafter
rathſamer ſey? Gelegenheit geben.

Es würde mich aber ſolches in ein allzuweites Feld
führen, welches meinen gegenwärtigen Abſichten nicht
gemäß iſt.

Da inzwiſchen bei beiden verſchiedene Bedenklichkei=
ten vorwalten, ſo will ich mir die nähere Entſcheidung
dieſer Frage in der unter der Feder habenden Oecono=
mia Controverſa vorbehalten.

Ich theile solchemnach auch die für den Rechnungsschreiber angefertigte, nebst einigen dabei
nöthigen und nützlichen Anmerkungen, mit.

§. 50.
Allgemeine Pflichten des Rechnungsschreibers.

§. 1. der Instruction. Nachdem ich N. N.
zum Rechnungsschreiber in meinen Diensten bestellet, und angenommen, so habe ich das Vertrauen zu ihm, daß er diesem ihm übertragenen
Amte jederzeit getreu, fleißig und ehrlich vorstehen, mein Bestes überall suchen, Schaden und
Nachtheil aber, so viel immer möglich, verhüten
und abwenden werde; also habe ich ihm dasjenige,
worin seine Function hauptsächlich bestehet, in einigen Punkte entwerfen lassen, und ihm solches
vermittelst gegenwärtiger Bestallung bekannt machen wollen.

Ich verlange nemlich von ihm, daß er Gott
und sein heiliges Wort fürchte und ehre, ein gottseliges und frommes Leben führe, in allen seinen
Handlungen Gott vor Augen habe, seinen ganzen
Wandel nach dessen heiligen Wort einrichte, und
sich solches zur Richtschnur und Regel in allen seinem Thun seyn lasse. Diesemnach befehle ich ihm,

§. 51.
Daß er einem jeden schleunig und bescheiden ab-
fertige, auch Niemanden ohne Noth lange
warten lasse.

§. 2. der Instruction. Daß er sich gegen jedermann bescheiden und vernünftig aufführe, die-
jeni-

jenigen, welche bei ihm etwas zu suchen haben,
oder ihn warum befragen, nicht anschnarche,
oder anfahre, noch vielweniger schelte, oder
fluche, sondern durchgehends einen, wie den
andern, ohne Ansehung der Person, oder aus
Affecten, gleiche und richtige Antwort gebe,
auch Niemanden lange aufhalte, oder auf die Abfertigung warten lasse, vielmehr jeden, wenn es
nur in der Welt thunlich, sogleich abfertige, nicht
aber diejenigen, welche expedirt seyn wollten, un-
verrichteter Sache weggehen lasse, und sie zu verschiedenen malen vergeblich wieder zu kommen,
nöthige *). Ferner und

§. 52.

*) Aus der Zusammenhaltung der für den Wirthschafts-
Inspector entworfenen Instruction mit der gegenwärtigen wird sich von selbst ergeben, daß die meisten
Sachen nicht unmittelbar für den Wirthschafts-Inspector kommen, sondern solche erst durch den Rechnungsschreiber bei ihm angebracht werden müssen.

Bei einer so weitläuftigen Wirthschaft, als die Gusowsche ist, können dadurch dessen Geschäfte oft überhäufet werden.

Bei einem nicht schon vorhin von Natur gesetzten,
und zur Bescheidenheit gewöhnten Mann, kann diese
Ueberhäufung der Geschäfte sehr leicht zur Ungeduld,
und allerhand daraus entstehenden Uebereilungen, Anlaß geben.

Der sel. Herr Graf hat dieses sehr wohl vorausge-
sehen, und daher dem Rechnungsschreiber die Vermeidung solcher Uebereilungen zur besondern Pflicht
gemacht.

Be-

§. 52.

Genaue Haltung des Dienstregisters, und woher
er den Stof dazu nehmen müsse.

§. 3. der Instruction. Muß er sich alle Abend
von den Schreibern und sämtliche Wirthschaftsbedienten, eine Specification derer Spann-, wie
auch Mann- und Frauenhanddiensten und Tagelöhnern, welche ein jeder unter seiner Aufsicht gehabt, mit Benennung der Arbeit, wozu, und an
welchem Orte sie gebraucht worden, geben lassen,
und solche sogleich in das Journal- und Dienstregister eintragen b).

§. 53.

Besonders ist die baldige Abfertigung aller derjenigen, die bei ihm etwas anzubringen haben, eine
Hauptsache, worauf der gute Ruf einer ordentlich geführten Wirthschaft vornemlich ankommt, und wodurch viele Klagen, die man fast allenthalben über
die Verzögerung der Geschäfte zu hören pfleget, vermieden werden können.

Zwischen den einheimischen und auswärtigen Aus-
bringern hat er hierunter besonders einen Unterscheid
zu machen. Die letztern müssen vor den erstern allemal vorzüglich befördert werden, weil diesen ein doppelter Gang in ihren Angelegenheiten nicht so schwer,
und öfters auch kostbar, als einem, fällt.

b) Dieses ist zwar eine sehr genaue, dennoch aber allemal eine sehr heilsame Verfügung, indem dadurch alle Streitigkeiten und Unordnungen, die wegen den
geleisteten Diensten entstehen können, auf die sicherste
Art vorgebeuget wird.

Auch

§. 53.

Wie er es, wegen Einschreibung der abgedienten
Tage, besonders zu halten habe.

§. 4. der Instruction. Er schreibt auch
den klein Thäuern und Hausleuten dunrch den
Abend, den von ihnen abgedienten Tag, die von
den Bauern und Cossäten abgedienten Tage aber
allemal des Sonntags, in ihre Dienstbücher mit
röther Dinte ein, wobei er wohl Acht haben
muß, daß solche allemal, mit dem von ihm geführten Dienstregister stimmen c).

§. 54.

Auch gereicht solches dem Eigenthümer zur Erlangung einer gründlichen Kenntniß von den nöthigen
Wirthschaftsnothdurften, die bei einem jeden Grundstück seines Eigenthums zu dessen Bestellung erfordert
werden.

Eine solche Anordnung stiftet nicht allein in Ansehung der Richtigkeit der gegenwärtigen Rechnungen
viel gutes, sondern sie setzet auch einen Gutsbesitzer in
den Stand, ein jedes besonderes Grundstück nach seinem Ertrage, und den dazu erforderlichen Kosten,
auf das genaueste berechnen zu können.

Wie viel solches zur richtigen Bewirthschaftung eines Landguthes, sowohl in seinem Ganzen, als auch
in seinen Theilen, beitrage, ist dergestalt einleuchtend, daß ich, davon etwas mehreres anzuführen,
nicht nöthig habe.

c) Dieses stimmt mit der vorstehenden Instruction des
Wirthschafts-Inspectors, welcher besonders wegen
der letztern die Oberaufsicht, daß dabei alles richtig
zugehen möge, hat, vollkommen überein.

§. 54.

Auch die Straf- und extraordinaire Dienste muß er in das Journal eintragen, und solches mit Anfang eines jeden Quartals einschließen.

§. 5. der Instruction. Besonders hat er das Journal in guter Ordnung zu halten, und zwar muß er in selben alle Straf- und andre extraordinaire Dienste richtig eintragen, solches mit Anfang eines jeden Quartals abschließen, und allezeit dahin sehen, daß es mit dem Dienstregister übereinkomme.

§. 55.

Von der Austheilung des Brodts an das Gesinde.

§. 6. der Instruction. Theilet er das Brodt dem Gesinde und denen Hofdienern aus, und zwar dergestalt, daß er Niemanden zu viel, auch keinem zu wenig, reiche, sondern einem jeden so viel, als ihm ausgemacht und zukommt, gebe, als

jedem Knecht die Woche — 18 Pf.
einer jeden Magd die Woche 16 Pf.
im August täglich 2 oder 4 Pf.
einem Unterthan, welcher eine kurze oder lange Reise verrichtet 1 Pf. d).

§. 56.

Inzwischen ist doch der Rechnungsschreiber derjenige, der dieses alles unmittelbar besorgen muß, und folglich auch für dessen Richtigkeit hauptsächlich verantwortlich bleibt.

d) Die Eintheilung des Brodts unter das Gesinde und die Arbeiter ist überhaupt eine sehr nützliche und heilsame

§. 56.

Ordnung, die er deshalb mit dem Bäcker zu
halten hat.

§. 7. der Instruction. Ueber dieses Brodt
führet er nicht nur Rechnung über Einnahme, so

U 2　　　　wie

same Einrichtung in allen Landwirthschaften. Die
sonst übliche Verschleppung und Verschwendung des
Brodts von dem Gesinde wird davon einen von selbst
überzeugen.

Das hier bestimmte Gewicht des einem jedem täglich
und wöchentlich auszutheilenden Brodts ist zwar nach
der gemeinen Landesobservanz eher überflüssig, als zu
kärglich eingerichtet, indem die Soldaten selber, die
doch ihre hauptsächlichste Nahrung von dem Brodt
nehmen müssen, nicht mehr, als täglich 2 Pfund bekommen.

Der vorstehende Aussatz für einen jeden Knecht aber
beträgt noch über 2½ Pf., welches derselbe, besonders
an den Orten, wo das Gesinde schon an und für sich
eine nahrhafte Speisung erhält, aufzuzehren nicht im
Stande seyn würde.

Es scheint mir aber hiebei der Unterscheid, den das
Brodt nach dem Teige, und nachdem es ausgebacken
worden, in sich enthält, vergessen worden zu seyn.

Natürlicherweise kann die Bestimmung des Brodts-
gerichts nur blos nach dem erstern, nicht aber nach
dem letztern, geschehen; indem das Brodt durch das
Ausbacken sehr viel von dem Gerichte, so es sonst
nach dem Teige enthält, verlieret, dieser Verlust des
Gewichts aber, weil er von dem mehrern, oder wenigern Ausbacken abhanget, auf nichts gewisses bestimmt
werden kann.

Auch

wie er es vom Bäcker erhalten, und Ausgabe, quo dato, an wem, und wie viel er ausgetheilet, sondern er muß mit dem Bäcker, nach der demselben dazu gelieferten Quantität Getreides, sich zu jederzeit ordentlich und richtig berechnen, dergestalt, daß derselbe allemal von einem Scheffel Roggen 100 Pfund gutes und gar ausgebackenes Brodt hinwiederum abliefern, und darauf sehen, daß derselbe richtiges Gewicht halte, zu welchem Ende er das Brodt zum öftern nachwiegen, und auf besondere Unrichtigkeit es dem Justitiario anzeigen muß, damit derselbe solchen dieserhalb zur Verantwortung ziehen könne e).

§. 57.

Auch wird in allen Wirthschaften, wo die Austheilung des Brodts nach dem Gewichte eingeführt ist, nur blos das Gewicht des Teiges, niemals aber des ausgebackenen Brodts, zum Grunde geleget; und man hat, um hierunter allen Unterschleif zu vermeiden, in ordentlichen Haushaltungen gewisse Formen, welche das richtige Gewicht des Teiges in sich enthalten.

In der Gusowschen Wirthschaft wird ein Knecht, wenn auch gleich das Gewicht nur blos nach dem Teige eingerichtet ist, dennoch täglich allemal zwei volle Pfund Brodt bekommen, und dieses ist zu seiner Sättigung vollkommen hinreichend.

e) Dieser §. hat eine nothwendige Beziehung auf den nächstvorhergehenden, und die genaue Beobachtung des Bäckers ist in diesem Stücke allerdings nothwendig.

Soll aber der Bäcker von jedem Scheffel Roggen 100 Pfund wohl ausgebackenes Brodt liefern, so wird schlech=

§. 57.

Einrichtung, wegen der zu verspeisenden Victualien bei Ende jeden Monats.

§. 8. der Instruction. Mit dem Ende eines jeden Monats macht er die Balance, wie viel auf den folgenden zur Speisung der Schreiber und des sämtlichen Gesindes an Mehl, Grütze, Erbsen, und dergleichen erforderlich seyn möchte. Hiebei muß er sich allemal nach denen Jahreszeiten richten. Im Sommer, wenn frisches Gartengewächse zu haben, bringet er verschiedenes desselben zum Gemüse auf gewisse Tage in Aufsatz; im Herbste sorget er dafür, daß gegen den Winter davon verschiedenes, als Mohrrüben, u. d. m. eingebracht, und wohl verwahret, auch eine hinlängliche Quantität an weissem und brau

U 3   nen

schlechterdings erfordert, daß auch der Roggen das dazu erforderliche Gewicht in sich enthalten müsse.

Ferner ist nöthig, daß auch die Müller zur richtigen Zurückgewährung des Mehls nach dem Gewicht des zur Mühle gebrachten Getreides angehalten werden müssen.

Daß sonst der Bäcker seine Pflicht hierunter nicht beobachten könne, ist von selbst einleuchtend.

Ich zweifle nicht, daß hierunter zwischen dem Bäkker und Müller jederzeit zu verschiedenen Streitigkeiten Anlaß gegeben werden wird, und um so nöthiger ist es daher, darunter alle mögliche Genauigkeit zu beobachten, und den Bäcker gegen die Unterschleife der Müller, die nur selten zu unterbleiben pflegen, zu schützen.

nem Kohl eingemacht werde, regulirt die Speise
hievon auf gewisse Tage, und übergiebt den das
von angefertigten Aufsatz dem Actuario, welcher
die weitere Ausübung und Vollbringung desselben
mit der Haushälterin überlegen, und zu ihrer
Wirksamkeit zu bringen suchen wird f).

S. 58.

f) Dieses alles setzet bei dem Rechnungsschreiber eine ganz
vorzügliche und besondere Wissenschaft in der ländlichen Haushaltungskunst voraus.

Fast zweifle ich, daß sich viele finden möchten, welche
die dazu nöthige Kenntnisse und Erfahrungen besitzen
werden.

Den unrichtigen Beurtheilungen, die darunter bei
dem Aufsatz des Rechnungsschreibers vorfallen können,
ist zwar dadurch, daß solcher von dem Wirthschafts-
Inspector mit Zuziehung der Haushälterin annoch
näher reguliret und festgesetzt werden soll, gewisser-
maaßen vorgebeuget werden.

Inzwischen scheint es mir doch, daß es besser gethan seyn würde, wenn man die Haushälterin, welche allemal die Speisung des Gesindes besorgen muß,
gleich von Anfange dabei mit zu Rathe zöge, weil sie
sonst immer den Vorrath, den der Rechnungsschreiber
angeschaffet hat, er mag der ländlichen Sparsamkeit
angemessen seyn, oder nicht, zu consumiren suchen
muß.

Ueberhaupt finde ich, daß man in der dortigen
Wirthschaft in den Dingen, die nur hauptsächlich in
das weibliche Wirthschaftsfach einschlagen, den Auf-
sehern des männlichen Geschlechts, die solche nur selten recht zu verstehen, genugsame Erfahrung davon
zu haben pflegen, zuviel überlassen hat.

§. 58.
Fortsetzung des vorigen.

§. 9. der Instruction. So bald er solchen
von selbigem zurück erhalten, bringet er ihn in
seine gehörige Ordnung, und schreibet solchen
reinlich ab, so daß er mir allemal, ich sey gegenwärtig oder abwesend, vorgeleget und zugeschickt
werden kann.

§. 59.
Von Eintragung des von dem Wirthschafts-Inspector gehaltenen Diarii in sein Manuale und Rechnungen.

§. 10. der Instruction. Des Abends, wenn
der Actuarius das Diarium geschlossen, holt er
solches von ihm ab, und trägt alles, was den
Tag über eingenommen und ausgegeben worden,
unter seiner bisherigen Rubricke, in das Haupt-
Manual ein, und muß er sich davon, daß dieses
noch an eben dem Abend geschehe, durch nichts
in der Welt abhalten lassen; solte er aber daran, und daß solches sodann nicht geschehen könne,
durch wichtige Verhinderungen und andere ihm
aufgetragene Arbeit abgehalten werden, muß er
solches den andern Morgen, und ehe er das
Diarium an den Actuario hinwiederum abgiebt,
unfehlbar bemerken g).

U 4 §. 60.

g) Die hierunter eingeführte Ordnung ist bereits in der
vorhergehenden Instruction für den Wirthschafts-Inspector bemerkt worden, und folglich, deshalb etwas
mehreres beizufügen nicht nöthig.

§. 60.

Fernere Fortsetzung des vorigen.

§. 11. der Instruction. Wenn alles in das Manuale eingetragen worden, summiret er die Latera des Diarii durch, und in so ferne er fin=det, daß bei der gezogenen Summe oder an ei=nem andern Ort ein Fehler vorgefallen, meldet er es gleich dem Actuário, daß solcher corrigiret werde, damit das Diarium mit dem Haupt=Manual jederzeit stimmen und übereinkommen möge [h]).

§. 61.

Von dem monatlichen Abschluß des Manuals.

§. 12. der Instruction. Er schreibt auch solches nochmals in die apart dazu angelegte Rechnung, mit eben der Accuratesse, wie solches in dem Haupt=Manual geschehen, schließet sol=che mit Ablauf eines jeden Monats, und stellet mir die Abschrift davon allemal gegen den 1sten des folgenden Monats zu.

§. 62.

Jährlicher Abschluß des Haupt=Manuals.

§. 13. der Instruction. Das Haupt=Manual aber schließet er jedes Jahr mit Ende des Junii; wo=

---

[h] Hiemit hat es gleiche Bewandtniß, als mit dem vori=gen, und es ist der bemerkte Irrthum um so weniger länger aufzuschieben rathsam, als sonst, denselben ge=hörig zu entdecken, allemal weit schwerer fällt.

wobei ihm besonders recommendire, daß er sol=
ches auf das accurateste anlege, worin jegliches
nach seiner Materie in gehörige Titel und Rubri=
fen eintrage, davon nichts auslaſſe, oder unter
andre Namen auffführe, es auch ſowohl bei der
Einnahme als Ausgabe mit einem richtigen al=
phabetiſchen Regiſter verſehe, damit man eine je=
de Sache ohne vieles Suchen ſogleich auffinden
möge.

§. 63.

Von der Führung des Schuldbuchs, und in wel=
cher Ordnung ſolches geschehen
müſſe.

§. 33. der Inſtruction. Desgleichen führet
er das Schuldbuch, in welchem er, wenn die Un=
terthanen an ihren abzuführenden Präſtandis, et=
was ſchuldig geblieben, oder wenn jemand etwas
gekauft, die Bezahlung aber nicht ſogleich erfol=
get, mit Benennung des Schuldners Namen, mit
Beifügung des Dati, wenn die Schuld gemacht
worden, imgleichen, wofür er ſchuldig ſey, mit
ebenmäßigem Fleiße einträgt, und wenn darauf
etwas, oder die ganze Schuld abgetragen wor=
den, notirt er gleichergeſtalt auf der andern ne=
benſtehenden Seite, an welchem Tage die Bezah=
lung geſchehen, damit Niemand um eine Sache,
welche er bereits bezahlet, nochmals gemahnt
werden möge.

U 5 §. 64.

§. 64.

Fortſetzung des vorigen.

§. 15. der Inſtruction. Und dieſes Schuldbuch muß er entweder nach dem Alphabet anlegen, oder an ſelbigem ein beſonderes Regiſter zum
Aufſchlagen anfangen, ſelbiges auch allezeit bei
dem monatlichen Abſchluß der Rechnung genau
revidiren, ob auch alles, was den ganzen Monat durch in Reſt verblieben, wie imgleichen dasjenige, was auf einer Schuld abgeführt worden,
richtig angezeichnet ſey, welches, wenn ſolches
nicht geſchehen, er ſogleich zu annotiren hat 1).

§. 65.

1) Alles, was in den nachvorſtehenden §. §. enthalten, iſt
bereits in der für den Wirthſchafts-Inſpector entworfenen Inſtruction vorgekommen, weil dieſem die Superrevision davon aufgetragen worden.

Ueberhaupt ſcheint es von dem ſel. Herrn Grafen,
daß er ſich durch die vielen angeordneten Rechnungen
gegen alle Untreue ſeiner Wirthſchaftsbedienten habe
decken und ſicher ſtellen wollen.

Meines Erachtens aber iſt dieſes kein zweckmäßiges
Mittel dagegen.

Die Veruntreuungen geſchehen, daß ich mich ſo
ausdrücken darf, in natura, und nicht durch Zahlen,
indem dieſe letztere ſie von ſelber verrathen wird.

Das veruntreuete iſt ſchon vorher weg, ehe die Rechnungen angefertiget werden, und kann alſo durch dieſelben nicht weiter entdeckt werden.

Man wird auch jederzeit finden, daß Wirthſchafter, die
große Rechenmeiſter ſind, den geringſten Ertrag der Güter zu liefern pflegen, und ein anderer, der im Rechnen
weni-

§. 65.

Von der Eintragung der eingekauften und ange=
schaften Wirthschaftsgeräthe in ein besonderes
dazu bestimmtes Buch.

§. 16. der Instruction. Er muß auch das
dem Haupt = Manual beigefügte Inventarium nach
der Ordnung, wie solches angefangen worden,
fortführen, dergestalt, daß er in selbigem, so=
gleich, als eine Sache gekauft, oder gemacht,
und jemanden zum Gebrauch übergeben worden,
er solches sofort darin unter dem Namen desjeni=
gen, der es erhalten, oder wozu es sonsten besti=
nirt worden, ansetzen, auch zugleich den Abgang
einer Sache notiren, und beides in dem beson=
dern einem jeden hierüber ertheilten Buche ein=
tragen.

§. 66.

Von der jährlich zweimal vorzunehmenden Re=
vision der sämtlichen Inventatienstücke.

§. 17. der Instruction. So oft das In=
ventarium revidiret wird, welches jederzeit den
ersten

weniger geübt ist, und folglich hinter diese Kunst sich
nicht verstecken kann, weit mehrere Einnahme ge=
währet.

Inzwischen tragen die angeordnete Rechnungen, und
dabei eingeführte besondere Genauigkeit zur guten
Ordnung sehr viel bei, indem ein abwesender Grund=
herr daraus den Zustand seiner Einnahme und Ausga=
be auf das deutlichste übersehen kann.

erſten Sonnabend im Monat Junii und Decbr.
geſchehen ſoll, muß er allemal zugegen ſeyn, alles was, und wenn es gefehlet, aufzuzeichnen,
und hiernächſt dem Actuario eine Specification
davon einreichen, auch ſelbigem die ihm überlie-
ferten Sachen an obbemeldetem Tage vorzeigen k).

§. 67.

Führung des Tabellenbuches über die auf jedem
Stück gewonnene Früchte, nebſt dem darauf
verwandten Dünger, Dienſte und
Arbeiten.

§. 18. der Inſtruction. Desgleichen lieget
ihm ob, das Tabellenbuch, in welchem, wie viel
jähr-

---

k) Nach der dem Wirthſchafts-Inſpector vorgeſchriebe-
nen Inſtruction ſoll dieſe Reviſion unter deſſen Aufſicht geſchehen.

Inzwiſchen erhellet hieraus ſo viel, daß dem Rechnungsſchreiber das beſondere dabei vorfallende zu beſorgen oblieget, er das fehlerhafte getreulich notiren, und
dergleichen Stücke dem ihm vorgeſetzten Wirthſchafts-
Inſpector, damit derſelbe, deren Ausbeſſerung verfü-
gen kann, vorzeigen müſſe.

Auf dieſe Art läſſet ſich der Inhalt dieſer beiden
Inſtructionen, welche ſonſt einerlei zu beſagen ſcheinen, ganz wohl mit einander conciliiren.

Ueberhaupt hat man in dergleichen Fällen, deren
mehrere vorkommen, die gleich Anfangs gegebene Erinnerung, daß der Wirthſchaftsinſpector zwar die Direction und Oberaufſicht über alles habe, die ſpecielle
Beſorgung der Geſchäfte aber unter den Unterbedienten
vertheilet ſey, nie aus Augen ſetzen.

Zu dem §. 67. gehörig.

ein

en Ackerstücks.

Rogg		Hafer.	Remarquen.
Displ.	A	Tage.	
9	tb.	52 Spann- und 7 Fußtage.	1) Die sub. No. 1 et 2 bemerkte Ackerstücke gehören zu der guten Mittelclasse; die sub. No. 3 et 4 aber haben nur einen leichten Boden.
15	tb	166 Spann- und 6 Fußtage.	2) In Ansehung der Arbeitszeit wird vorausgesetzt, daß der Hafer nur 2, der Roggen und die Gerste aber 3fährig bestellet werde.
3	tb	33 Spann- und 2 Fußtage.	3) In Ansehung des Düngers sind Herrschaftliche Fuder angenommen worden, und man muß, wenn solcher von den Bauern gefahren wird, billig eine doppelte Fuderzahl davon annehmen.
6	tb	56 Spann- und 3 Fußtage.	

jährlich auf jedem Rücken Landes an Mist gefah=
ren, an allerhand Getreide gesäet, und wie viel
davon eingenommen, imgleichen wie viel Fuder
Heu und Grummet auf jeder Wiese gemacht wor=
den, aufgezeichnet wird, nach der ihm vorge=
schriebenen Ordnung zu prosequiren, und zwar
also, daß er über die von den Schreibern, we=
gen der des Tages über verrichteten Arbeit, ein=
gezogene Nachrichten ein kurzes Diarium, um
sich darnach richten zu können, halte, und sol=
ches nachgehends, so wie eine jede Arbeit vollen=
det, und zu Stande gebracht worden, in demselben
eintrage, und weil mir nicht nur wegen des Er=
trages, sondern auch, damit ich richtig wissen
möge, wie viel auf jedes Stück oder Breite, an
Dünger, Aussaat, Diensten und Arbeit erfor=
dert werde[1]), an dessen accuraten Haltung viel
gele=

[1] Die Idee, die der sel. Herr Graf dabei gehabt hat,
ist unvergleichlich, und zur Erhaltung einer genauen
Kenntniß von seinen Gütern ganz ungemein geschickt.

Zu wünschen wäre nur, daß solches in allen Land=
wirthschaften möglich zu machen, eingeführt seyn
möchte.

Bei ordentlich gehaltenen genauen Tabellen über die
Aussaat, den Ertrag, geführten Dünger, und verwandte
Arbeitszeit ist solches auch auf solchen Gütern, wo nur
ein Wirthschafter ist, ganz wohl möglich zu machen.

Allein die wenigsten haben weder von der Einrich=
tung solcher Tabellen, noch auch deren Nützlichkeit, den
gehörigen Begriff, und selbst dem größesten Theil der
Güterbesitzer ist eine solche Nachricht gleichgültig, weil
sie die damit verknüpfte Vortheile nicht einsehen.

Ein

gelegen; so wird mir es zu besondern gnädigen
Wohlgefallen gereichen, wenn er hiebei alle
Menschenmögliche Sorgfalt anwendet, und dar-
unter nicht das geringste negligiret.

§. 68.

Von richtiger Haltung des Seelenregisters.

§. 19. der Instruction. Endlich hat er auch
das Unterthanen-Geschlechtsbuch nach dem bereits

Ein Grundherr der sich diese Kenntnisse verschaft
hat, kann auch in dem höchsten Alter annoch die
Wirthschaft selber führen, wenn er die Aussaat und
den Ertrag eines jeden Stücks, nebst den dazu erforderlichen Dünger und Arbeiten weiß, und er kann,
wenn alle diese Dinge mit einer solchen aufgenomme-
nen unter vieljähriger Erfahrung bestätigter Tabelle
nicht stimmen wollen, diejenigen, die er zur Besorgung
der Wirthschaft bestellet hat, besonders über die Aussaat, Düngermenge und Arbeitszeit allemal ganz sicher
zur Verantwortung ziehen.

Er kann auch in der Stube beurtheilen, ob zu dick,
oder zu dünne gesäet, zu viel, oder zu wenig Dünger
gefahren worden, und ob die Arbeiter fleißig gewesen
sind, oder gefaullenzet haben.

Alles dieses sind Vortheile, die einem jeden aufmerksamen Landwirth, um eine solche Einrichtung, da
sie auf die vorbemerkte Art sehr wohl möglich ist, an
seinem Orte einzuführen, billig anreitzen sollten.

Die Sache scheint mir dergestalt wichtig zu seyn
daß ich am Ende dieser Instruction zu einer solchen
Tabelle ein Schema beifügen werde, aus welchem von
selbst einleuchten wird, daß die Sache weit wenigere
Schwierigkeiten hat, als man vielleicht darin zu glauben findet.

reits angefangenem Schemate in gehöriger Ordnung zu erhalten, zu dessen richtiger Fortsetzung
er sich alle Vierteljahre die Kirchenbücher von dem
Prediger holen lassen, und nach selben in diesem,
wer getrauet, gebohren und gestorben, eintragen, sich auch überdem, wenn ein oder der andere
aus dem Orte gegangen, wo er sich hinbegeben,
bei denen Schulzen erkundigen, und solches zugleich mit annotiren, auch die Unterthanen beim
Zinstage über alle diese Umstände befragen muß,
und zwar von denen Hausleuten, Einliegern und
Tagelöhnern, damit ich allemal, wenn, ob dieser oder jener mein Unterthan, und er mir wegen
der Dienstbarkeit verpflichtet sey, oder nicht, die
Frage ist, eine überzeugende Nachricht habe, und
mich derselben mit Nutzen bedienen könne m).

§. 69.

m) Eine zureichende Menge von Unterthanen ist für einen jeden Landwirth und Gutsbesitzer ein sehr kostba-
rer Schatz.

Nöthig und billig ist daher auch, daß er sich von
dessen Zustande eine genaue Kenntniß zu verschaffen
suche; und dieses geschiehet durch die allenthalben ein
geführte Seelenregister, die aber an den meisten Orten
sehr unvollständig sind.

Wie diese Unvollständigkeit zu vermeiden sey, dazu hat der sel. Herr Graf in der vorstehenden Instruction die besten und sichersten Mittel an die Hand
gegeben, und es ist kein Zweifel, daß, wenn solche mit
der gehörigen Genauigkeit befolget werden, nicht von
der besten Wirkung seyn solten.

Alsdenn, und wenn dieses überall beobachtet würde,
könnten auch die jährlich von der Landesregierung auf-
juneh-

§. 69.

Fortſetzung des vorigen.

§. 20. der Inſtruction. Ueber dieſes Unterthanen = Geſchlechtsbuch hält er ein accurates
Regiſter, welches er nach dem Anfangsbuchſta-
ben des Zunamens eines jeden Hauswirths in al-
phabetiſcher Ordnung führet, und ſolches demſelben mit beifüget, und, weil verſchiedene Unterthanen, welche gleiche Namen führen, exiſtiren;
ſo ſetzet er hinter den Zunamen den Vornamen,
und notiret zugleich kürzlich, was er ſey, als,
wenn es ein Bauer durch ein B., ganzer Coſſäth
G. C., halber Coſſäthe, H. C., Klein = Thauer,
K. T., Hausfrauen, Einlieger, oder Tagelöhner
T. L., und, wenn der Wirth tod, die Wirthſchaft
aber von der Wittwe fortgeſetzt wird, hinter dem
Zu = und Vornamen ein Zeichen der Nahrung trei-
benden Wittwe, e. g. des verſtorbenen Bauern
Martin Milenz nachgelaſſene Wittwe ſetzet die
Wirthſchaft fort, ſo führet er ſelbige alſo im Regiſter auf, Milenz Martin B.. Wittwe, und
dergeſtalt weiter, als welches ihm zur Erleichterung in der Arbeit und zur commoden Auffin-
dung eines jeden Wirths dienen wird.

§. 70.

zunehmende hiſtoriſche und Finanztabellen, imgleichen
die Cantonbücher der Regimenter einen weit ſichern
Grund, und mehrere Zuverläſſigkeit, als anjetzt erhalten:

§. 70.

Verschiedene Geschäfte, die sich der Rechnungsschreiber, bei Abwesenheit eines, oder andern
Wirthschaftsschreibers in der Feld= und Hauswirthschaft, besonders aber in Ansehung der
Schäferei, ebenfalls unterziehen
muß.

§. 21. der Instruction. Da aber alle diese
ihm aufgetragenen Beschäftigungen ihn nicht beständig occupiren können, so will ich, daß er sich
auch der Feldarbeit, und besonders der Hauswirthschaft, mit annehmen, und solche vornemlich in Abwesenheit eines oder andern Schreibers,
so viel möglich respicire. Hauptsächlich verlange
ich dieses bei der Schäferei, und verweise ich ihm
dieserhalb Kürze wegen, auf die dem Wirths-
schaftsschreiber N. N. ertheilte Instruction, aus
welcher er sich die §. §. 10. 11. 12. 13. 14.
15. 16. 17. 18. 19. 20. 21., als welche,
was hiebei zu observiren nöthig, in sich enthalten,
wohl zu notiren, und alles, was ich darin be-
fohlen, auf das genaueste in Erfüllung zu bringen suchen wird n).

§. 71.

n) Es sind auf den Gräflich Podewilsschen Gusowschen
Gütern zwar, außer dem Wirthschafts = Inspector
und Rechnungsschreiber, annoch zwei besondere Wirthschaftsschreiber, welche die Feldarbeiten unter ihrer
Aufsicht haben, bestellet.

Es scheinet aber, als wenn das Departement des
einen in diesem Stücke schwächer fiele, als bei dem an-

§. 71.

Von der Aufsicht über die Heuscheunen und Heuboden.

§. 22. der Instruction. Ich gebe ihm auch die Aufsicht über die Heuscheune und Heuboden.

Zu

dern; indem demselben auffer der ihm obliegenden Feldwirthschaft noch verschiedene andre Geschäfte, besonders die Aufsicht über die Schäferei, aufgetragen worden.

Dieser ist es nun, den der Rechnungsschreiber vornemlich, wegen der Schäfereigeschäfte, nach den Inhalt des vorstehenden §. vertreten soll.

Die Punkte, die ihm hierunter aufgetragen, und in dem vorstehenden, aus der Instruction des gedachten Wirthschaftsschreibers nachgewiesen sind, bestehen in folgenden.

1) Er muß auf das richtige und ordentliche Hüthen der Schäferknechte acht haben.

2) Des Jahres 2 bis 3 mahl die ganze Schäferei unvermuthet nach den Sorten nachzählen, um dadurch, ob Unterschleife vorgegangen sind, auszumitteln.

3) Auch den Schäfer anhalten, daß er die Böcke gleich nach Michaelis zu den Schaafen lasse, imgleichen von Zeit zu Zeit, wie viel Lämmer jung geworden, und ob einige Schaafe verworfen, oder Lämmer gestorben, anzeige.

4) Ferner bei der Lichtezeit, oder bei dem sogenannten Hämmeln, von Anfang bis zu Ende zugegen seyn, und daß die Lämmer nicht verwahrloset werden mögen, genau Acht zu geben.

5) Imgleichen bei dieser Gelegenheit die Knechtlämmer separiren, die Zahl der herrschaftlichen genau notiren und zeichnen; auch zugleich die melke gewordene

Zu ersterer behält er den Schlüssel bei sich, siehet
darnach, daß der Gang beständig rein gehalten
werde;

X 2

dene und güste gebliebene Schaafe, nicht weniger die
Ammen überzähle, und die Specification davon dem
Wirthschafts-Inspector, um die Molkenpacht darnach
reguliren zu können, einhändigen.

6) Bei dem Schaafewaschen und Scheeren muß er
ebenfalls beständig mit gegenwärtig seyn, auf das Rein-
waschen und gute Scheeren bringen, und demnächst,
daß die Wolle ordentlich und feste gesacket werde, Sorge tragen.

7) Auch hat er darauf Acht zu haben, daß der Schäfer, wenn er den Hammelknecht zum Melken braucht,
indessen den sogenannten Nothjungen, damit sie nicht
zu Schaden kommen mögen, oder sonst jemand anders
dabei anstelle.

8) Ferner muß er sich von den Schäfern des Sommers alle Sonntage, im Winter aber täglich den Abgang angeben, und sich zu solchem Ende, entweder die
gefallene Stücke, oder doch wenigstens die Felle davon
vorzeigen lassen, welchen Abgang er jederzeit in seinem
Manuale richtig zu verzeichnen hat.

9) Nach diesem Manuale überzählet er die abge-
lieferte Sterbe- und Schlachtfelle, und untersucht
dabei zugleich, ob deren Anzahl mit der ihm darüber
angefertigten Specification übereinstimme.

10) Des Schäfers Pferde und Rindvieh hat er
ebenfalls fleißig nachzusehen, und darauf zu halten,
daß er nicht mehrere Stücke, als ihm in seinem Contract erlaubet worden, haben möge.

11) Die Aufsicht über die richtige Behandlung
des dem Schäfer zugetheilten Futters lieget ihm gleichmäßig ob.

12) Endlich muß er sich alle Mühe geben, hinter
des Schäfers Kniffe und Unterschleife zu kommen, alle
dies

werde, und läßt nicht eher von dem frischen Heu
etwas verfuttern, oder zum Verkauf herausneh-
men, bis das alte insgesamt consumirt worden.
Auf letztere aber giebt er Acht, daß, so wie eine
Lage angebrochen, daraus hintereinander zum
Gebrauch genommen, und davon nichts entwen-
det werde °).

§. 72.

diejenige Kunstgriffe, deren sich diese Leute zur Bevor-
theilung der Herrschaft zu bedienen pflegen, auf das
sorgfältigste auszuforschen, und solchen nach möglichkeit vorzukommen.

o) Die Gusowschen Güter haben zwar, da sie mit
einem Ueberfluß von Heuschlag versehen sind, an diesem
Futterungsmittel keinen Mangel.

Inzwischen kann doch auch bei dem größesten Ueberfluß durch Unterlassung gehöriger Ordnung ein Mangel entstehen.

Wer die Verfutterung des Heues blos der Willkühr
seines Gesindes überläßet, wird die Folgen davon sehr
oft gewahr werden.

Eine sehr vernünftige Anordnung ist es daher, daß
der Rechnungsschreiber die Schlüssel von den Heuscheu-
nen beständig in seiner Verwahrung behalte, und hiedurch, den Verschwendungen des Gesindes darunter
den gehörigen Einhalt zu thun, in den Stand gesetzt
werde.

Besonders aber ist es auch eine sehr gute Vorkehrung,
daß zur Verfutterung des neuen Heues nicht eher ge-
schritten werde, bis das alte consumiret worden.

Im Anfange, und so lange, das neue Heu noch nicht
gehörig ausgewittert worden, oder ausgeschwitzt hat,
verdienet zwar das alte einen merklichen Vorzug, besonders in Ansehung der Pferde, vor demselben. In

der

§. 72.

Wie er bei dem Verkauf des Heues zu verfahren habe.

§. 23. der Jnstruction. Wenn sich jemand meldet, daß er Heu kaufen wolle, zeiget er ihn solches, und befraget ihn, ob er vorher Fuder-weise accordiren, oder es nachher, wenn er es geladen, nach der Taxe bezahlen wolle. Auf den erstern Fall bringt er den Käufer zum Actua-rio, daß selbiger mit ihm handle, und auf den letztern läßt er ihn laden, und wenn solches ge-schehen, hinterbringet er es dem Actuario, da-mit dieser die Taxe bewirke P).

X 3 §. 73.

der Folge aber verlieret das alte Heu seine Kräfte gar zu sehr, und es ist das neue jederzeit für alle Viehar-ten weit brauchbarer.

p) Obgleich der Verkäufer bei der sich vorbehaltenen Abschätzung des Werths der geladenen Fuder, den Käufer allemal in seinen Händen hat, so wird doch solches in ordentlichen Wirthschaften niemals angera-then werden können, daß von Seiten des Verkäufers ein dergleichen Verkauf eingegangen werde, weil diejenige, die auf dergleichen Art Heu zu kaufen verlangen, schon allemal gewisse Vortheile bei der Ladung zu haben pflegen.

Der richtigste Kauf und Verkauf des Heues geschie-het wohl allemal nach Centnern.

In einer so großen Wirthschaft, als die Gusow'sche ist, wird es wohl an Gelegenheit, die geladene Heu fuder durch das Gewicht zu bestimmen, nicht fehlen können, und auch in kleinern Wirthschaften ist es, auf

§. 73.

**Von der Verwahrung und richtigen Austheilung
des Kafs und Ährbundhexels, auch richtigen
Ablieferung des Achterkorns.**

§. 24. der Instruction. Desgleichen hat er
den Kaf = und Ährhexelboden unter seinem Beschluß.
Wenn aufgemessen wird, läßt er den Kaf und
Ährhexel aus jeder Scheune, auch von denen Vor=
werkern, durch die Drescher auf selben bringen,
und zwar hält er darauf, daß allemal von einem
Wispel ausgedroschenen Getreide ein Scheffel Ach=
terkorn abgeliefert werde, und theilet solchen hier=
nächst täglich zwischen 11 und 12 Uhr, denen
Knechten, Hirten und Viehmägden dergestalt aus,
daß keiner mehr bekomme, als er gebrauche q).

§. 74.

auf eine andre Art, sich in einen Heuverkauf einzulas=
sen, nicht rathsam.

q) In den Bruchgegenden, wie die Gusowsche ist, schei=
net zwar der Kaf und Hexel von den Ährbunden we=
gen des vielen nahrhaften Heues, von weniger Bedeu=
tung zu seyn.

Allein es bleibt solches auch daselbst, wenn es auch
für die Kühe und andre Arten von Rindvieh weniger
nothwendig seyn sollte, dennoch für andre Viehgat=
tungen, besonders für die Schweine, allemal sehr
nützlich, und aus dieser Ursache rührt es auch her, daß
der sel. Herr Graf die besondere Aufsicht über den
Boden, auf welchem diese Getreideabgänge aufbehal=
ten werden, dem Rechnungsschreiber anvertrauet und
ihm zugleich die richtige Vertheilung derselben anbe=
fohlen hat.

Das

§. 74.

Daß er, in Abwesenheit des eigentlich dazu bestellten Wirthschaftsschreibers, auch für die richtige
Fütterung des Rindviehes zu sorgen
habe.

§. 25. der Instruction. Ich übertrage ihm
auch die Aufsicht über das Rindvieh, daß er insonderheit, wenn der Wirthschaftsschreiber N. N.
nicht zu Hause, die Ställe fleißig revitire, darauf Acht habe, daß das Vieh nach der vorgeschrie-
benen und introducirten Manier gefuttert werde,
und einem jeden zur Erfüllung seiner Schuldigkeiten anhalte.

§. 75.

Von der Aufsicht über die Brandtweins-
brennerei.

§. 26. der Instruction. Nicht weniger giebt
er Acht auf die Brandtweinbrennerei, und hält
den Pächter derselben an, daß er beständig alle
Blasen im Gange habe r), dabei aber das Holz

X 4   nicht

Was es wegen des Achterkorns für eine Bewandniß
habe, ist bereits bei der für den Wirthschafts-Inspector entworfenen Instruction angemerkt worden.
    Hier wird nur bemerkt, daß die Pflicht, die Scheun-
drescher zu dessen richtigen Ablieferung anzuhalten, besonders dem Rechnungschreiber obliege.

r) Bei der zahlreichen Menge von Menschen auf den
    Gusowschen Gütern ist die Gerechtigkeit des Brandt-
    weinbrennens jederzeit ein sehr wichtiger Einnahme-
    Artickel für die Herrschaft.

Ein

nicht zur Ungebühr verquise ⁵), forget auch davor,
daß die Maſtſchweine den Schlemp richtig bekom=
men ᵗ), und davon allemal ein hinlänglicher Vor=
rath ſey; beſonders muß er darauf vigeliren, daß
mit dem Feuer gut umgegangen werde, damit kein
Unglück entſtehe.

§. 76.

Eine nöthige Vorſorge iſt es daher, daß es niemals an
dem gehörigen Vorrath von Brandtwein fehlen möge.

Da die Anzahl der dortigen Blaſen ſchon von ſelbſt der
daſigen Bedürfniß anpaſſend iſt, ſo muß auch natürli=
cherweiſe, daß keine derſelben ſtille ſtehe, Sorge getra=
gen werden; zumahl das Brandtweinbrennen ein Ge=
ſchäfte iſt, welches nicht bei aller Witterung betrieben
werden kann.

s) Der Verbrauch des Holzes zu dem Brandtweinbren=
nen iſt einer der wichtigſten Artickel von den dabei vor=
fallenden Ausgaben.

Durch ein unrichtiges Betragen des Brandtwein=
brenners kann hiebei eben ſo viel verſchwendet, als er=
ſparet werden.

Da nun das Holz, beſonders in unſern Tagen, eine
ſehr theure Waare zu werden anfängt, ſo iſt es, hier=
auf ein aufmerkſames Auge zu richten, allerdings
rathſam.

t) Die Anmäſtung der Schweine iſt bei dem Brandtwein=
brennen jederzeit ein ſehr wichtiger Nebenvortheil.

Da nun hiezu, wenn dieſe Anmäſtung glücklich von
ſtatten gehen und niemals unterbrochen werden ſoll,
jederzeit ein genugſamer Vorrath von Schlemm oder
Brandtweinſchlempe, wie man es an einigen Orten
zu nennen pflegt, vorhanden ſeyn muß, ſo iſt auch
dieſe Anordnung ſehr weiſe, und dem Maſtungsgeſchäfte
vollkommen anpaſſend.

§. 76.

Besondere Aufsicht auf das Feuer in den Ofen und auf dem Heerde.

§. 27. der Instruction. Gleiche Vorsorge hat er wegen des Feuers auf dem Heerde und in denen Ofen, wenn solche geheitzet werden, anzuwenden, zu welchem Ende er zum öftern des Tages herumgehen und nachsehen muß, ob noch alles in seiner gehörigen Ordnung befangen sey, und hiezu würde besonders viel beitragen, daß die Mägde nicht zu langes Holz, welches aus dem Ofen herausbrenne, sondern kurz gehauenes einlegen u), und nicht zu späte Feuer auf dem Heerde halten.

X 5 §. 77.

---

u) Die Schuld hievon lieget nicht sowohl an den zum Einheitzen bestimmten Mägden, als vielmehr an den Holzhauern, die das Holz zubereiten; denn von den Mägden kann, daß sie das Holz kürzer hauen sollen, nicht verlangt werden, sondern sie müssen solches so lang, als es gehauen worden, in den Ofen stecken, wodurch denn allerdings viele Hitze verlohren gehet, und eine Menge von Holz unnützerweise verschwendet wird.

Sehr wirthschaftlich wäre es daher, daß den Holzhauern, die das zum Verbrauch täglich nöthige Holz klein hauen müssen, ein gewisses Maaß von seiner Länge gegeben würde.

Alsdenn fällt dieser Mißbrauch und die daraus entstehende Verschwendung des Holzes von selbst hinweg.

So nöthig ist es, bei allen bemerkten Wirthschaftsmißbräuchen auf die eigentlichen Ursachen, woraus dieselben entstehen, zurück zu gehen; indem ein jedes Uebel, wenn es in seiner Quelle angegriffen wird, weit eher zu heben ist.

§. 77.

Von der ihm obliegenden alle Abend vorzunehmenden Besichtigung der Feuerstäten, wo
den Tag über Feuer gewesen ist.

§. 28. der Instruction. Wie er denn zur
Verhütung des Unglücks, des Abends, ehe er zu
Bette gehet, alle Stäten, wo des Tages über
Feuer gehalten worden, begehen und nachsehen
muß x), ob auch alles ausgegangen, und etwa
Schaden geschehen könne, bei welcher Gelegenheit er die auf dem Heerde vorhandene Gluth zu-
sammenscharren, und mit denen dazu gewidmeten
eisernen Glocken zudecken lassen muß y).

§. 78.

Von der sichern Aufbehaltung der Asche, sowol
aus dem Ofen, als von dem Heerde, damit durch
selbige kein Schaden entstehen könne, solche aber
auch zu ihrem künftigen Verbrauch
tauglich bleibe.

§. 29. der Instruction. Er sorget auch dafür, daß die Asche von denen Heerden und aus
denen

x) Schon dem Wirthschafts-Inspector ist dieses in seiner Instruction anempfohlen worden.

Von selbst aber verstehet sich, daß dem Rechnungsschreiber die specielle Aufsicht darüber aufgetragen worden, und dem erstern nur die Revision davon obliege.

y) Die Zudeckung der noch glimmenden Asche auf dem
Heerde mit einer eisernen Glocke ist eine Erfindung,
die mir bisher noch nicht bekant gewesen ist.

Die Vernunft selber aber ist Bürge davor, daß solche von sehr guter Wirkung seyn müssen, und dabei

so

denen Ofens, an einen Ort, wo sie, wenn sich
etwa in derselben noch Feuer verborgen halten
sollte, keinen Schaden verursachen könne, und
an selbigen bis zum Gebrauch gut aufgehoben
werde ²).

§. 79.

so leicht von der auf dem Heerde zurückgebliebenen
Gluth keine Gefahr zu befürchten stehe.

Sie ist daher wohl werth, an allen Orten nachgeahmet zu werden.

z) Gewöhnlicherweise wird die Asche anfänglich auf dem
Heerde zusammen gebracht, nachher aber selbige, wenn
man glaubet, daß die in derselben noch befindlich gewesene
Feuertheile gänzlich verloschen sind, auf einen dazu bestimmten Boden, den man den Aschenboden zu nennen pfleget, aufgeschüttet.

Da dieses gemeiniglich dem unvorsichtigen Gesinde
überlassen wird, so hat auch die Erfahrung gelehrt, daß
dadurch verschiedene heftige Feuersbrünste verursacht
worden.

Mir ist selber aus Schlesien ein sehr merkwürdiges
Beispiel bekannt, wo auf diese Art eines der prächtig-
sten Landhäuser bis in den Grund abbrannte und in
einen Steinhaufen verwandelt wurde.

Die beste Methode, sich bei der Asche gegen alle Gefahr sicher zu stellen, und solche doch auch zugleich
zum künftigen Gebrauch tauglich zu erhalten, scheinet
mir folgende zu seyn.

Man lässet in dem Brauhause, oder sonst an einem
bequemen Ort, wovon der Boden schon vorher gepflastert ist, einen verhältnißmäßigen viereckigten, oder
länglichten Kasten mauern, und denselben oben mit
einem eisernen Deckel versehen, in welchem allenfalls
einige Oefnungen, damit die Asche nicht ersticke, gelassen werden können.

Die

§. 79.

**Von der nöthigen Aufsicht über die Schorn-
steinfeger.**

§. 30. der Instruction. Und hält den Schor-
steinfeger dazu an, daß er, nach dem mit ihm
errichteten Contract, zu der darin gesetzten Zeit
allemahl kehre, und die Röhren durchgehends rein
fege ᵃ).

§. 80.

Die in einem solchen Behältniß geschüttete Asche
wird nicht allein niemals Schaden thun können, sondern auch jederzeit zu dem davon zu machenden Gebrauch tauglich bleiben.

Werden in einer Wirthschaft verschiedene Holzarten
gebrannt, so kann man in diesem Behältniß verschiedene Abtheilungen machen, und die Asche von einer
jeden Holzart besonders bringen; indem es bekannt ist,
daß nicht alle Ascharten von gleicher Wirkung und
Nutzen sind.

ᵃ) Daß auf dem Lande durch die Unreinigkeit der Schorsteine oder Feuermauern viel Unglück geschehe, ist aus
der Erfahrung bekannt.

Um so nöthiger ist es daher, darauf genaue Acht zu
haben.

Durch das bloße Reinkehren wird aber diese Gefahr
nicht immer abgewendet, sondern es ist auch nöthig,
die Schornsteinfeger dahin anzuhalten, daß sie unter
dem Kehren die Beschaffenheit der Schorsteine selber
gehörig untersuchen, und besonders darauf, ob auch
dieselben unmerkliche Ritzen und Borsten, worin sich
das Feuer verhalten kann, haben, genau Achtung geben, und, wenn sie dergleichen bemerken, solches sofort anzeigen, damit die schadhaften Stellen, ohne
Verzug, ausgebessert werden können.

§. 80.

Von aufmerksamer Sammlung der Recepte wider die Viehkrankheiten.

§. 31. der Instruction. Ueber dieses alles recommandire ich ihn, daß er sich die in dem Recepten-Buche, wider verschiedene Krankheiten des Viehes aufgezeichnete Mittel wohl bekannt mache, die dazu diensame Species in Zeiten anschaffe, und solche wohl verwahrlich aufhebe, damit dem Viehe auf jedem Falle sogleich geholfen werden möge b).

§. 81.

Von der Verträglichkeit und Friedfertigkeit, die er gegen die übrigen Wirthschaftsbediente zu beweisen hat.

§. 32. der Instruction. Endlich befehle ich ihm ernstlich, daß er meine ihm vorgesetzten Bedienten jederzeit den schuldigen Respect bezeige, und dasjenige, was selbige ihm anbefohlen, ohne Wiederrede gehorsam ausrichte, sich auch mit sei-

nen

---

b) Ein gleiches ist bereits in der Instruction des Wirthschafts-Inspectors enthalten; und es verstehet sich von selbst, daß dieses dergestalt auszulegen sey, daß dieser davon die Specialvorsorge, dem Wirthschafts-Inspector aber nur blos die Oberaufsicht darüber obliege.

Hat gleich der Rechnungsschreiber verschiedene dergleichen Recepte gesammlet und aufbehalten, so kann er doch von keinen derselben, ohne ausdrückliche Genehmigung des Wirthschafts-Inspectors, einen Gebrauch machen.

334

neu Cammeraden nicht ſchelte und zanke, ſondern
jederzeit friedlich und freundſchaftlich betrage.

§. 82.
Beſchluß dieſer Inſtruction.

§. 33. der Inſtruction. Wie ich nun von ihm
hoffe, daß er dieſes nicht nur in ſchuldigem Ge⸗
horſam befolgen, ſondern auch alle die hierin vor⸗
geſchriebene Punkte auf das genaueſte erfüllen,
und mein Beſtes durchgehends ſuchen werde, ſo
verſpreche ich ihm hiemit außer der freien Station
zum jährlichen Gehalte ⸗ ⸗ ⸗ ⸗ Alles übrige
was ich den N. N. accordiret, wird hier inſeri⸗
ret. Es ſoll auch meine Hand gegen ihm, wenn
er ſich darnach aufführen und das ihm aufgege⸗
bene treulich und fleißig ausrichten wird, unver⸗
kürzt ſeyn. Inmittelſt ſoll mir, da auf einer
exacten Ausübung und Erfüllung dieſes meines
ernſtlichen Willens meine Gnade beruhet, ſeine
Aufführung zum Beweiſe dienen, in wie weit er
ſich derſelben würdig zu machen ſucht. Gegeben
Goſow.

§. 83.
Von dem dieſer Inſtruction beigefügten ſummari⸗ ſchen Extract der Pflichten eines Rechnungs⸗ ſchreibers.

Dieſer Inſtruction iſt endlich noch ein kurzer
Auszug der ſämtlichen dem Rechnungsſchreiber ob⸗
liegenden Pflichten, unter dem Titel: Obſervanda
für den Rechnungsſchreiber, beigefüget worden.

Der

Der bloße Anblick derselben wird schon einem jeden überzeugen, wie viel von diesem Mann verlanget werde, und daß er in der That für eine Hauptperson in der ganzen Wirthschaft anzusehen sey.

Da solches inzwischen in allen Wirthschaften, und auch da, wo nur ein einziger Wirthschaftsbedienter angestellet ist, den Inbegriff seiner Schuldigkeiten ausmachet, so will ich erwähnten Anfang, wie er sich hinter der Instruction befindet, hier mit einrücken.

Man wird daraus die Vielfältigkeit der Geschäfte, die in den Landwirthschaften verfallen, sehr deutlich kennen lernen, und von selbst überzeuget werden, daß ein treuer und brauchbarer Wirthschafter, er befinde sich in der Gesellschaft von mehrern, oder nur allein, ein wachsamer und fleißiger Mann, der beinahe weder Tag noch Nacht Ruhe hat, seyn müsse.

Observande
für den Rechnungsschreiber.

1) Bei Anbruch des Tages schließet er die beiden Thore und die Pforte auf, und giebet hiernächst die Schlüssel zu den Scheunen.

2) Visitiret alle Pferdeställe.

3) Giebt denen Knechten Theer heraus.

4) Visitiret die Schweinställe und Koven, hiernächst die Hühnerställe.

5)

5) dito den Kuhstall, Molkenhaus, Kühe ꝛc.

6) Hiernächst die Scheunen auf dem Hofe.

7) Um 9 Uhr giebt er denen Handwerksleuten heraus, was sie brauchen, empfängt Geld; wenn Zeit übrig, gehet er auf der Brau = und Brandtweinbrennerei, Scheunen und Hexelboden, wenn geschnitten wird.

8) Um 11 Uhr giebt er denen Knechten Ahrhexel, denen Mägden aber und Schweinhirten Kaf herunter, und siehet darauf, daß die Drescher Kreutzbunde, Ahren = Kaf ꝛc. herauf bringen. Des Sonn = und Festtags wird das um 8 Uhr gegeben.

9) Um 1 Uhr giebt er das Getreide vom Kornboden, und bringet daselbst, was nöthig ist, in Ordnung.

10) Um 3 Uhr giebt er denen Krügern ꝛc. Bier und Brandtwein heraus.

11) Sobald es dunkel wird, schließet er die Thore und Pforte zu.

12) Hiernächst zählet er seine Casse über.

Was bei denen Scheunen zu examiniren.

1) Ob keiner von denen Dreschern fehlt.

2) Ob sie auch nicht zu spät hinkommen, und zu früh weggehen.

3) Ob sie von oben herunter dreschen.

4) Ob sie nicht zu dick anlegen.

5)

5) Ob das Langſtroh gut ausgeſchüttet, und in gute Bunden gebunden.

6) Wohin das Stroh gebracht.

7) Ob die Aehren, Kreußbunde und der Kaf gut aufgehoben, und an welchem Ort.

8) Das Stroh inſonderheit an denen Kielenden gut zu viſitiren, und wenn es verdächtig, nachs zudreſchen.

9) Ob ſie auch kurze Aehren machen.

10) Ob ſie das Korn gut rein, und von dem ſchlechten gut abſondern.

In denen Pferdeſtällen.

1) Ob die Knechte die Pferde gut ſtriegeln.

2) Ob Futter und Heu vorräthig, und an ſeinem Orte.

3) Ob die Knechte auch zur angeordneten Zeit ihr Futter hohlen.

4) Ob denen Pferden auch nicht zu Mittage, ehe, als kurz vor dem Anſpannen, zu ſaufen gegeben wird.

5) Ob ſie die Pferde auch gut abwiſchen, wenn ſie zu Hauſe kommen.

6) Ob die Pferde zu rechter Zeit früh Morgens und Abends ſpät gefuttert werden, und das Futter nicht verquiſet wird.

7) Ob ſie den Pferden gut einſtreuen.

8) Ob kein Pferd geſchauert, oder ihm ſonſt etr was fehlt.

9)

9) Ob die Krippen rein.

10) Imgleichen hinter den Raufen und ob keine Sprossen fehlen.

11) Ob sowohl der Stall, als der Gang vor selbigen rein.

12) Ob die Geschirre in Ordnung und eingeschmieret.

13) Ob das zum Wagen gehörige Zeug, als groß und kleine Leitern, Bretter zc. complett und in Ordnung.

14) Ob sie die Wagen gut schmieren.

15) Ob sie zu rechter Zeit anspannen.